中国地质大学(武汉)研究生精品教材

公共管理前沿问题研究

GONGGONG GUANLI QIANYAN WENTI YANJIU

黄德林　主　编
李晓玉　林　璇　副主编

中国地质大学出版社
ZHONGGUO DIZHI DAXUE CHUBANSHE

内容简介

本书主要研究我国国家治理体系和治理能力现代化、我国的治理体制及其解释理论、行政审批制度改革、行政区划优化、行政区划与区域发展关系、首都城市副中心建设、东北资源型城市振兴、经济技术开发区管理体制、农村基层治理、精准扶贫、旅游景区原住居民利益共享、国家公园12个公共管理前沿问题。

本书特色体现在以下3个方面：第一，内容新颖。党的十八届三中全会以来，公共管理改革进展很快，选择12个热点问题和前沿问题予以总结、归纳。第二，与公共管理专业基础知识具有严密的逻辑联系。本书内容既关注学科新进展，又重视与本学科主要基础知识的紧密联系。第三，编写体例科学。从概念界定、国内外研究进展、国内外研究述评和未来研究展望几个方面展开研究。

本书主要供公共管理专业教师、博士研究生、硕士研究生使用，也可供公共管理类专业的本科生使用，还可以供各级党政干部培训使用。

图书在版编目(CIP)数据

公共管理前沿问题研究/黄德林主编. —武汉：中国地质大学出版社，2020.12(2022.7重印)
ISBN 978-7-5625-4941-3

Ⅰ.①公…

Ⅱ.①黄…

Ⅲ.①公共管理

Ⅳ.①D035-0

中国版本图书馆 CIP 数据核字(2020)第239166号

公共管理前沿问题研究

	黄德林 主 编
	李晓玉 林 璇 副主编

| 责任编辑：胡珞兰 | 选题策划：胡珞兰 张 健 | 责任校对：周 旭 |

出版发行：中国地质大学出版社(武汉市洪山区鲁磨路388号) 邮编：430074
电　　话：(027)67883511　　传　　真：(027)67883580　　E-mail:cbb@cug.edu.cn
经　　销：全国新华书店　　　　　　　　　　　　　　　　　　http://cugp.cug.edu.cn

开本：787毫米×1 092毫米　1/16　　　　　　字数：269千字　　印张：10.5
版次：2020年12月第1版　　　　　　　　　　印次：2022年7月第2次印刷
印刷：湖北睿智印务有限公司

ISBN 978-7-5625-4941-3　　　　　　　　　　　　　　　　　　　　定价：48.00元

如有印装质量问题请与印刷厂联系调换

前 言

公共管理学是一门以管理学、经济学、政治学等学科理论与方法为基础,融行政管理、公共政策、公共事务管理等多个学科方向的大学科门类。在西方,它源于20世纪初形成的传统公共行政学和20世纪60—70年代流行的新公共行政学,后于20世纪70年代末期开始因受到公共政策和工商管理两个学科取向的强烈影响而逐渐发展起来。这门学科在进行理论研究的同时,尤其注重研究政府组织的管理活动及其规律,对国家的社会发展具有较强的指导作用。公共管理前沿问题是聚焦社会发展中存在的行政不足的具体问题,对其进行理论与实践的探索。前沿问题随时间和社会的发展而不断变化。

我国的公共管理学科以改革开放初期行政管理学的恢复与重建为契机,已历经了40多年的发展,为推进我国行政体制改革、解决国民经济发展中的重大问题做出了贡献。党的十八届三中全会开启了全面深化改革、系统整体设计推进改革的新时代,开创了我国改革开放的新局面。党的十八届三中全会提出,"全面深化改革的总目标是完善和发展中国特色社会主义制度,推进国家治理体系和治理能力现代化",其中为加快转变政府职能、健全城乡发展一体化体制机制、构建开放型经济新体制、加强社会主义民主政治制度建设、加快生态文明制度建设等,国家推出了336项重大改革举措。经过多年努力,重要领域和关键环节改革成效显著,主要领域基础性制度体系基本形成,为推进国家治理体系和治理能力现代化打下了坚实的基础,但也要清楚地认识到,有些改革措施尚未完成,还有许多难关需要攻克。党的十九届四中全会第二次全体会议审议通过了《中共中央关于坚持和完善中国特色社会主义制度、推进国家治理体系和治理能力现代化若干重大问题的决定》,习近平总书记的讲话也再次强调了,"既要坚持好、巩固好经过长期实践检验的我国国家制度和国家治理体系,又要完善好、发展好我国国家制度和国家治理体系,不断把我国制度优势更好地转化为国家治理效能"。我国治理体系和治理能力现代化过程中面临的问题与挑战,都是与公共管理学科密切关注的前沿问题。探索解决公共管理前沿问题不仅是本学科发展的需求,也是国家治理能力提升的需要。

本书综合众多学者的意见与建议,选取了公共管理的12个前沿问题进行专题研究,从概念界定、国内外研究进展、国内外研究述评和未来研究展望几个方面对前沿问题进行系统研究。通过梳理和分析国内外学术思想与研究成果,全面了解该领域的研究现状,掌握最新理论手段和研究方法,以便研究者"站在巨人肩膀上"开展研究。

在新时代谋划全面深化改革,必须以坚持和完善中国特色社会主义制度、推进国家治理体系和治理能力现代化为主轴,深刻把握我国发展要求和时代潮流,把制度建设和治理能力建设摆在更为突出的位置上,继续深化各领域、各方面的体制机制改革。本书首先通过"我国国家治理体系和治理能力现代化前沿问题研究"和"我国的治理体制及其解释理论前沿问题研究"这两个专题,深刻剖析了我国治理体制和治理能力建设的内涵,并集众家之言,为提升国家治理能力提供方向;其次,通过"行政审批制度改革前沿问题研究""行政区划优化前沿问题研究"和"行政区划与区域发展关系前沿问题研究"这3个专题,来分析我国行政审批制度和行政区划制度改革,为深化行政体制改革和服务型政府建设提供借鉴。

随着中国特色社会主义进入新时代,我国发展处于新的历史方位,我国社会主要矛盾已经转化为人民日益增长的美好生活需要和不平衡、不充分的发展之间的矛盾。中华人民共和国成立以来,城市经济的发展为我国经济的腾飞做出了卓越的贡献,建设现代化国家的关键在于城市现代化。本书通过"首都城市副中心建设前沿问题研究"和"经济技术开发区管理体制前沿问题研究"这两个专题,来探索城市发展的新模式。而我国城市经济在取得辉煌成就的同时,发展不平衡、不充分的问题依然较为突出,本书通过"东北资源型城市振兴前沿问题研究"这一专题,来探索资源型城市的转型发展。我国国家制度和国家治理体系始终着眼于实现好、维护好、发展好最广大人民的根本利益,着力保障和改善民生,使改革发展成果更多、更公平地惠及全体人民。本书通过"农村基层治理前沿问题研究""精准扶贫前沿问题研究"和"旅游景区原住居民利益共享前沿问题研究"这3个专题,探索基层农民的民主与发展问题。新时代,人民对美好生活的需要和向往越来越广泛、越来越丰富,最后一个专题"国家公园前沿问题研究"则是对满足人民对更美好环境需要的有力探索。

编者
2020 年 10 月

目 录

第一章　我国国家治理体系和治理能力现代化前沿问题研究 ……………………（1）
　第一节　研究背景及意义 ………………………………………………………（1）
　第二节　相关概念及内涵 ………………………………………………………（2）
　第三节　国家治理体系和治理能力现代化的特征 ……………………………（7）
　第四节　国家治理体系和治理能力现代化的构成要素 ………………………（8）
　第五节　国家治理体系和治理能力现代化的衡量标准 ………………………（10）
　第六节　国家治理体系和治理能力现代化的路径研究 ………………………（11）
　第七节　国家治理体系现代化视域下创新社会治理体制研究 ………………（14）
　第八节　研究不足及展望 ………………………………………………………（18）

第二章　我国的治理体制及其解释理论前沿问题研究 ……………………………（20）
　第一节　治理体制相关概念界定 ………………………………………………（21）
　第二节　我国治理体制研究概况 ………………………………………………（23）
　第三节　我国治理体制研究的不足及展望 ……………………………………（35）

第三章　行政审批制度改革前沿问题研究 …………………………………………（37）
　第一节　行政审批制度的内涵及研究的现实意义 ……………………………（37）
　第二节　我国行政审批制度改革的研究现状 …………………………………（38）
　第三节　研究评价与展望 ………………………………………………………（50）

第四章　行政区划优化前沿问题研究 ………………………………………………（51）
　第一节　行政区划相关概念界定 ………………………………………………（51）
　第二节　国外行政区划调整简史 ………………………………………………（53）
　第三节　行政区划国内外研究进展 ……………………………………………（54）
　第四节　行政区划研究评价与展望 ……………………………………………（61）

第五章 行政区划与区域发展关系前沿问题研究 …… (64)
第一节 概念及内在联系 …… (65)
第二节 国内研究进展 …… (67)
第三节 国外研究进展 …… (70)
第四节 评价与展望 …… (73)

第六章 首都城市副中心建设前沿问题研究 …… (75)
第一节 文献基本情况 …… (75)
第二节 城市副中心建设的相关研究 …… (75)
第三节 我国首都城市副中心建设的研究现状 …… (81)
第四节 国内外首都城市建设的经验研究 …… (85)
第五节 评述与总结 …… (87)

第七章 东北资源型城市振兴前沿问题研究 …… (89)
第一节 东北资源型城市研究阶段划分 …… (91)
第二节 东北资源型城市转型发展研究 …… (92)
第三节 东北资源型城市振兴发展的政策研究 …… (97)
第四节 东北资源型城市社会发展研究 …… (99)
第五节 评价与总结 …… (99)

第八章 经济技术开发区管理体制前沿问题研究 …… (101)
第一节 国外相关研究进展 …… (101)
第二节 国内相关研究进展 …… (104)
第三节 研究评述与展望 …… (108)

第九章 农村基层治理前沿问题研究 …… (110)
第一节 研究目的和意义 …… (110)
第二节 国内研究进展 …… (111)
第三节 国外研究进展 …… (117)
第四节 国内外研究述评 …… (120)

第十章　精准扶贫前沿问题研究 ……………………………………………… (122)
第一节　精准扶贫的背景 …………………………………………………… (122)
第二节　国内外研究现状 …………………………………………………… (123)
第三节　精准扶贫研究评述 ………………………………………………… (128)
第四节　精准扶贫展望 ……………………………………………………… (129)

第十一章　旅游景区原住居民利益共享前沿问题研究 ………………………… (130)
第一节　研究背景 …………………………………………………………… (130)
第二节　相关概念及理论基础 ……………………………………………… (131)
第三节　国内外研究进展 …………………………………………………… (133)
第四节　述评与展望 ………………………………………………………… (145)

第十二章　国家公园前沿问题研究 ……………………………………………… (147)
第一节　国家公园的内涵及发展历程 ……………………………………… (147)
第二节　国家公园体系：制度与立法 ……………………………………… (149)
第三节　国家公园管治：冲突与协调 ……………………………………… (153)
第四节　国家公园的管理与经营 …………………………………………… (155)
第五节　研究不足与展望 …………………………………………………… (159)

后　记 ……………………………………………………………………………… (160)

第一章 我国国家治理体系和治理能力现代化前沿问题研究

第一节 研究背景及意义

2013年,党的十八届三中全会将"完善和发展中国特色社会主义制度、推进国家治理体系和治理能力现代化"作为全面深化改革的总目标,"国家治理体系和国家治理能力现代化"首次进入官方话语并成为国家治理研究的新方向。

治理能力是综合国力中越来越重要的组成部分,推进国家治理能力现代化不仅是应对国内治理困局的需要,也是"建构文明国家形象、提升中国国际地位的需要"。

从理论层面来说,对于社会主义国家如何治理,马克思、恩格斯尽管作了一些阐述,但大都是基于当时的世界和本国情势所作的预测性论断,缺乏实践的检验和进一步论证。改革开放以来,在国际形势波诡云谲、社会主义运动低潮中行进的情况下,中国共产党领导人民借鉴其他发达国家的治理经验并总结社会主义的兴衰成败,在国家治理方面进行大胆探索,取得了一定的成效。"中国模式""中国道路"等的提出就是证明。而"国家治理能力现代化"的提出更是对马克思主义国家理论的重要创新,反映了我们党对共产党执政规律、社会主义建设规律和人类社会发展规律认识的深化。同时,它也是中国共产党执政思维、执政战略和执政方法的重大跃升,是治国理政理念的丰富和升华,是新时期党执政理论的重要创新。

从实践层面来说,治理能力是衡量一国现代化程度和社会进步程度的重要向度,治理能力现代化是社会整体现代化实现的前提和保障。通过治理能力现代化建设,强化国家治理的顶层设计和整体部署,有利于克服全面深化改革过程中的观念障碍、制度障碍和体制障碍,尽快解决具有全局性、根本性、战略性的社会矛盾和社会问题,缓解因治理能力不足引起的脱节、失序乃至冲突,维护社会稳定和可持续发展,进而更有效地参与全球治理。同时,对于执政的中国共产党而言,也是自成立以来,继实现民族独立、人民解放,完成社会主义革命,确立社会主义基本制度,进行改革开放、发展中国特色社会主义之后,需要去实现的"第四件大事"。通过系统而非零碎的改革,在不断增强国家治理能力的过程中夯实合法性基础,可以更好地解决中国共产党面临的"隐隐若现的合法性危机"[①]。

---

① 拉里·戴蒙德,李剑.评王长江《中国共产党:从革命党向执政党的转变》[J].中国治理评论,2012(1):70-78.

第二节　相关概念及内涵

一、治理

1989年世界银行在《撒哈拉以南：从危机到可持续发展》(Sub-Saharan Africa: From Crisis To Sustainable Growth)的报告中率先提出了"治理危机"的概念，之后"治理"很快成为公共管理学和政治学的基本范畴，并在社会科学领域被广泛运用。

英国学者格里·斯托克指出："治理的本质在于，它所偏重的统治机制并不依靠政府的权威和制裁。'治理的概念是，它所要创造的结构和秩序不能从外部强加；它发挥作用，是要依靠多种进行统治的以及互相发生影响的行为者的互动。'"[①]

美国学者詹姆斯·N.罗西瑙认为，治理是通行于规制空隙之间的那些制度安排，或许更重要的是当两个或更多规制出现重叠、冲突时，或者在相互竞争的利益之间需要调解时才发挥作用的原则、规范、规则和决策程序[②]。

美国学者弗朗西斯·福山将治理能力定义为"政府制定和实施规则以及提供服务的能力"[③]。

刘建伟区分了国家统治、国家管理、国家治理概念。三者是随着人类政治活动的不断发展而出现的学术术语，概括而言，具有以下不同之处[④]。在此以表1-1的形式呈现出来。

表1-1　国家统治、国家管理、国家治理区别

比较类别	国家统治	国家管理	国家治理
主体	政府或国家公共权力机关		多元，包括政府、社会组织、市场、公民等
权力来源	统治阶级或国家授权		契约或制度
运作手段	下命令、作指示		对话、协商、沟通
治理效能	三者依次递进，国家治理的有效性最高		

二、国家治理能力

简单而言，国家治理能力就是运用国家制度管理社会各方面事务的能力，治理能力是衡量一国现代化程度和社会进步程度的重要向度，治理能力现代化是社会整体现代化实现的前提和保障。

曹海军等研究发现，学者西达·斯考切波将国家能力分为整体性能力和具体政策领域能力。前者包含完整独立的主权和稳固的行政——军事控制、忠诚干练的国家官员和充足的财

[①] 格里·斯托克.作为理论的治理：五个论点[J].国际社会科学(中文版),1999,2:19-29.
[②] 詹姆斯·N.罗西瑙.没有政府的治理[M].南昌：江西人民出版社,2001:9.
[③] 弗朗西斯·福山.什么是治理[M]//俞可平.中国治理评论：第四辑.北京：中央编译出版社,2013:5.
[④] 刘建伟.国家治理能力现代化研究述评[J].上海行政学院学报,2015(1):98-106.

政资源。各个具体政策领域能力、政策工具对国家能力有至关重要的意义①。张勇等学者研究发现,格林德尔曾将国家能力分为制度能力、技术能力、行政能力和政治能力②。胡键认为,国家治理能力实际上就是政府治理能力③。胡承槐认为,国家治理能力则是国家机构及其工作人员依据国家制度体系的设定要求,运用特定技术手段、管理方式、管理方法的能力④。汝绪华认为,国家治理能力是运用国家制度管理社会各方面事务的能力⑤。

三、国家治理体系

1. 从制度的角度出发

一些学者从制度构成的视角将国家治理体系看作是一个包含了政治、经济、文化等制度在内的综合性制度体系。

俞可平将国家治理体系定义为规范社会权力运行和维护公共秩序的一系列制度与程序。他认为国家治理体系是一个制度体系,分别包括国家的行政体制、经济体制和社会体制⑥。

周平提出,国家治理体系是在党领导下管理国家的制度体系,包括经济、政治、文化、社会、生态文明和党的建设等各领域体制机制、法律法规安排,也就是一整套紧密相连、相互协调的国家制度⑦。

莫纪宏认为,国家治理体系就是执政党管理国家的制度体系,这一体系具体包括国家在经济领域、政治领域、文化领域、社会领域、生态领域以及党建领域的制度和法规安排,且这些制度体系本身是相互协调、紧密关联的,共同构成国家治理过程的重要因素⑧。

田芝健指出,国家治理体系不是单一的制度,而是一系列国家治理制度的集成和总和⑨。

何增科认为,国家治理体系既包括我国的基本政治制度、基本经济制度、中国特色社会主义法律体系,也包括经济、政治、文化、社会、生态文明等各领域的制度安排和体制机制⑩。

江必新认为,国家治理体系包括经济、政治、社会、文化、生态、政党等多个领域,以及基层、地方、全国乃至区域与全球治理中的国家参与等多个层次,是经济、政治、文化、社会、生态文明和党的建设等各领域的体制、规则、机制、程序以及相关法律规范的总和⑪。

---

① 曹海军,韩冬雪."国家论"的崛起:国家能力理论的基本命题与研究框架[J].思想战线,2012,38(5):58-64.
② 张勇,杨光斌.国家自主性理论的发展脉络[J].教学与研究,2010(5):46-52.
③ 胡键.惩治腐败与国家治理能力建设[J].当代世界与社会主义,2014(2):144.
④ 胡承槐.从马克思的历史总体观视角看国家治理体系现代化的内涵、实质和路径[J].浙江社会科学,2015(5):4-12+155.
⑤ 汝绪华.治理精神培育与国家治理能力现代化[J].理论学习,2016(9):42-46.
⑥ 俞可平.推进国家治理体系和治理能力现代化[N].光明日报,2013-11-15(001).
⑦ 周平.国家治理体系现代化是全面深化改革的必然要求[N].人民日报,2014-01-05(005).
⑧ 莫纪宏.国家治理体系和治理能力的现代化与法治化[J].环球法律评论,2014,36(1):7-10.
⑨ 田芝健.国家治理体系和治理能力现代化的价值及其实现[J].毛泽东邓小平理论研究,2014(1):20-24+91.
⑩ 何增科.怎么理解国家治理及其现代化[J].马克思主义与现实,2014(1):11-15.
⑪ 江必新.国家治理现代化基本问题研究[J].中南大学学报(社会科学版),2014,20(3):139-148.

2.从系统的角度出发

一些学者从系统分析的视角将国家治理体系理解为是一个包含着主客体之间,各层级、各领域之间相互运作和相互配合的复杂系统。

赖早兴看来,国家治理体系现代化是一个综合治理体系,包括政治、经济、文化、社会、生态等体制,同时也包括党的建设等各领域体制机制、法律法规安排[①]。

吕志奎认为,现代国家治理体系应是一个开放系统,国家治理体系结构包括价值、角色、制度、技术和财政等基本要素[②]。

林坚将国家治理体系视为一项复杂的社会系统工程,需要应用系统工程理论和方法来研究国家治理体系。国家治理体系包括经济、政治、文化、社会、生态文明和党的建设等各领域体制机制、法律法规安排,即一整套紧密相连、相互协调的国家制度[③]。

王浦劬从社会政治的本质和内容出发,认为国家治理体系是社会利益关系、政治权力关系和公民权利关系相互联系、整体构成的有机系统[④]。

燕继荣等提出,可以用系统分析的方法来解释国家治理体系,有利益诉求的输入、决策以及政策的输出。通过对这一过程的完善,可以体现治理的法治化、科学化和民主原则等[⑤]。

蔡文成指出,首先,国家治理体系是主体和客体相融合的多元系统。其次,国家治理体系是纵向和横向互动的立体系统,打破集权国家自上而下模式的单向度运动,形成一个立体的网络治理体系。再次,国家治理体系是宏观和微观相结合的综合系统。最后,国家治理体系是动态与静态相统一的发展系统,超越传统国家体制僵化封闭的制度惯性[⑥]。

郭强认为,国家治理体系就是打破国家治理上的主体割裂、客体割裂,特别是领域割裂、部门割裂、上下割裂、地域割裂、阶层割裂、职业割裂、民族割裂等。实现政权、政党、企业、社会组织、媒体等主体的分工合作,各司其职,协调配合。实现各层级权责匹配,实现各领域多面一体,整体观照、综合治理,实现主客体之间系统耦合[⑦]。

宣晓伟指出,国家治理体系是一国在自身文化传统和价值观念的目标影响下,根据什么理念、采取怎样的制度安排和具体的技术手段来治理国家的一个综合系统[⑧]。

四、国家治理体系现代化

1.制度优化视角

一些学者认为,国家治理体系现代化就是把治理体系进行制度化、科学化、程序化,进而提高效率和质量的过程。

---

① 赖早兴.国家治理体系和治理能力现代化的法治内涵[N].光明日报,2014-05-14(013).
② 吕志奎.国家治理体系构建的基本框架[N].学习时报,2014-04-21(006).
③ 林坚.总体设计推进国家治理体系现代化[N].学习时报,2014-04-21(006).
④ 王浦劬.国家治理、政府治理和社会治理的含义及其相互关系[J].国家行政学院学报,2014(3):11-17.
⑤ 燕继荣,何增科,叶庆丰.关于国家治理现代化的对话[J].科学社会主义,2014(1):4-7.
⑥ 蔡文成.改革发展与国家治理体系现代化的建构[J].行政论坛,2014,21(4):11-16.
⑦ 郭强.关于国家治理现代化若干问题的思考[J].科学社会主义,2014(1):18-22.
⑧ 宣晓伟.国家治理体系和治理能力现代化的制度安排:从社会分工理论观瞻[J].改革,2014(4):151-159.

江必新认为,所谓国家治理体系现代化,就是使国家治理体系制度化、科学化、规范化、程序化,使国家治理跟上时代的步伐,创新治理方式,回应国民的现实需求,实现最佳的治理效果,把中国特色社会主义各方面的制度优势转化为治理国家的效能[①]。

吴德惠认为,国家治理体系现代化就是使国家治理体系制度化、科学化、规范化、程序化,使国家治理者善于运用法治思维和法律制度治理国家[②]。

宣晓伟从社会分工理论的视角出发,认为现代化的国家治理体系就是能够适应和促进社会分工不断深化的一整套制度安排与技术手段[③]。

唐皇凤则将制度优化总结为5个方面,即治理主体多层化、多元化;治理制度理性化;治理结构分权化、网络化;治理方式民主化、法治化;治理手段文明化与治理技术现代化[④]。

2. 价值追求视角

一些学者从主观意识价值方面认为,治理体系现代化是政府公权力更加为民、行政更加便民的过程。

辛向阳提出,国家治理体系的现代化意味着:一是国家治理的基本制度是符合时代潮流的。二是国家治理权力的更替是平稳有序的。三是国家治理组织架构是以现代化治理理念为基础的,是能够解决面临的种种突出问题的。四是国家治理的成本相对较低,而效能比较高。五是国家治理的氛围是风清气正的,现代化的国家治理是廉洁治理[⑤]。

竹立家认为,一个现代化的国家治理体系,本质上讲是一个政府职能合理到位,政府权力边界清晰,公共权力不缺位、错位和越位的科学治理体系;是一个严格按照"依法治国"原则而运行的规则治理体系;是一个依据人民民主原则合理的政府权力体系、依法治国体系和民主治理体系,是国家治理合理化、现代化的本质内涵[⑥]。

3. 治理主体视角

一些学者从治理主体的角度指出,治理体系现代化其实是"一元化"到"多元化"的转变,应该发挥社会上更多治理主体的作用,共同参与国家治理。

魏志勋从政府主体维度出发,认为国家治理体系现代化的中心内容是行政体系的自我再造,直接目标是提升政府的治理能力,打造民主、法治、高效的现代行政体系[⑦]。

何增科指出,现代国家治理体系建立在国家与社会的相互分离和各类治理主体专业分工的基础上,同时,政党、政府、市场、社会等多元化的治理机制也得到充分的发展,各类治理主体之间对话协商沟通合作的互动网络高度发达,决策咨询系统高度发达[⑧]。

---

① 江必新.国家治理现代化基本问题研究[J].中南大学学报(社会科学版),2014,20(3):139-148.
② 吴德惠.国家治理体系和治理能力现代化的路径探析[J].科学社会主义,2014(2):38-41.
③ 宣晓伟.国家治理体系和治理能力现代化的制度安排:从社会分工理论观瞻[J].改革,2014(4):151-159.
④ 唐皇凤.中国国家治理体系现代化的路径选择[J].福建论坛(人文社会科学版),2014(2):20-26.
⑤ 辛向阳.推进国家治理体系和治理能力现代化的三个基本问题[J].理论探讨,2014(2):27-31.
⑥ 竹立家.国家治理体系重构与治理能力现代化[J].中共杭州市委党校学报,2014(1):19-21.
⑦ 魏志勋."善治"视野中的国家治理能力及其现代化[J].法学论坛,2014,29(2):32-45.
⑧ 何增科.怎么理解国家治理及其现代化[J].马克思主义与现实,2014(1):11-15.

岳海峰提出，实现国家治理体系现代化，在治理主体的维度上就是要求公民、企业法人和其他各类社会组织在党和国家的领导之下，在依法治国方略的指导下统一于中国特色社会主义建设中，激发各类主体治理国家的积极性，形成国家治理的合力，实现国家治理体系的现代化[①]。

五、国家治理体系和治理能力现代化的关系

从相关文献可以发现，大部分的学者都首先同意国家治理体系和治理能力现代化两者之间是相辅相成的关系，是一个有机的整体。

陈金龙认为，国家治理体系与国家治理能力相辅相成。一方面，国家治理体系是国家治理能力孕育的基础，国家治理能力的提升有赖于国家治理体系的建构，没有国家治理体系的现代化，也就谈不上国家治理能力的现代化；另一方面，国家治理能力彰显国家治理体系的功能，国家治理能力的强大是国家治理体系完备的表达，提升国家治理能力才能充分发挥国家治理体系的效能。因此，国家治理体系和治理能力现代化应齐头并进、协调发展[②]。

魏晓文认为，国家治理体系现代化和治理能力现代化，即实现国家治理体系的制度化、科学化、规范化、程序化使国家治理主体能够依法治国，并将中国特色社会主义制度优势转化为治国理政的效能。国家治理体系和治理能力相辅相成，二者是辩证统一的整体。国家治理体系的现代化是有效提升国家治理能力的重要基础；国家治理能力现代化则是充分发挥国家治理体系效能的必要保障[③]。

石国亮指出，国家治理体系和治理能力是一个有机整体。一方面有了好的国家治理体系才能真正提高治理能力。作为治理体系核心内容的制度，其作用具有根本性、全局性、长远性，制度化水平越高越有助于国家治理能力的提高。另一方面提高国家治理能力才能充分发挥国家治理体系的效能。治理能力彰显治理体系的功能，治理能力强大是治理体系完备的表现，只有不断提升治理能力才能充分发挥治理体系的效能[④]。

郑言等指出，国家治理体系与国家治理能力是构成特定国家治理的"骨骼"与"血肉"，在国家治理体系建设的进程中，只有具有健全的国家治理能力，国家治理体系才能真正发挥作用，否则极有可能成为空中楼阁。国家治理能力建设是国家治理体系的衍生物和具体实现形式，但在实践中又往往不是被动地取决于或是适应于国家治理体系，而是有机地融入发展过程之中，能动地为国家治理体系发挥作用提供渠道、途径和方法[⑤]。

胡承槐认为，"推进国家治理体系和治理能力现代化"命题的提出，是我们党的历史自觉性的反映，它包含有以下3个方面的意思：①继承好、发挥好中国传统国家文化相对发达的优势；②将传统的发达的国家文化提升到现代化水平；③发挥现代化的国家制度、国家文化的优

---

① 岳海峰.国家治理体系和治理能力现代化的三重维度[J].中国党政干部论坛,2014(7):42-44.
② 陈金龙.推进国家治理体系和治理能力现代化[N].南方日报,2013-11-30(009).
③ 魏晓文.论国家治理体系现代化与治理能力现代化的相互促进[J].政治学研究,2014(2):25-28.
④ 石国亮.国家治理现代化十讲[M].北京:国家行政学院出版社,2014.
⑤ 郑言,李猛.推进国家治理体系与国家治理能力现代化[J].吉林大学社会科学学报,2014,54(2):5-12+171.

势,进而推动整个国家、民族和人的全面现代化[①]。

汝绪华认为,国家治理体系现代化和国家治理能力现代化是结构与功能的关系,是硬件与软件的关系,是硬实力与软实力的关系[②]。

第三节 国家治理体系和治理能力现代化的特征

一、国家治理能力现代化的特征

国家治理能力现代化是对国家治理困境和危机的主动性回应,是国家治理功能的自我矫正,它具有多重表征,概括多家学者的观点如下。

李树林提出了"综合表征说",包括国家、市场、社会机制的互相支撑与平衡,法治与德治的有机统一,民主与效率的相互补充与协调[③]。

叶小文等提出了"三表征说",即制度化、公平化、有序化[④]。

何增科认为是"四表征说",包括国家治理的民主化、国家治理的法治化、国家治理的文明化、国家治理的科学化[⑤]。

"五表征说"的提出有两种不同的观点:一为徐勇等认为的,即包括治理制度化、治理民主化、治理法治化、治理高效化、治理协调化[⑥];一为汤梅等认为包括治理主体的多元性、治理关系的交互性、治理模式的复合性、治理方式的科学性以及治理结果的有效性[⑦]。

已有的研究对国家治理能力现代化的表征认识不尽相同,但是大都包含了以下 4 个方面:其一,制度化。制度是国家治理能力的关键变量和核心要素,是国家治理的有效工具和基本遵循,制度化是国家治理能力现代化的基本表征。其二,民主化。国家治理又称民主治理,民主化是国家治理能力现代化的最本质特征,也是国家治理合法性的主要来源。其三,协同化。协同化是国家治理的内在要求,也是国家治理能力现代化的重要特征。其四,高效化。通过决策科学化和执行高效化,最大限度地改善民生、维护民权,最大限度地增大社会经济效益,这是国家治理能力现代化建设的目标。

二、国家治理体系现代化的特征

研究国家治理体系的特征有助于我们抓住国家治理体系问题的关键所在,掌握国家治理体系研究的重点。

竹立家提出,国家治理体系有 3 个特征:一是转变政府职能,实现国家权力体系现代化。

[①] 胡承槐.从马克思的历史总体观视角看国家治理体系现代化的内涵、实质和路径[J].浙江社会科学,2015(5):4-12+155.
[②] 汝绪华.治理精神培育与国家治理能力现代化[J].理论学习,2016(9):42-46.
[③] 李树林.推进国家治理体系与治理能力的现代化[N].内蒙古日报,2013-12-20(011).
[④] 叶小文,张峰.从现代国家治理的高度认识协商民主[J].中央社会主义学院学报,2014(1):6.
[⑤] 何增科.理解国家治理及其现代化[J].马克思主义与现实,2014(1):12-13.
[⑥] 徐勇,吕楠.热话题与冷思考:关于国家治理体系和治理能力现代化的对话[J].当代世界与社会主义,2014(1):8.
[⑦] 汤梅,卜凡.论现代国家治理体系中的政府权力配置与运作[J].探索,2014(1):4-7.

二是依法治国体系的现代化。三是民主治理体系的现代化[①]。

丁志刚认为,国家治理体系具有复杂性、多样性和可变性的特征[②]。

蔡文成提出,国家治理体系具有4个基本特征,即整体性、结构性、目标性和开放性[③]。

江必新认为,新型国家治理体系要具有6个特征:视域上要求全面性、品质上要求时代性、制度上要求成熟性、形态上要求协调稳定性、方式上要求规范性和体系上要求开放性[④]。

王永莉认为,在制度层面,它是民主化、法治化的善治体系;在技术层面,它是能够有效统筹各个政府部门行动的联动体系;在理念层面,它是能够统合广大人民群众的价值体系[⑤]。

顾爱华等认为,国家治理体系现代化的特征:第一,意识结构的转变,更加关注法律意识;第二,权力中心的转变,发生权力位移;第三,治理模式的转变,转向"混合合作制"[⑥]。

第四节 国家治理体系和治理能力现代化的构成要素

一、国家治理能力现代化的构成要素

对于国家治理能力及其现代化的构成,学者的认识差异较大。部分学者按照国家治理的某一向度要素组合进行了界定。还有部分学者从不同角度进行了论述。

竹立家从政府治理的角度,强调国家治理能力现代化也就是政府的公共政策制定能力、公共财政与预算能力和选人用人能力的现代化,具体表现为:政府的公共精神或"公信力";依法行政或政府履行自己职能的"责任能力";政府的"执行能力";政府的"监督能力";政府的"服务能力"[⑦]。

陈朋从政治学的角度,认为"制度+结构+绩效"是国家治理能力现代化的主要标示。其中,精良的制度是基础;合理的结构是支柱;充分的绩效是特征[⑧]。

刘勇从国家治理格局的角度,将治理能力现代化分为治理制度理性化、治理技术现代化、治理结构网络化和治理手段法治化等,其中法治是国家治理能力现代化的核心和保障[⑨]。

王新从治理的目标取向角度,指出国家治理能力现代化包括制度建构能力的现代化、改革创新能力的现代化和科学发展能力的现代化[⑩]。

柏维春从国家软治理角度,认为国家治理能力现代化具体地表现为持续提升的制度执行能力。它内在地表现为正确理解制度价值的能力、忠于和遵守制度的能力、原则性前提下灵

[①] 竹立家.着力推进国家治理现代化[J].中共杭州市委党校学报,2014(1):19-21.
[②] 丁志刚.如何理解国家治理与国家治理体系[J].学术界,2014(2):65-72+307.
[③] 蔡文成.改革发展与国家治理体系现代化的建构[J].行政论坛,2014,21(4):11-16.
[④] 江必新.国家治理现代化基本问题研究[J].中南大学学报(社会科学版),2014,20(3):139-148.
[⑤] 王永莉.国家治理体系现代化视域下政府市场监管职能研究[D].海口:海南大学,2015.
[⑥] 顾爱华,吴子靖.中国特色国家治理体系现代化的特征及路径探讨[J].上海行政学院学报,2017,18(2):78-84.
[⑦] 竹立家.着力推进国家治理现代化[J].中国党政干部论坛,2013(12):10-11.
[⑧] 陈朋.决定国家治理能力高低的三要素[N].学习时报,2014-03-10(006).
[⑨] 刘勇.用法治推进国家治理现代化[N].解放军报,2014-03-17(006).
[⑩] 王新.国家治理能力视野的制度建构、改革创新与科学发展[J].重庆社会科学,2014(3):5-12.

活使用制度的能力;外在地表现为依法治理、民主协商、公共服务、责任承担、动员整合、风险化解等能力[1]。

任勇等也从不同角度指出:"一个现代国家如果不重视精神、价值以及文化等治理形态,不将其纳入现代国家治理体系和治理能力建设当中,就不能创造良好国家认同和维系社会和谐稳定,现代国家就不能实现有机团结,不能完成时代赋予现代国家的治理使命,甚至会出现国家治理的危机。"[2]

二、国家治理体系现代化的构成要素

研究国家治理体系,必须对国家治理体系的结构要素进行分析,才能科学地理解国家治理体系的内涵,才能进一步对国家治理体系现代化的发展路径进行探索。学术界对国家治理体系的结构分析说法众多,可从以下几个视角进行总结。

1. 系统说

陶希东提出国家治理体系应包含5个方面。一是治理结构体系:"党、政、企、社、民、媒"六位一体。二是治理功能体系:动员、组织、监管、服务、配置五大功能。三是治理制度体系:法制、激励、协作三大基本制度。四是治理方法体系:法律、行政、经济、道德、教育、协商六大方法。五是治理运行体系:自上而下、自下而上、横向互动三大运行方式[3]。

何增科认为,国家治理现代化由国家治理目标体系、制度体系和价值体系3个部分组成。其中,目标体系包括3个方面:一是国家繁荣富强,二是老百姓幸福安康,三是长治久安。约束各类行动者在社会公共事务管理中的行为制度体系,构成国家治理体系的核心,是最关键的部分[4]。

徐湘林将国家治理结构分为6个相互依存的部分,即核心价值体系、权威决策体系、行政执行系统、经济发展体系、社会保证体系和政治互动机制[5]。

徐邦友从国家治理体系的内在逻辑层面,将国家治理体系的结构大致分为治理主体体系、治理功能体系、治理权力体系、治理规则体系、治理手段或治理方式方法体系和治理绩效评估体系6个部分[6]。

2. 要素说

邵鹏立足于治理主体的层面,认为国家治理体系由三大要素构成,即政府、市场和社会,这三者在相互耦合中形成一种整体性的制度结构模式[7]。

唐皇凤指出,现代国家治理体系包括四大核心构成要素:一是具有民主品格、公共精

---

[1] 柏维春.国家治理现代化要凸显中国特色[N].中国社会科学报,2014-02-28(A07).
[2] 任勇,肖宇.软治理与国家治理现代化:价值、内容与机制[J].当代世界与社会主义,2014(2):147.
[3] 陶希东.国家治理体系应包括五大基本内容[J].理论参考,2014(2):19-20.
[4] 何增科.理解国家治理及其现代化[J].马克思主义与现实,2014(1):12-13.
[5] 景跃进,孙柏瑛,何增科,等.专家圆桌:"第五个现代化"启程[J].人民论坛,2014(10):16-21.
[6] 徐邦友.国家治理体系、概念、结构、方式与现代化[J].当代社科视野,2014(1):32-35.
[7] 邵鹏.国家治理模式演进与国家治理体系构建[J].学习与实践,2014(1):66-71.

神、权利与义务对等的现代公民。二是一个能够有效抗衡和制约专断性的国家权力和资本权力,高度组织化与制度化的现代社会。三是一个充满生机与活力,在竞争性的资源配置中发挥决定性作用的现代市场经济体系。四是一个廉洁高效,兼具可问责性和回应性的法治型、服务型的现代政府。其中,国家和公民之间的关系模式是决定现代国家治理体系基本特征的轴心力量①。

张雅勤指出,现代化的国家治理体系必然包含着价值、制度、组织与机制4种要素②。

徐湘林提出,国家治理包含核心价值体系、经济发展体系、社会保障体系、决策权威、执行体系和政治互动机制6个基本要素③。

丁志刚认为,国家治理体系的要素主要是治理主体、治理客体、治理目标、治理方式等。其中,国家治理主体是指国家治理体系中的行为者,国家治理客体是指治理的对象;国家治理目标是指国家治理要达到的预期要求或要实现的目的;国家治理方式是国家治理采取的各种方法、办法、举措、手段,主要表现为国家的各种制度、法律法规、政策等④。

3. 过程说

刘海潮将国家治理体系结构描述为对政府与市场、社会的关系的不断调整和理顺,即逐步形成的在公共事项和相关政策安排上的相互依赖、相互协商与合作的结构关系。要形成这种治理结构,既需要基本的法规制度作为保障,也需要经济社会发展为其提供物质基础,同时,也离不开信息技术的发展和支持⑤。

刘建军认为,现代化国家治理体系由以下3个方面组成:一是关于政治合法性的治理体系。二是关于国家能力的治理体系。三是关于主体和结构的治理体系。这3种类型的要素,在任何国家都不是一夜之间奠定下来的,任何一种要素的成长,都经历了一个漫长的过程。国家治理体系现代化的进程是没有终点的,它永远处于改进和调整之中,国家治理体系永远行进在完善和优化的道路上⑥。

第五节 国家治理体系和治理能力现代化的衡量标准

国家治理体系现代化衡量标准的提出,为我们判断一个国家治理体系是否符合当今世界现代化进程的要求,是否合乎历史发展的逻辑,是否适应我国国情的需要提供了一个评判准则。

俞可平提出,衡量一个国家的治理体系是否现代化有5个标准:①公共权力运行的制度

---

① 唐皇凤. 中国国家治理体系现代化的路径选择[J]. 福建论坛(人文社会科学版),2014(2):20-26.
② 张雅勤. 论国家治理体系现代化的公共性价值诉求[J]. 南京师大学报(社会科学版),2014(4):27-34.
③ 张涵. 推进国家治理体系和治理能力现代化:访北京大学政府管理学院副院长徐湘林[J]. 中国国情国力,2014(4):8-10.
④ 丁志刚. 如何理解国家治理与国家治理体系[J]. 学术界,2014(2):65-72+307.
⑤ 刘海潮. 当代中国国家治理体系建构的内在逻辑诠释:基于政府与市场、社会关系的分析[J]. 新视野,2014(3):51-55.
⑥ 刘建军. 和而不同:现代国家治理体系的三重属性[J]. 复旦学报(社会科学版),2014,56(3):150-160.

化和规范化;②民主化;③法治;④效率;⑤协调①。

徐湘林认为,一般来讲,理性化、制度化、法治化都是国家治理体系现代化的标准。第一,要做到现代化与制度化结合。第二,现代化与法治化结合。第三,现代化与理性化结合②。

燕继荣等认为,衡量国家治理体系现代化的标准有4条:①国家治理的民主化。②国家治理的法治化。③国家治理的文明化。④国家治理的科学化③。

袁红等提出了双维衡量标准,即价值标准和评估标准。党的领导、人民当家做主和依法治国这3个价值标准的彰显及其统一是实现全面深化改革目标和国家治理体系现代化的衡量尺度。评估标准即"实现党、国家、社会各项事务治理制度化、规范化、程序化"④。

第六节 国家治理体系和治理能力现代化的路径研究

一、国家治理能力现代化建设的路径

国家治理涉及多元治理主体、多种治理手段和复杂治理机制,具有综合性、整体性、协同性特征。提高国家治理能力就是提高国家治理水平的能力,而这种能力的建设因为国家治理本身的特点变得更加复杂、更加艰巨,甚至说是一项庞大社会工程,需要多项措施交错推进。学者对推进国家治理能力现代化对策的研究可以分为两大类。

1. 专门性路径研究

江必新从方法论的角度,探讨了国家治理手段的创新,包括:变整治为疏导,变刚性为柔性;变命令为协商,变指挥为指导;变监管为服务,变强制为利导;变官办为民营,变垄断为竞争;变实体为程序,变"人控"为"机控"⑤。

周平从资源的挖掘、利用和整合的角度,提出推进国家治理能力现代化必须挖掘和利用好社会主义制度资源、支撑制度运行的组织资源、蕴含我国历史和外国治理智慧的文化资源、被实践证明行之有效的社会资源4类资源⑥。

李侃如从党的建设角度指出,推进国家治理能力现代化必须将民主实践引入党内,强化党的组织原则,提高党内和党的整体相对于公众的透明度⑦。

徐琳等从公民参与的角度强调,加强和完善制度化、组织化的公民参与是实现国家治理能力现代化的重要路径,提出应该推进现代政治文化建设和公民参与制度建设,优化公民参

---

① 俞可平.推进国家治理体系和治理能力现代化[N].南京日报,2013-12-10(A07).
② 张涵.推进国家治理体系和治理能力现代化 访北京大学政府管理学院副院长徐湘林[J].中国国情国力,2014(4):9-10+8.
③ 燕继荣,何增科,叶庆丰.关于国家治理现代化的对话[J].科学社会主义,2014(1):4-7.
④ 袁红,孙秀民.国家治理体系现代化的双维标准[J].中共天津市委党校学报,2016(5):67-71+78.
⑤ 江必新.推进国家治理体系和治理能力现代化[N].光明日报,2013-11-15(001).
⑥ 周平.国家治理体系现代化是全面深化改革的必然要求[N].人民日报,2014-01-05(005).
⑦ 李侃如.对中国政治发展的评价[M]//俞可平.中国治理评论(第一辑).北京:中央编译出版社,2014.

与程序和方式,培育社会成员的公民意识,提升公民参与国家治理的效能①。

牛福莲从政府作用和功能的角度强调,国家治理的转型首要是实现政府治理的转型,即由人治型向法治型、全能型向有限型、管制型向服务型转变,"把以往形形色色的垄断租金消解到社会公众的福利中去"②。雷雨若认为,理想的有限政府具备五大特征,即国家有能力、政府有作为、法权集中化、权力有约束、保障个人自由和社会分权,其中包含了法治型政府和服务型政府的部分内容③。而景维民等认为有作为的政府的作用主要体现在:一方面建立"不能由市场自发建立的经济制度",另一方面对"社会民众的公共偏好进行规范"④。汤梅等指出:"基于权力配置的政府职能转变应该是国家治理现代化的核心命题。"⑤

2. 综合性对策研究

江必新从战略高度指出,国家治理能力现代化建设的制高点是伦理塑造,切入点是源头治理,突破点是群防群治,着力点是法治⑥。

彭中礼从哲学层面进行了阐释,提出:在目的论层面,处理好国家与公民、国家与社会的关系;在价值论层面,处理好公平与效率、权利与权力的关系;在方法论层面,处理好人治与法治、自治与管制的关系⑦。

徐湘林遵循"理念—执行—监督—效果检验"的逻辑思路,强调应该尊崇核心价值体系,维护权威的决策系统,改进服务型政府问责制和社会协商机制,完善社会再分配体制和社会福利制度等⑧。

柏维春认为,治理能力现代化建设要想保持中国特色,首先,以中国共产党"总揽全局、统筹各方"为指导;其次,以坚持和完善我国根本制度和基本制度为前提;再次,以全面、协调的治理为根本;最后,以科学的方法论为指导,既坚持政治原则,又兼收并蓄⑨。

蓝志勇等强调保持中国特色必须"克服狭隘民族主义、盲目历史主义、片面马克思主义、无原则的西化主义和违反科学原理的片面感性主义""客观、科学、平和、谦虚、认真地学习发达国家的经验,审视自己的文化遗产,以向前看的精神,建设中国的现代治理体系"⑩。

二、国家治理体系现代化建设的路径

当前,我国正处于社会发展的转型时期,各种社会问题层出不穷,许多方面亟待改革和发

---

① 徐琳,谷世飞.公民参与视角下的中国国家治理能力现代化[J].新疆师范大学学报(哲学社会科学版),2014(4):36-42.
② 牛福莲.厘清政府职能边界,推进国家治理能力现代化[N].中国经济时报,2014-03-04(001).
③ 雷雨若."国家治理协同创新中心成立大会暨国家治理与全面深化改革"研讨会综述[J].中国行政管理,2014(2):125.
④ 景维民,张慧君.制度转型与国家治理模式重构:进程、问题与前景[J].天津社会科学,2009(1):83.
⑤ 汤梅,卜凡.论现代国家治理体系中的政府权力配置与运作[J].探索,2014(1):4-5;4-7.
⑥ 江必新.推进国家治理体系和治理能力现代化[N].光明日报,2013-11-15(001).
⑦ 彭中礼.推进国家治理体系和治理能力现代化的法理阐释[J].中共中央党校学报,2014(1):42-46.
⑧ 徐湘林."国家治理"的理论内涵[J].人民论坛,2014(4):31.
⑨ 柏维春.国家治理现代化要凸显中国特色[N].中国社会科学报,2014-02-28(A07).
⑩ 蓝志勇,魏明.现代国家治理体系:顶层设计、实践经验与复杂性[J].公共管理学报,2014(1):7.

展,而国家治理体系现代化正是解决当前社会现实问题的必要手段,是实现中华民族伟大复兴的重要途径,是中国特色社会主义事业全面发展的必然要求。因此,如何实现国家治理体系的现代化,其具体途径有哪些,就成为学界非常值得研究和探讨的问题。

1. 国家宏观治理角度

俞可平从宏观治理的视角指出:第一,要进一步解放思想,冲破不合时宜的旧观念的束缚。第二,加强顶层设计,从战略上谋划国家治理体系的现代化。第三,总结地方治理改革创新经验,及时将优秀的地方治理创新做法上升为国家制度。第四,结合我国具体国情,学习借鉴国外政府治理和社会治理的先进经验。第五,破除阻碍社会进步的体制机制,建立和完善与中国特色社会主义现代化要求相适应的现代国家治理体制[1]。

王长江指出3个方面的途径:第一,建立权力制约和约束机制。第二,处理好顶层设计和摸着石头过河的关系。第三,发展党内民主[2]。

周平提出5点建议:第一,适应社会发展。第二,发扬人民民主。第三,坚持依法治国。第四,规范权力运行。第五,体现成本效益[3]。

金荣提出:第一,政府应树立法治服务型的理念。第二,政府公务人员要在"内强素质,外树形象"上下大功夫。第三,要用严密的制度规范用权[4]。

汤梅等学者认为,必须对治理主体进行合理的权力配置,最关键的是从宏观上把握行政权的配置。第一,行政权内部的分权制约。第二,中央与地方的分权配合。第三,政府与社会的分权合治[5]。

辛向阳则提出:第一,要型治。第二,要善治。第三,要法治[6]。

高新民从党的群众路线的角度提出:第一,坚持共同价值理念,确立正确的党与群众、国家与社会关系。第二,公正调节社会关系,维系社会秩序。第三,创新社会管理体制,改进党的领导方式。第四,建立新型社会沟通机制,健全对话协商、民主决策制度。第五,把服务融入社会管理和控制中,以服务的良好形象获得群众认可与社会稳定[7]。

2. 治理主体间的关系角度

包心鉴指出:第一,深化党的建设制度改革,推进政党治理体系现代化。第二,深化行政体制改革,推进政府治理体系现代化。第三,深化社会治理体制改革,推进社会治理体系现代化[8]。

蔡文成提出:政党方面,必须改革和完善中国共产党的领导;政府方面,必须发展社会主

---

[1] 俞可平.衡量国家治理体系现代化的基本标准[N].南京日报,2013-12-10(A07).
[2] 王长江.加快发展民主是国家治理体系现代化的应有之义[J].理论参考,2014(2):35.
[3] 周平.国家治理体系现代化是全面深化改革的必然要求[N].人民日报,2014-01-05(005).
[4] 金荣.政府在国家治理体系中的角色定位及改革趋势[J].人民论坛,2014(5):74-75+215.
[5] 汤梅,卜凡.论现代国家治理体系中的政府权力配置与运作[J].探索,2014(1):4-5;4-7.
[6] 辛向阳.推进国家治理体系和治理能力现代化的三个基本问题[J].理论探讨,2014(2):27-31.
[7] 高新民.国家治理体系现代化与党的群众路线[J].新视野,2014(3):56-60.
[8] 包心鉴.以制度现代化推进国家治理现代化[J].中共福建省委党校学报,2014(1):4-10.

义民主政治,保证政府实现科学、民主、有效的治理;市场方面,必须从广度和深度上推进市场化改革,形成市场在资源配置中的决定性作用;社会层面,必须增强社会发展活力,提高社会治理水平;公民方面,必须发挥公民的积极性、主动性和创造性[①]。

徐海清在《国家治理体系和治理能力现代化》一书中指出:"推进国家治理体系现代化,必须始终坚持以人为本、执政为民,切实贯彻党的全心全意为人民服务的根本宗旨。要坚持和完善人民代表大会制度、中国共产党领导的多党合作和政治协商制度、民族区域自治制度以及基层群众自治制度,充分发挥我国社会主义政治制度优越性。要广泛发动各类社会组织和公民参与政府的治理工作或者进行自治。"[②]

刘海潮认为应从3个方面着力:一是治理理念的全面落实。二是具体制度的硬性约束。三是社会大众的舆论监督[③]。

第七节 国家治理体系现代化视域下创新社会治理体制研究

一、社会治理理论概述

1. 国外治理理论文献综述

国外的治理理论研究成果比较丰富,国外学者在社会治理理论的研究领域上,大多集中于创新治理模式、厘定政府与社会组织的关系等方面。具体概括为以下6种理论。

(1)多中心治理。埃莉诺·奥斯特罗姆(Elinor Ostrom)与文森特·奥斯特罗姆(Vincent Ostrom)夫妇共同创立了多中心治理理论。埃莉诺·奥斯特罗姆提出,公共问题的解决,不能仅仅依靠政府或者市场,而是要超越政府与市场,建立起多种行动者均能参与的制度安排,这样的安排就是多中心治理。政府的政策制定与执行能力有限,而多中心的结构安排则能把私人(市场)、公民社会(通常是社会组织)、政府等不同形式的治理主体纳入水平的治理网络中,使它们在更大程度上参与公共物品的供给,从而实现从单一中心到多中心的转变[④]。

(2)政策网络理论。卡赞斯坦在《权力与财富之间》一书中最早提出了"政策网络"一词[⑤],Kenis 和 Schneider 也对政策网络进行了研究[⑥]。

(3)新公共服务。由罗伯特·B.登哈特力代表的学者提出,该理论高度重视社会治理过程中公民作用的发挥,甚至将公民摆在了社会治理的最高位置,提倡政府在实施公共管理过

---

① 蔡文成.改革发展与国家治理体系现代化的建构[J].行政论坛,2014,21(4):11-16.
② 徐海清.国家治理体系和治理能力现代化[M].北京:中共中央党校出版社,2013.
③ 刘海潮.当代中国国家治理体系建构的内在逻辑诠释:基于政府与市场、社会关系的分析[J].新视野,2014(3):51-55.
④ Ostrom E. et al. Beyond markets and states: polycentric governance of complex economic systems[J]. The American economic review,2010,100(3):641-672.
⑤ 彼得·J.卡赞斯坦.权力与财富之间[M].陈刚,译.长春:吉林出版集团有限责任公司,2007.
⑥ Kenis P, Schneider V. Policy networks and policy analysis: scrutinizing a new analytical toolbox[M]//Policy networks: Empirical evidence and theoretical considerations. Campus Verlag,1991:25-59.

程中,要履行好服务公民和向公民放权的职责,强调通过政民之间的对话协商,实现共同的社会治理目标。

(4)后福利国家。20世纪70年代,尼·雷谢尔(Neil Rescher)在1972年出版的《福利——从哲学观点看社会问题》标志着"后福利国家论"的产生。"后福利国家论"以"后工业社会论"为经济理论基础,认为随着工业社会向后工业社会的过渡,福利国家也将逐步过渡到后福利国家[1]。

(5)福利社会。20世纪80年代初,时任"经济合作与发展组织"秘书长的E.范莱内普(Emile van Lennep),提出了"福利社会",用它来取代陷入危机之中的"福利国家"。他看到,为了满足社会对福利的不断变化的需求,"必须采取更有选择性的和更有针对性的方法,包括不同政府机构之间和公共团体与私人团体之间的合作"[2]。

(6)社会资本。布迪厄(Bourdieu)提出"社会资本"的概念是实际或潜在资源的集合体,它们与或多或少制度化了的相互认识与认知的持续关系网络联系在一起……通过集体拥有的资本的支持提供给其中的每一位成员[3]。帕特南(Putnam)指出的社会资本是指社会组织的特征,诸如信任、规范以及网络,它们能够通过促进合作来提高社会的效率[4]。

国外社会治理理论认为,加强社会治理,政府和社会组织必须通过合作方式,建立起连接紧密的网状管理系统,谈判作为主要运作方式,强调各行为者之间通过对话和协作,形成社会治理力量的多元化格局,并在此格局下对政府角色进行重新定位。

2. 国内治理理论

国内对社会治理的研究起步比较晚,主要始于改革开放之后,之前都是以研究社会管理为主。概括来说,我国学者对社会治理的研究大体有4个方向。

一是以"公民社会部门"作为研究社会治理的突破口。俞可平认为:"由民间独自行使或它们与政府一道行使的社会管理过程,便不再是统治,而是治理。"在他看来,民间自治组织的出现,不仅制约了政府行为,还架起了政府与公民沟通的桥梁,对影响政府决策与改革起到了重要的作用[5]。

二是以政府管理的视角来关注社会治理。毛寿龙指出,治道是在市场经济条件下政府如何界定自己的角色,如何运用市场方法管理公共事务的道理,治道变革指的是西方政府如何适应市场经济有效运行的需要来界定自己的角色,进行市场化变革,并把市场制度的基本观念引进公共领域,建设开放而有效的公共领域[6]。

三是以"合作网络"来创新社会治理模式。陈振明主张通过整合政府管理和公民社会两

---

[1] Rescher N. Welfare: The social issues in philosophical perspective[M]. University of Pittsburgh Pre,1972.
[2] 经济合作与发展组织秘书处. 危机中的福利国家[M]. 梁向阳,译. 北京:华夏出版社,1990.
[3] Bourdieu P. The field of cultural production, or: The economic world reversed[J]. Poetics,1983,12(4-5):311-356.
[4] Putnam R D. Bowling alone: The collapse and revival of American community[M]. Simon and schuster,2000.
[5] 俞可平. 治理与善治[M]. 北京:社会科学文献出版社,2000.
[6] 毛寿龙. 西方政府的治道变革[M]. 北京:中国人民大学出版社,1998.

种途径形成"网络管理"框架,从而创新社会治理机制①。

四是以社会治理理论作为研究乡村社会和村民自治的分析体系,研究乡村治理结构问题。徐勇提出了"村治""乡村治理"等概念,认为"治理"有3层内涵:一为统治,反映掌权者对社会的统治及掌权者与被统治者的关系;二为秩序和安定,指掌权者通过其治理活动而实现政治稳固、社会安定的预期;三为整顿与惩处,指掌权者为达到其治理预期所采取一定措施的管理过程②。

二、我国社会治理体制的现存问题

党的十八届三中全会正式提出"完善和发展中国特色社会主义制度,推进国家治理体系和治理能力现代化"这一深化改革的新要求,这说明我国的整体治理已经进入现代化进程,然而从社会治理中还存在的诸多问题就可以看出,我国治理的现代化并不成熟,需要通过不断的完善和创新来弥补这一缺陷与漏洞。

敬海新认为我国社会体制的现存问题主要表现在:①社会事业发展滞后、公共服务体系欠缺;②社会管理体制虚化、社会组织参与不够;③社会管理机制弱化、社会管理方式落后;④社会结构发展失衡、社会运转活力不足③。

孙克进认为主要存在以下几个问题:①改革开放以来,传统的社会管理日益向现代的社会治理转型;②在打破一元化的社会管理体制、创新社会治理体制的过程中,对社会治理理念的认识尚不到位;③政府与社会在社会治理中的角色与功能尚未明确;④社会治理方式的创新尚不到位④。

杨广认为主要存在以下几个问题:①社会治理进入转型时期;②社会治理工作内容不明确;③社会治理中参与者角色混乱;④社会治理体制缺乏创新⑤。

三、社会治理体制创新在推进国家治理现代化中的功能定位

《中共中央关于全面深化改革若干重大问题的决定》把社会治理体制创新概括为改进社会治理方式、激发社会组织活力、创新有效预防和化解社会矛盾体制、健全公共安全体系4个方面,具有很强的战略指导性和问题针对性,为我们深刻理解社会治理体制创新在国家治理现代化中的功能定位提供了导航作用。

姜晓萍总结为以下几点:①诊断社会问题是推进国家治理现代化的前提;②加强社会建设是推进国家治理现代化的基础;③促进社会协同是国家治理现代化的核心⑥。

---

① 陈振明.公共管理学:一种不同于传统行政学的研究途径[M].北京:中国人民大学出版社,2003.
② 徐勇.治理转型与竞争:合作主义[J].开放时代,2001(7):25-33.
③ 敬海新.深化社会体制改革 实现社会治理现代化[A]//中国行政体制改革研究会.第五届中国行政改革论坛:创新政府治理,深化行政改革 优秀论文集.中国行政体制改革研究会,2014.
④ 孙克进.国家治理现代化进程中的社会治理体制创新[J].中共济南市委党校学报,2015(5):46-50.
⑤ 杨广.国家治理现代化进程中的社会治理体制创新[J].新西部(理论版),2016(18):83+34.
⑥ 姜晓萍.国家治理现代化进程中的社会治理体制创新[J].中国行政管理,2014(2):24-28.

四、治理现代化视域下创新社会治理体制的特点

李桂荣认为,国家治理体系现代化视域下创新社会治理体制的特点:①创新社会治理体制的理念更具时代性、更加现代化;②创新社会治理体制的主体更具主动性、更加多元化;③创新社会治理体制的方式更具严密性、更加科学化[①]。

五、治理现代化视野下社会治理模式创新的路径选择

政府创新社会治理模式,应以治理体系多元和治理能力提升为目标诉求,着重从服务理念、责任政府、合作共治、社会自治、规范服务、流程再造等几个方面进行探索。

周庆智提出创新路径主要包括以下几点:①推进落实社会组织的注册登记规定;②厘清政府向社会组织购买服务事项,并规范化、法治化;③推动工青妇组织的公益性和社会化;④对城市和农村存在的维权组织与专业经济合作组织进行规范,并纳入法治化的治理过程当中;⑤让新兴的社会力量通过合法的程序组成具有自主性的社会组织[②]。

敬海新提出社会体制改革路径选择:①加快推进社会事业改革创新、健全公共服务体系;②积极探索改进社会治理方式,提高社会治理水平;③探索建立多元主体参与机制,激发社会组织活力;④建立健全社会公共安全体系,确保社会安定有序[③]。

姜晓萍提出建设路径是:①完善社会政策体系;②构建公民权利保障体系;③优化基本公共服务体系;④加强社会组织培育和监管;⑤建立社会行为规范体系;⑥创新社区治理体系;⑦巩固公共安全体系;⑧健全社会风险预警和应对体系[④]。

张宏伟认为主要有以下路径:①以法治思维和服务理念谋求良治,确立依法施政、以人为本、责任至上、"多元共治"、绩效导向的服务理念。②建设公开透明回应性的责任政府,畅通民意表达渠道,优化政府回应流程;加强电子政府建设,打造政府回应平台;完善绩效评估办法,促进政府回应;建设协同型政府,实现政企民互动。③由政府管制向多元合作共治转变,政府托底型、社会协作型、市场竞合型的服务供给模式。④重塑基层权力结构,增强社会自治能力,实现社会治理主体的多元化;大力培育社会组织;培养公民公共精神。⑤实现被动服务向主动规范服务转变,建立和完善社会治理的弹性机制、绩效评估方法、问责机制。⑥以客户为中心再造社会治理流程,加速推进服务并联,全面提供"一站式"服务;加速提升服务质量,全面导入"质量化"服务;加速推进电子治理,全面实现"电子化"服务[⑤]。

孙克进提出建设路径包括:①优化社会治理格局,充分发挥各主体作用;②创新社会治理工具,全面提升治理效益;③加强制度化建设,使合作治理常态化[⑥]。

李桂荣认为,国家治理体系现代化视域下创新社会治理体制的任务:①实现社会治理的

---

① 李桂荣.国家治理体系现代化视域下创新社会治理体制研究[J].地方治理研究,2016(1):53-59.
② 周庆智.社会治理体制创新与现代化建设[J].南京大学学报(哲学·人文科学·社会科学),2014,51(4):148-156+160.
③ 敬海新.深化社会体制改革 实现社会治理现代化[A]//中国行政体制改革研究会.第五届中国行政改革论坛:创新政府治理,深化行政改革 优秀论文集.中国行政体制改革研究会,2014:9.
④ 姜晓萍.国家治理现代化进程中的社会治理体制创新[J].中国行政管理,2014(2):24-28.
⑤ 张宏伟.治理现代化视域下社会治理模式创新研究[D].济南:山东大学,2015.
⑥ 孙克进.国家治理现代化进程中的社会治理体制创新[J].中共济南市委党校学报,2015(5):46-50.

广泛参与,逐步解放和增强社会活力;②建立社会治理的畅通机制,有效预防和化解社会矛盾;③提升社会治理的总体水平,维护公共安全与社会稳定[①]。

余晓芳等认为,构建政府与社会组织的合作治理关系,推进国家治理体系现代化:①建立健全社会组织相关法律规范,从制度上保障社会组织的权益;②改革双重管理体制,建立现代社会组织体制;③妥善调整与渐次转移政府职能,拓宽政府与社会组织合作渠道;④改革财政税收优惠政策,强化社会组织扶持力度;⑤健全政府购买服务机制,完善政府与社会组织合作平台[②]。

袁涌波提出,在政府与市场互动中推进国家治理体系现代化:①加快转变政府职能,建设法治政府和服务型政府;②推进市场化改革,加快建立统一开放竞争有序的现代市场体系;③着力深化企业改革,真正确立企业独立的市场主体地位;④借鉴国外市场治理经验,逐步形成具有中国特色的国家治理体系[③]。

杨广认为创新路径要注意以下几点:①建设和服务并重;②政府、市场和社会平衡;③加大社会组织的影响作用;④正确对待社会矛盾,构建和谐社会[④]。

曹艳认为建设路径包括以下几个方面:①加快落实社会组织注册登记制度;②政府购买社会组织服务的规范化、法治化;③强调工青妇组织的公益性与社会化;④对新兴社会组织的自主性引导[⑤]。

第八节　研究不足及展望

一、不足之处

1. 理论与实践联系太少

学术界对"国家治理能力现代化"的研究尚处于初步阶段,目前仍停留在宣传、注解方面,系统、深入性的研究较少。理论源于实践,我国国家治理体系现代化的理论研究是具有中国特色的,应当从中国特色的实践成果中提炼出来。唯有这样,才能真正将理论与实践相结合,国家治理体系现代化的理论才具有现实指导意义。

2. 规范研究与实证研究没有结合起来

学者们关于国家治理体系及其现代化的研究主要集中在规范研究,实证研究较为缺乏,在本节所涉及的百篇文献中仅有一篇是实证研究的。国家治理体系现代化涉及各领域、各层

---

① 李桂荣.国家治理体系现代化视域下创新社会治理体制研究[J].地方治理研究,2016(1):53-59.
② 余晓芳,邓集文.国家治理体系现代化视野下的政府与社会组织合作治理关系研究[J].云南行政学院学报,2016,18(4):130-134.
③ 袁涌波.市场、企业及其监管与国家治理体系现代化[J].浙江学刊,2016(4):135-140.
④ 杨广.国家治理现代化进程中的社会治理体制创新[J].新西部(理论版),2016(18):83+34.
⑤ 曹艳.社会治理体制创新与现代化建设研究[J].管理观察,2018(7):38-39.

面,是一个不断适应社会发展、与时俱进的过程。因此,实证研究很有必要,这就要求我们必须将两种研究方法相结合。

3. 静态研究和动态研究联系不够紧密

当前的研究主要集中在对政治制度、政府体制等静态主题的研究上,结合全面深化改革的总目标,通过分析我国的政治体制的特征,进行国家治理体系现代化的路径探析。然而,国家治理是一个动态化的过程,其他治理主体的行为、经济社会的发展、政治心理的变化等都会对其产生影响。因此,国家治理体系要与时俱进,这就要求把静态研究与动态研究结合起来,深化对国家治理体系及其现代化过程的分析,最终形成系统、全面、科学的理论成果。

二、研究展望

未来随着研究的不断深入,"国家治理能力和治理体系现代化"势必会被作为政治学、经济学、法学、社会学等学科关注的热点。需要进一步研究的问题应当包括以下几点:

(1)国家治理体系现代化的中国理论体系。如果我们一直处于一种"从外向内看"的阶段,不断总结国外经验来指导中国实践,难免有失偏颇。我们应该将"从外向内看"与"从内向外看"和"从上向下看"与"从下向上看"结合起来,相辅相成,形成自己的理论体系。这必是一个宏大的工程。

(2)中国共产党自身建设与国家治理能力建设之间的互动关系。根据党的十八大的要求,改进党的领导方式和执政方式,是保障国家治理高效化的重要基础,是国家治理体系现代化的基本前提。那么二者之间是如何互动的,应该成为今后学者们探讨的重点之一。

(3)国家治理体系现代化的多学科交叉研究。目前学者对国家治理能力现代化的研究主要集中于政治学、公共管理学学科,仅有少数学者从经济学、法学、社会学角度进行阐释。若是多学科尝试交叉研究,想必研究结果对于中国理论体系的建设也是意义非凡。

(4)国家治理体系现代化的评价化研究。运用定量与定性分析相结合的方法,科学评价国家治理现代化的程度、绩效等。这也是对人民的一个成果交代。

第二章 我国的治理体制及其解释理论前沿问题研究

治理是古往今来所有国家永恒的主题,无论是古代国家,还是现代国家,是资本主义国家或是社会主义国家,都面临着如何治理的问题,如何将有限资源运用到日益增长的人民生产生活需要之中。而如何组织自己的治理体制,则成为国家治理的重中之重。一个国家的治理体制受到一国政治、经济、文化甚至历史传统的影响。我国是传统的中央集权制的国家,中央集权对我国的治理体制的形成有着深远的作用,是我国治理体制形成的主导力量。中华人民共和国成立后,我国实行社会主义制度,共产党成为了执政党,从此成为我国治理体制的鲜明特点。虽然新生政权并不稳固的现实,加之苏联模式的影响,我国采取了偏向政治统治类型的国家治理模式,在一定阶段阻碍了我国经济社会的发展,并造成了"文革"的发生,给我国社会带来了巨大的灾难。"文革"结束后,党和国家积极探索新的治理体制,确立了以经济建设为中心的理念,国家的治理以及一切制度开始为经济发展服务,但忽略了发展过程中的环保、民生、公平等问题,政府开始转变治理理念,推进行政体制改革,提出建设服务型政府的目标。

党的十八大提出:"全面深化改革的总目标是发展和完善中国特色社会主义制度,推进国家治理体系和治理能力现代化。"将推进国家治理体系和治理能力现代化作为深化改革的总目标,对于我国的政治发展、政府职能转变乃至于社会主义建设事业来说都具有深远的意义。以往我国一味强调以经济建设为中心,认为发展才是硬道理,却忽略了发展过程中的公平问题、环境问题、发展的可持续问题等,这些都构成了今后发展过程中的障碍,我国的社会发展事业要想迈向一个更高的台阶,必须转变自身的治理理念。而理念的转变必然会对现实的体制造成影响,促进我国治理体制更适合我国经济社会发展的需要、人民群众生活生产的需要[①]。

党的十九大报告更指出了当前国家治理的主要目标和阶段。"第一个阶段,从二〇二〇年到二〇三五年,在全面建成小康社会的基础上,再奋斗十五年,基本实现社会主义现代化",使国家治理体系和治理能力现代化再上一个新台阶。"第二个阶段,从二〇三五年到本世纪中叶,在基本实现现代化的基础上,再奋斗十五年,把我国建成富强民主文明和谐美丽的社会主义现代化强国",使国家治理体系和治理能力现代化更为完善成熟。

当今世界是全球化的世界、开放的世界,中国的发展离不开与世界的联系,各种信息、商品、理念涌向我国,尤其是西方的价值观不断冲击着我国,企图瓦解我国的意识形态,进而摧毁我国的社会主义制度,抑制中华民族的崛起,此时坚持自己的发展道路、治理体制显得尤为

---

① 陈慧荣.国家治理与国家建设[J].学术月刊,2014,46(7):9-12+20.

重要,我们要警惕西方反华势力唱衰中国的言论,但是也要认识到国外优秀的治理制度,学习其中合理的成分。

第一节 治理体制相关概念界定

一、基本概念界定

20世纪90年代以来,"治理"概念日益成为公共管理的核心概念,治理理论成为西方学术界的显学,然而由于学科背景以及分析的角度不同,学者们对治理的内涵有着不同的理解,在定义上还没有达成一致。"治理"最早是世界银行用来说明非洲国家在现代化进程中面临的主要问题,在世界银行看来,它等同于单个国家的可统治性,指的是"为了发展而在一个国家的经济与社会资源的管理中运用权力的方式",世界银行又提出"合法、效率、负责、透明、开放"构成善治的基本要素[1]。

全球治理委员会给出的定义:"治理是各种公共的或私人的个人和机构管理其共同事物的诸多方式的总和。"该定义强调的是政府、企业、第三部门以及公众参与治理的重要性[2]。

治理理论的主要创始人之一詹姆斯·罗西瑙认为,治理是通行于规制空隙之间的那些制度安排,或许更重要的是当两个或更多规制出现重叠、冲突时,或者在相互竞争的利益之间需要调解时才发挥作用的原则、规范、规制和决策程序[3]。而在罗茨(Rhodes)看来,治理可用于指代任何活动的协调方式,至少有6种不同的用法:作为最小国家的治理、作为公司治理的治理、作为新公共管理的治理、作为"善治"的治理、作为社会-控制系统的治理和作为自组织网络的治理[4]。

我国学者陈振明则认为治理理论有3种不同的研究途径:政府管理的途径,侧重从政府部门的角度来理解市场化条件下的公共管理改革,主要包括"最小国家的治理""新公共管理""善治"等用法。公民社会的途径,从这种途径来看,治理是公民社会的"自组织网络",是公民社会部门在自主追求共同利益过程中创造的秩序。合作网络的途径试图综合上述两种途径,考虑了政府层面和非政府层面有关治理的用法,用它来解释当代国家治理运动的变迁具有很强的适应性,日益得到学界的认可,成为主导范式。所以陈振明等在《公共管理学》一书中给治理下了一个定义:"治理就是对合作网络的管理,又可称为网络管理或网络治理,指的是为了实现与增进公共利益,政府部门和非政府部门(私营部门、第三部门或公民个人)等众多公共行动主体彼此合作,在相互依存的环境中分享公共权力,共同管理公共事务的过程。"[5]

---

[1] World Bank. Governance and Development[M]. Washington. D. C. ,World Bank,1992.
[2] 李龙,任颖."治理"一词的沿革考略:以语义分析与语用分析为方法[J]. 法制与社会发展,2014,20(4):5-27.
[3] 詹姆斯·罗西瑙. 没有政府的治理[M]. 张胜军,刘小林等,译. 南昌:江西人民出版社,2001.
[4] Rhodes R A W. The New Governance:Governing without Government[J]. Political Studies,1996,44(4):652-667.
[5] 陈振明,等. 公共管理学[M]. 2版. 北京:中国人民大学出版社,2017.

从我国的实际来看,国家治理的基本含义就是在中国特色社会主义道路的既定方向上,在中国特色社会主义理论的话语语境和话语系统中,在中国特色社会主义制度的完善和发展的改革意义上,中国共产党领导人民科学、民主、依法和有效地治国理政。众所周知,我国是一个传统的中央集权国家,政府自上而下管理公共事务的做法在公众的心中早已根深蒂固,不仅我国的非政府组织发展缓慢,发挥作用有限,而且人们主动参与到公共事务的管理中的途径不完善,人们的积极性还有待提高①。

体制,通常指体制制度,是制度形之于外的具体表现和实施形式,是管理经济、政治、文化等社会生活各个方面事务的规范体系。例如国家领导体制、经济体制、军事体制、教育体制、科技体制等。体制是国家机关和企事业单位的机构设置、隶属关系与权力划分等方面的具体体系和组织制度的总称,体制是国家基本制度的重要体现形式,它为基本制度服务。制度决定体制内容并由体制表现出来,体制的形成和发展要受制度的制约。一种制度可以通过不同的体制表现出来。

治理体制可以看成是一个国家政治制度、经济制度以及其他社会制度的综合体现,一般认为中国实行共产党领导的国家治理体制,人民代表大会制度的根本政治制度,社会主义市场经济体制的基本经济制度,单一制的国家结构、中央集权加上地方属地管理相结合的方法进行治理②。

二、我国现行的治理体制

不同体制的形成有着各自的背景,我国现行的治理体制起源于中华人民共和国成立后的各项制度安排,初期我国学习苏联的模式,实行高度集中的计划经济体制,中国共产党成为中国国家治理的主导力量,正如唐皇凤所说:"执政党主导、组织化调控就自始至终与中国国家治理体系的建构紧密地结合在一起。"③中央政府掌握着国家大部分的权力与资源,虽然从后面的历史来看僵化的体制阻碍中国追赶世界的时机,但是在当时却取得了非常重要的成就,奠定了我国社会主义制度的基础,为以后的工业化打下了基础。

经历了改革开放的调整后,我国逐渐建立起中国特色社会主义制度,在经济上建立起社会主义市场经济体制,政治上给予了地方政府更多的自主权,并通过行政审批制度改革减少了不必要的行政干预,走向了中国特色社会主义道路④。

经过40多年的发展,市场经济的发展对社会产生了巨大的影响,首先是社会阶层的变动,一部分人率先富裕起来,大部分人仍处在中等收入阶层及以下,社会阶层的变动导致了人们价值观念的分化,利益格局的复杂化,贫富差距、地域差距导致中央政府政策的权威性可行性大打折扣,中央政府再也不能像计划经济时代那样大搞"一刀切",必须照顾不同利益群体、

---

① 王浦劬.国家治理、政府治理和社会治理的含义及其相互关系[J].国家行政学院学报,2014(3):11-17.
② 宋琳,韩奇.理解中国国家治理:体制、领导与过程:相关文献的回顾与讨论[J].西北大学学报(哲学社会科学版),2014,44(5):58-63.
③ 唐皇凤.中国国家治理体系现代化的路径选择[J].福建论坛(人文社会科学版),2014(2):20-26.
④ 周庆智.社会治理体制创新与现代化建设[J].南京大学学报(哲学·人文科学·社会科学),2014,51(4):148-156+160.

不同地区的利益要求。经济社会的发展也对政治生活产生了影响,学者一般认为中国的政治改革远落后于经济改革,腐败寻租问题曾经十分严重,人大制度亟待完善,人们对当选后的人大代表并无很好的监管,以至于有些代表不能很好地反映当地选民的利益需求,这一切的问题都对中国的治理提出了更高的要求[①]。

时代在改变,国情也在不断变化,以往的治理体制因为不适应市场经济的发展而不断改变、完善,有的制度废止了,有的制度则延续下来。而要想推进未来的发展,就必须充分了解当前的治理体制,了解内在发展的逻辑,了解其优缺点,谈谈其未来的发展方向才能更好地服务于经济社会生活的发展。

第二节 我国治理体制研究概况

国内研究我国治理体制的学者众多,分别来自不同的学科,主要有来自公共管理学、政治学、法学以及社会学的学者,论文数量较多的学者主要有俞可平、曹正汉、周雪光、吴瑞财、周庆智、燕继荣、唐皇凤、赵宇峰、林尚立等,他们的论著对于理解我国的治理体制、理解其背后的逻辑具有重要的启发意义。

一、对我国治理体制解释的研究

本节的研究主要涉及解释我国当前治理体制的研究,也就是我国的治理体制是什么的问题,主要的理论如下。

1. 上下分治的治理体制

对于上下分治的治理体制,曹正汉认为,中国治理体制的特征是中央政府通过直接治官来达到间接治民的目的,形成"上下分治的治理体制"。也就是说,中央政府主要执掌选拔官员的权力,以及监督、考核和奖惩官员的权力(简称"治官权"),至于实际管治各地区民众的权力(简称"治民权"),则交给所挑选的地方官去行使,只要地方官不违背中央政府所定大政方针,均可以因地制宜地行使其治民权,灵活地处置所管辖地区的民众事务[②]。

众所周知,我国是人民当家作主的社会主义国家,人民是国家的主人,中央政府的权力最终来源于人民,但是我国幅员辽阔、人口众多,中央政府不可能实现有效的直接治理,而是将自己手中的治理权力授权给地方政府,通过监督管理地方政府来实现对民众的治理。曹正汉认为,这种分治的格局包含着自身稳定的两个机制,而这两个机制也是我国长期权威治理体制能够保持稳定的原因,那就是分散决策风险的机制与自发调节集权程度的机制。分散决策风险的机制是指我国的各个地方有着一定的自主权,能够避免中央统一决策下的重大失误,降低了决策的风险,中央政府也可以在某些省份单独运行一些政策,达到试点的作用,为政策的可行性提供参考,避免全局的错误。而后者自发调节集权程度的机制指的是,容许地方在

---

① 陈慧荣.国家治理与国家建设[J].学术月刊,2014,46(7):9-12+20.
② 曹正汉.中国上下分治的治理体制及其稳定机制[J].社会学研究,2011,25(1):1-40+243.

各自地区探索执政办法和调节集权程度,容许地方官员和民众在重大问题上讨价还价,发生局部冲突时,中央可以发挥监督调节作用。笔者认为正是这两种机制起到了保障我国当今社会利益机构复杂化条件下人们利益冲突扩大的作用,同样缓解了我国政治体制改革的压力,可以在一定程度上满足人们的利益需求,减少人们对体制的不满。

2. 整体性的视角

周雪光主张从一个整体性的视角来观察我国的治理体制,认为中国国家治理有两条主线,即一是中央与地方关系,二是国家与民众关系[①]。前者集中于国家组织制度的安排,特别是中央政府与各级地方政府之间在资源分配、人事管理和各类事务处理上的权限和相互关系,以及相伴的考核、督察等关系;后者反映在社会建设这一领域,体现在国家及其各级政府在各个领域中的决策和执行,公共产品提供诸方面与社会组织、社会群体间的关系。周雪光在早期的社会分层研究工作中更多地关注了国家与民众关系这一主线,近年来对国家治理逻辑的分析集中在中央与地方关系这一主线。这两条主线是相互关联的,在不同的历史时期有着各自的凸凹明暗特点:中央-地方关系的制度安排在很大程度上塑造了国家-民众关系的鲜明特点,而后者的和谐或紧张又反过来制约和推动了前者关系的调整。周雪光尝试将这两条主线结合起来,从而提出一个整体性的视角。为了讨论便利起见,可以将中央-地方之间关系简化为强、弱之分;将国家与民众关系简化为紧密、松散两个状态。从这两个维度出发,可以组合成以下4种治理模式:

(1)"组织化动员"。这里的"组织化"是指国家正式制度基础上的组织机制。在中央-地方关系高度强化,且民众亦高度卷入的情形下,我们观察到一个高度组织、高度动员的治理模式,例如在毛泽东时期的"合作化""大跃进"等时期。

(2)"官僚体制运作"。当国家权力通过各级地方政府贯彻落实,而民众被置放于政策过程之外时,我们观察到国家官僚组织的突出作用,即这一组织按照自上而下的指令从事公共事务的管理、公共产品的提供、经济活动的管制等活动。这一状态是国家治理在日常生活中的常规模式。

(3)"非组织化动员"。在这一模式中,官僚体制或软弱无力或被搁置一边,由领袖直接号召动员民众参与治理过程或者民众主动参与政治过程、推动国家决策举措。这一模式多在地方政府"失控"、官僚组织失败的情形下出现,如"文革"时期。当今随着社会媒介的兴起,民众有了直接参与意见表达和动员的渠道,使得这一模式有了新的发展空间。

(4)"基层自治"。在这一模式中,中央政府放权,官僚体制收敛,而将更多的决策权、解决问题的能力转移给基层社会的自组织力量。在传统中国的治理模式中,中央政府通过各级地方政府来实施其征税、治安、教化等意图。因为中央政府与地方政府间的松散关系,且乡村社会有着稳定自治的宗法制度,因此国家治理多呈现这一模式。当然,这一模式的有效性取决于社会自组织能力和程度。

周雪光认为以上4种治理模式是从特定的分析视角(中央-地方关系、国家-民众关系)提

---

① 周雪光.权威体制与有效治理:当代中国国家治理的制度逻辑[J].开放时代,2011(10):67-85.

出的理想模型。在不同的时点和领域中,随着各种机制的互动作用,国家治理会表现出不同的模式或者在实际过程中可能以一种模式为主同时兼有其他模式的某些特征。例如,在"组织化动员"模式中,如果运动型动员机制失灵或观念制度无力,则可能发而不动一片死寂,或发而超动逾越边界,表现出"失控"情形,使得这一治理模式代价昂贵,难以实现预期效果。

接着周雪光认为在中央与地方这一条主线上,我国存在着权威体制与有效治理的矛盾,即中央政府趋于统一治理,而地方的发展则要求分权,从而产生了中央与地方之间的紧张关系。表现在行政体制中则是"条"和"块"的关系,当中央与地方关系向中央集权倾斜时,"条"上的资源分配和权威力度增加,如项目制。当这一关系向地方性治理倾斜时,"块"上的权力、资源自主性增强,如区域间竞争。而且他认为中央与地方的关系在不停地探索、试错的过程之中,并且受到民众的自组织能力、自主治理能力的影响。随后,他认为当今中国社会的分化,人们利益的多元化,传统的自上而下政府统一治理的模式导致官僚体制的单渠道运行与多元的民众呼声常常发生紧张摩擦,难以为继;民众抗争的组织程度正重塑着基层自治的形式,这些趋势已经明晰可辨。社会自组织的重要性不言而喻,其能力的提高可以增强社会内部的协调能力和谈判能力,可以与国家制度设施一并成为解决社会问题能力的重要基础之一,为国家治理提供了新的契机和模式。

最后,周雪光做出总结,中央与地方、国家与民众的关系正在不断转变,为当今的国家治理带来了不确定性和探索性。值得强调的是,这些转变的主要推动力是中国社会不可抑制的多元化发展。他认为,随着当代社会在全球化过程中的扩展,特别是利益分化和社会媒介的兴起,国家与民众关系这一主线日益占主导地位,正在改变和重塑着中央与地方关系,推动着国家治理模式和机制的演变与创新。深入理解这些变化,特别是这些变化背后的因果关系,提出强有力的理论解释,这是社会科学学术研究面临的历史责任。

3. 分阶段的治理体制

有的学者以时间为线,梳理我国1949年以来治理体制的转变,其中有代表性的是张兴华在《当代中国国家治理》中将我国的治理体制划分为政治导向型的治理体制、经济导向型的治理体制以及服务导向型的治理体制[①]。俞可平也总结过:"纵观从1978年到2008年30年中国治理变革的轨迹,我们可以看到这样一条清晰的路线图,即从一元治理到多元治理;从集权到分权;从人治到法治;从管制政府到服务政府;从党内民主到社会民主。"[②]可见我国的治理体制是处于不断的发展变化之中。

政治导向型的治理体制:国家以政治为中心,一切工作要服从和服务于政治,国家的阶级统治职能被突出和强化,其他职能则被弱化,国家权力高度集中于中央,地方政府只是中央政策不折不扣的执行者和传声筒,城乡隔离的户籍制度中,人们严格地限制在单位体制内,国家的一切工作都服务于建设伟大的社会主义国家这一政治目标。张兴华认为这一模式的形成主要有两个原因:一是1949年后面临的国内外困境,国内经济萧条,百废待兴,国民党残余势力还没有完全清除;国外有美国等国家的封锁敌视。二是斯大林模式的影响,而斯大林模式

---

① 张兴华.当代中国国家治理:现实困境与治理取向[D].上海:华东师范大学,2014.
② 俞可平.善治:政治合法性主要来源[N].社会科学报.2010-07-29(003).

的实质在于执政党和政府对国家政治、经济、文化及其社会生活进行高度的管制。中国走社会主义道路,只有苏联的经验可以借鉴,最后导致了这一高度集中的政治经济社会体制[①]。

它的主要特征是:党政一体化高度集权的政治体制,主要表现是党政不分,以党代政,党既是政策的制定者,也是执行者、监督者。以运动式治理为治国的主要路径,发动各类如"大跃进""大办钢铁""农业学大寨"等运动。重人治,轻法治,注重领导的个人崇拜,忽略法律的作用。以管制作为治理的主要手段,国家通过单位、户籍对人进行全方位的管理,就这样控制了全社会。

作为中华人民共和国成立初期的治理体制自然有利有弊,它的存在有其合理性,有现实的需要,不仅有利于国家集中力量开展现代化建设,如实现我国的第一个五年计划以及社会主义三大改造;还有利于巩固新生的社会主义政权,对内清除敌对反动势力,对外防止西方势力的入侵,使国家平稳度过了物资短缺的经济时代。在当时采取的平均主义,缓解了社会矛盾。但是也有许多弊端,首先,社会资源完全掌握在执政党和政府手中,社会自主权得不到发挥,束缚了企业与个人积极性的发挥(为以后的改革开放埋下伏笔)。其次,社会主义民主法治发展不完善,人治大于法治。特别是"文革"时期,民主法制遭到破坏,党政机关瘫痪,社会陷入混乱。再次,城乡二元制机构以及优先发展重工业挫伤了农民的积极性,导致农业、农村发展落后。最后,频繁的"政治运动"使人民思想混乱,甚至个别人道德沦丧。

经济导向型的国家治理:党的十一届三中全会使国家的工作重心转移到经济建设上来,也促进了国家治理的转型。十四大确立了社会主义市场经济体制改革的目标后,所有改革都为了增强市场的活力,政府成为经济建设的主导力量,在社会管理、公共服务方面投入较少,国家治理目标以经济建设为中心,国内生产总值(GDP)成为各级政府的最重要追求的目标,也成为考核、评定、晋升各级官员的唯一目标,地方政府有了一定的自主权,企业成为主要的市场主体,拥有了生产经营管理的自主权。它形成的主要原因是1949年以来各种失败教训的总结,"文革"结束后经济低迷,人们生活水平低下,执政党为了人民利益出发,必须要转变治理思路,从经济建设入手,改善人民生活水平,促进生产力发展、社会进步才能巩固社会主义政权。

经济导向型国家治理的主要特征有:在治国方式上,逐步由"人治"转向"法治",这是市场经济的内在要求,市场经济本质上是法治经济,讲求公平、契约精神。以经济的高增长作为首要的治国目标,改革开放、设立经济特区等措施都是为了经济发展的目标服务。社会组织的成长主要集中在经济领域,主要是企业组织的发展,而第三部门非营利组织的发展较为缓慢,发育不充分。科学定位党政关系,不断强化党的领导,改革开放前,党政一体化现象严重,随后党不断明确党政关系,加强科学执政水平,提出了"党总揽全局,协调各方"的原则。最后是意识形态上的更加理性,改革开放前,国家总是在"左"倾或右倾徘徊,对国家经济领域的治理产生了极大的影响,直到邓小平的"黑白猫"论、"发展才是硬道理""三个有利于"等一系列理论的提出,才破除了人们意识形态的桎梏,大胆地走向改革创新[②]。

虽然经济导向型的治理体制促进了我国经济水平的巨大飞跃,人民平均生活水平有了很大的提高,但是同样存在着一些问题,比如片面追求经济的发展,以牺牲环境资源为代价,给

---

① 俞可平.从统治到治理[N].学习时报,2001-01-22(003).
② 张兴华.当代中国国家治理:现实困境与治理取向[D].上海:华东师范大学,2014.

我国环境造成了巨大的伤害,而且以国内生产总值为中心的政绩导向导致有些官员忽略了民生、教育等事业,给人民的生活带来不便,政府过多地干预经济领域,使一部分官员利用手中的权力以权谋私、收受贿赂,损害了人民的利益,使政府的权威、公信力受到了挑战。经济社会发展严重失衡,社会不公平、不和谐问题突出,比如城乡差距,东、西部地区差距,收入分配的差距①。

以上的问题引出了对我国发展模式、治理模式的反思,加上市场化的推进,已使市场机制的力量开始深入人心,越来越多的人开始认识到政府的局限性,开始厘清政府与市场的关系、政府干预的边界,各类社会组织的发展使政府的职能开始精简、收缩,政府越来越强调的是服务,而不是管制②。政府也认识到片面追求经济发展的弊端,越来越重视民生方面的投入,越来越重视发展的质量,这一切都推动了我国治理之道的转型,使我国的治理体制由经济导向型向服务导向型转变③。

张兴华认为,服务导向型的治理体制有三大举措,分别是:科学发展观和构建社会主义和谐社会的提出、改善与完善党的领导方式和执政方式、着力构建法治服务型政府。其中,科学发展观和和谐社会建设目标的提出,是对经济导向型国家治理模式的积极回应,是对传统以国内生产总值的增长为目标的发展观的超越,表明我国国家发展理念和目标的正式转型,表明政府治理从关注经济增长转到更加关注经济社会、环境自然、人与人之间的全面、协调、可持续发展上来,其最终目的就是促进社会和谐,实现人的全面发展,是治理理念的转变④。

其次中国国家治理的一大特点就是党的领导,治理的转型必然对党提出了更高的要求。党的十六大提出了科学执政、民主执政、依法执政的党的治理价值目标,为保证党领导人民有效治理国家。党的十七大指出:"要坚持国家一切权力属于人民,坚持依法治国基本方略,保障公民合法权益,推进社会主义民主政治制度化、规范化、程序化,为党和国家长治久安提供政治和法律制度保障。"党的十八大指出:"注重改进党的领导方式和执政方式,保证党领导人民有效治理国家。"

最后是着力构建法治服务型政府,2005年《政府工作报告》对我国的经济体制和行政体制改革做了全面的部署,《国务院关于2005年深化经济体制改革的意见》又将其具体化,明确了10个方面的重点任务。其中,管理体制改革又首当其冲,文件强调把政府管理体制改革放到更加突出的位置,加快政府职能转变。在当前和今后的一段时间里,要围绕建设责任政府、法治政府和服务政府。2007年党的十七大对服务型政府建设进行总体部署,提出了行政管理体制改革的总体方案,探索实行职能有机统一的大部门体制,统筹党委、政府和人大、政协机构设置。从1979年到2005年,全国人民代表大会及其常务委员会共通过了约400件法律和有关法律问题的决定,国务院制定了650多件行政法规,地方人大及其常委会制定了7 500多件地方性法规。2010年,基本上建成了一个比较完善的法律体系。

---

① 许耀桐,刘祺.当代中国国家治理体系分析[J].理论探索,2014(1):10-14+19.
② 高全喜.转型时期国家治理体系和治理能力的现代化建设[J].学海,2016(5):5-11.
③ 魏崇辉.当代中国国家治理现代化的理论指导、基本理解与困境应对[J].理论与改革,2014(2):5-10.
④ 张兴华.当代中国国家治理:现实困境与治理取向[D].上海:华东师范大学,2014.

同样,张兴华认为服务导向型的治理体制有3个主要的特征:一是把社会公平正义作为国家治理的核心价值,由于以经济增长作为国家治理的首要目标,在经济导向型国家治理模式推动下,我国经济社会发展严重不平衡,社会矛盾和问题凸显。表现在经济领域的分配不公、贫富差距急剧扩大;政治领域的贪污腐败;社会领域的诚信缺失、道德滑坡等。正是基于对以上问题的深刻反思,党的十六大以来,以胡锦涛为核心的党的领导集体,在深刻认识社会发展规律的基础上提出了建设社会主义和谐社会的治国目标,把公平正义作为和谐社会建设的重要组成部分。二是从经济发展转向科学发展,科学发展观是对中华人民共和国成立以来国家建设的系统概括和科学总结。在毛泽东时代,由于过度专注于政治建国,虽然有很多比较好的经济建设的指导思想,由于国情、世情、党情的时代特征不同,致使发展不足和不当;改革开放以来,由于过度关注于经济增长,致使发展不当的现象更加严重。因此,进入21世纪,在科学总结中国历史文化传统的基础上,提出科学发展观不仅是对中国传统发展观的超越,更是对国家治理模式的科学认识。三是从管制到服务,在经济导向型国家治理模式下,由于偏重经济建设,过度关注国内生产总值的增长,致使社会建设远远滞后于经济发展,忽视了政府的公共服务职能,以管制为核心的管理模式并未得到根本改变,政府治理手段单一,偏向管制手段、行政手段。党的十六大对政府职能进行了重新定位,即经济调节、市场监管、社会管理和公共服务[①]。

4. 权威体制

权威体制,又有学者称之为举国体制,我国拥有强有力的政党组织领导和动员系统、高效的政府执行系统、有效的中央协调系统[②]。这样的制度安排在集聚力量、发挥国家整体效应、促进政府积极作为、实现国家集体意志方面具有明显功效。周雪光认为:"维系权威体制的两个核心组织机制,一是科层制度,二是观念制度。前者涉及中央政府及其下属各级政府机构间的等级结构;后者则表现为国家与个人(官员、公民)之间在社会心理、文化观念上的认同,体现在政府内外、全国上下的共享价值上。"并用我国的计生政策来举例,认为它是权威体制贯彻实施国家意图的一个突出案例,计划生育政策有从中央到居委会的管理机构——计划生育办公室以及庞大的计划生育工作人员,一票否决的考核机制,从中央到地方的高度统一执行[③]。

一般认为这样的体制具有高效率、集中性、协调性以及连续性。能够集中力量办大事,尤其是举国体制中的一些超大型项目,就是以国家力量制定相关倾斜性政策,不计代价地为之聚集资源,并着力体现国家行为能力,标杆性地展现国家迅速发展而布局和实施的项目,如我国的高铁项目。协调性是指它能够照顾到地区差距、城乡差距,将发达地区的资源转移到欠发达地区,促进优势互补,其中政府起到了无可替代的作用,这在资本主义国家是很难实现

---

① 孙涛.从传统社会管理到现代社会治理转型:中国社会治理体制变迁的历史进程及演进路线[J].青岛行政学院学报,2015(3):43-46.
② 赵宇峰,林尚立.国家制度与国家治理:中国的逻辑[J].中国行政管理,2015(5):6-11.
③ 周雪光.权威体制与有效治理:当代中国国家治理的制度逻辑[J].开放时代,2011(10):67-85.

的。连续性是我国治理的重要条件,不会因领导人的变迁而发生大的改变,在保持国家正确发展方向的前提下,中国采行一党执政治理方式,对于贯彻国家意志、保持国家建设的一贯性确实具有明显的优势。

当然也有学者认为权威体制有不妥之处,周雪光认为,权威体制与有效治理之间存在着必然的矛盾,从权威体制的角度,中央政府权威需要以严密有效的组织制度和观念制度维护体制,体现在权力、资源的向上集中,并通过中央政府政策指令在日常工作中的贯彻落实而延续和强化。但从组织有效治理的逻辑来说,权力、资源和治理能力应该放在有效信息的层次上,即加强基层政府的能力,而这一思路与权威体制的基本原则相悖,产生了紧张和冲突[①]。任剑涛同样认为这种体制有不合理之处,会造成治理的失衡。只要政治需要,对经济社会资源的动员模式就开始启动。在政治目标可以顺利实现的情况下,经济社会代价就是可以忽略的必要付出。正是这样的基本规定性,造成超大型项目在政策上、资源上和推进上严重的倾斜,进而造成其他各个需要政策关注和资源投入的诸领域、诸事项的政策短缺和资源贫瘠,导致产业之间、公私之间、央地之间关系的偏失[②]。

5.运动式治理

运动式治理,这种治理机制虽然并不是我国常态的机制,但是却时常出现在我国的治理中,成为我国治理研究中不可回避的现象,引起了学者们的高度重视,所谓运动式治理模式是指掌握一定权力的执政者或政府为了实现某种特定目标通过动员方式发起的一种自上而下的非长效治理模式[③]。在这一模式中,发起运动的主体必须具有权威,治理的对象必须事先选定,花费的成本往往十分高昂,整个过程中都伴随着运动,尽管如此,其成果往往是高效却短暂的。比如在我国举办奥运会期间,北京市发动治理空气污染,结果是奥运期间北京重现蓝天白云,然而治理过后,效果却不能保持。一般来说,学者都认为运动式治理是为了弥补常规治理体制失败而采取的临时措施。周雪光认为在中国国家治理过程中建立在官僚体制基础上的常规治理机制经常面临着组织失控和失败的可能性,而运动式治理正是应对常规治理失败而产生的一种替代或纠偏机制[①]。也有学者认为运动式治理来自中国共产党的革命传统,是革命思维在国家治理中的体现。

运动式治理既然存在必然有其可取之处。一般认为,运动式治理能够短时间内集中大量的人力、物力,有利于效率的提高,而且对社会顽疾的治理有较好的威慑作用,比如打击黑社会。并且运动式治理对危机、灾难事件的反应是常规治理无可比拟的,比如我国的汶川地震中,政府发动救灾的速度是非常快的,对后续救援工作赢得了宝贵的时间。但是,由于这种模式缺乏稳定的制度基础和明确的治理手段,所以在实践过程中呈现出了诸多弊端:其一,治理成本过高,造成了巨大的人力物力消耗,而效果却只是一时的;其二,治理的效果较差,往往只是暂时的,也就是"治标不治本";其三,没有明确的法律规范,治理过程中,可能出现违法的现

---

① 周雪光.权威体制与有效治理:当代中国国家治理的制度逻辑[J].开放时代,2011(10):67-85.
② 任剑涛.国家的均衡治理:超越举国体制下的超大型项目偏好[J].学术月刊,2014,46(10):11-18+32.
③ 魏佳.运动式治理模式的生成逻辑及其演变[D].西安:陕西师范大学,2014.

象,比如城管在治理城市市容时的暴力执法①。

学者们对运动式治理的表现、成因、优缺点有了十分丰富深入的研究,但是对运动式治理到底该如何发展(是留是舍)尚没有一个明确的定论,仍然需要学者们的进一步研究。

6. 小结

通过学者们从不同的角度对我国治理体制的解释分析,我们对我国的治理体制有了一个全面的了解。我国的治理体制从1949年以来不断发展、改变,尽管其还有不完美、不完善的地方,但仍然能促进社会的发展,随着党和国家各种制度的完善,治理观念的不断更新,治理体制必然会不断地完善,不断地满足人民的需要、发展的需要。

二、治理体制运行背后逻辑的研究

研究一项事物,我们先了解它是什么,还必须了解它为什么是这样,研究治理体制,除了了解解释它的理论,还要研究其背后运行的逻辑,这样才能对当前的治理体制有更加深入的理解,才有可能掌握其未来发展的方向。学界关于这方面的研究稍显不足。

周雪光从组织理论的角度出发,认为我国治理体制背后的逻辑是权威体制和有效治理的矛盾,权威体制要求权力资源向中央集中,而有效治理则要求治理区域的地方拥有更多的自主权,在中国这样一个人口数量、疆域规模都巨大的国家,两者之间的矛盾显得尤为突出,接着他认为两者之间的矛盾产生了3个应对机制,分别是:政策的统一性和执行的灵活性的动态关系、政治教化的礼仪化以及前文提到的运动式治理机制,三者结合是为了弥补权威体制与有效治理之间的矛盾。最后周雪光认为解决措施有两种:其一是通过新的治理模式来减缓、转化这一矛盾。例如,通过制度化的途径将权力和利益分而治之。其二是减少各级政府特别是中央政府的一些管理功能,缩小"有效治理"的范围,以社会机制替代之。其可行性还有待进一步研究论证②。

吴瑞财认为,当前的国家治理交织着两条逻辑主线之间相互博弈的关系。一方面,发展主义这一主线仍然具有强大的生命力,导致在国家发展的意识形态表述上的模棱两可,在实践中似乎也难以从根本上撼动以发展甚至是以谋利为主旨的"地方发展型政府"的行为导向,体现在当前工作仍然以发展经济为中心,也就是"金山银山与绿水青山"哪个在国家治理中居于领先位置。另一方面,国家作为公共服务的提供者与扮演更为专业化的监管者角色又是经济社会发展进入一个新的阶段以后必然提出的要求。可以说,国家治理的这两条逻辑主线之间的博弈关系深刻地影响了当前的国家治理实践,包括重新塑造了国家的治理体制以及制约了国家对于相应的治理工具的选择。最后他认为以发展主义为中心的治理仍然是治理体制中的主线,并对治理体制的转型、治理困境的解决造成阻碍③。

---

① 喻晓燕.当代中国运动式治理模式的困境分析[D].湘潭:湘潭大学,2016.
② 周雪光.中国国家治理及其模式:一个整体性视角[J].学术月刊,2014,46(10):5-11+32.
③ 吴瑞财.治理体制、治理机制与国家治理的逻辑转换:中国国家治理变迁的一个观察视角[J].吉首大学学报(社会科学版),2016,37(2):95-102.

关于体制背后的逻辑的研究稍微不足,学者主要从组织制度出发,或者从治理理念出发,研究治理体制运行背后的逻辑关系,未来可以将研究的出发点放在其他方面,这有待于学者们的进一步探讨。

三、治理体制的困境

治理体制的困境不仅仅是治理的困境,而且也包含着治理体制本身存在的问题,这一部分,学者有较多的论述。

首先,大国治理的困境是学者们的共识,社会主义初级阶段的大国是我国治理体制面临的第一个困境。唐皇凤认为,中国国家治理最根本的困境是大国治理与治理资源严重匮乏的矛盾[①]。周雪光认为,中国国家治理面临着规模之累,从中央到地方,如此之长的行政链条引发了各类代理问题[②]。无论是横向的规模之大,还是纵向的距离之长,都在向人们提醒:大国治理的不易。所以这是我国治理体制面临的最重要的困境。

其次,在国家治理的价值选择方面,我们面临平等与效率、集权与分权、政府与市场、国家与社会、传统与现代之间的两难抉择,既要突出重点,又要兼顾相互对立的价值之间的均衡。而且还面临着经济发展与资源环境保护之间的矛盾,而现实中往往以经济作为中心的取向,忽略了其他许多问题。

再次,政治体制落后于经济体制改革的步伐,导致政治体制不能很好地回应复杂和多样的社会利益,使国家与社会之间的冲突难以协调,各类信访事件、群体性事件的发生正是由于两者的不同步。由于政治体制改革的滞后,国家的治理能力被削弱。一些对中国政治体制改革持有不同看法的学者如裴敏欣、马德罗等,认为僵化与封闭的中国政治体制与以市场为导向的经济改革在本质上相矛盾。也有学者提出反驳,认为他们通常将中国政治体制归到西方政治学的威权政体之中,并以此来分析中国国家治理所受到的决定性影响。应当承认,西方政治理论对于理解中国国家治理具有一定的参考意义,但是机械式地套用西方政治理论来分析中国问题将会简化我们对于该问题的认识和理解[③]。

最后,从宏观上来考虑,我国正处在中华民族伟大复兴的道路中,如何使我国从一个经济社会发展落后的社会主义初级阶段的国家转变为现代化建设强国,也就是实现国家治理体系和治理能力现代化的问题。学者们认为要从价值观建设,现代国家制度建设,执政党与国家、社会的关系建设3个方面着手[④]。

我国治理体制面临的困境不仅是当前现实的难题,也是未来将要直面的障碍,学者们应该积极投入相关的研究中,找出现在问题的解决方法,同时也要未雨绸缪,为今后将要遇到的难题做好准备,只有这样才能体现社会科学工作者对于社会、国家、民族的贡献与价值。

---

① 唐皇凤.大国治理:中国国家治理的现实基础与主要困境[J].中共浙江省委党校学报,2005(6):96-101.
② 周雪光.运动型治理机制:中国国家治理的制度逻辑再思考[J].开放时代,2012(9):105-125.
③ 郑言,李猛.推进国家治理体系与国家治理能力现代化[J].吉林大学社会科学学报,2014,54(2):5-12+171.
④ 赵天娥.推进国家治理体系和治理能力现代化的四个维度[J].探索,2014(6):79-83.

四、我国治理体制未来发展目标、价值取向的研究

本节主要介绍学者们关于我国治理体制未来发展方向以及采取何种价值取向的研究,总的方向是推进治理体系和治理能力现代化,具体来说,不同的学者出于不同学科背景、研究方向给予了不同的回答。

张文显主张治理体制应该实现法治化。在现代国家,法治是国家治理的基本方式,是国家治理现代化的重要标志,通过健全和完善国家治理法律规范、法律制度、法律程序和法律实施机制,形成科学完备、法治为基础的国家治理体系,使中国特色社会主义制度更加成熟、更加定型、更加管用,并不断提高运用社会主义法治体系有效治理国家的能力和水平[①]。张文显认为,治理法治化的基本面向是国家治理体系的法制化以及国家治理能力的法治化。前者指的是,国家治理的各项制度总体上最终都要表现为法律制度体系,即法制化的制度体系。国家治理制度只有通过法制化,才能定型化、精细化,增强其执行力和运行力。国家治理制度法制化的路径一般是:党和政府先是以党内法规与政策形式宣示、确认其治国理念、治国道路、治国路线、治国经验等,待这些党内法规和政策在治国理政的实践中进一步成熟后,再通过立法程序将其上升为法律,由宪法或法律加以确认、完善和定型。后者指的是提高运用法治思维和法治方式的能力,解决法治缺位情况下治理动力不足和能力不够的问题。一是要把法治理念、法治精神、法治原则和法治方法贯穿到政治治理、经济治理、社会治理、文化治理、生态治理、治党治军等国家治理实践之中,逐步形成办事依法、遇事找法、解决问题用法、化解矛盾靠法的良好法治习惯。二是应当正确处理改革与法治的关系,这也是国家治理法治化要解决的突出问题。要善于以法治凝聚改革共识,以法治引领改革方向,以法治规范改革程序,以法治确认、巩固和扩大改革成果[①]。

唐皇凤认为,应当从 3 个方面促进治理体制的现代化。

首先是重塑价值目标体系。因为,共同的生活信仰与价值体系是凝聚人心、凝聚社会的基本力量,可以实现低成本的有效治理。在中国的国家治理过程中,维系社会稳定是至关重要的,有效价值体系对社会生活的引领是维持一个超大规模社会稳定的关键。他认为应当确立与中国现有经济、社会发展水平以及历史文化传统相适应的价值目标体系,即适应现实的中国国情与中国社会历史文化生态条件的价值排序,把"社会公正"和"公共福利"置于与"经济效率"和"增长及发展"同等重要的地位,甚至更为重要的地位[②]。

其次是促进各项制度的转型。制度转型既要培育公正、有效和开放的市场经济体制,又要对新旧体制转换中利益受损的群体进行补偿,保持不同地区在转型中的相对平衡,建设一种适用于转型的价值观体系,更重要的是创建一个民主而有效的政府机制。一是,国家基本制度建设应优先于大规模的民主化,因为它是经济可持续发展和社会稳定的必要条件,也是建立法治和民主制度的必要条件;二是,国家制度建设应当包括民主政治的成分,而且其最终目的也是在中国建立稳固的、基于法治的民主政治体制;三是,有序扩大公民参与公共政治是

---

① 张文显.法治与国家治理现代化[J].中国法学,2014(4):5-27.
② 唐皇凤.中国国家治理体系现代化的路径选择[J].福建论坛(人文社会科学版),2014(2):20-26.

建设民主国家制度的必经之路①。

最后是组织支撑,现代治理机构的培育。唐皇凤认为应该加强党的执政能力建设,强大的政党是动员资源与整合社会的主导力量。中国共产党是国家建设和社会改造的领导力量和组织基础,社会的改造与重构直接以党的组织力量和组织网络为资源,新的社会组织体系也是以党的组织网络为核心架构,执政党、国家与社会三位一体的组织模式成为支撑大国治理的基本力量,是中国国家治理的组织支撑。不仅要加强党的执政能力建设,还要理顺党与政府、人民代表大会以及法院的关系,做到科学执政、民主执政。同时大力培育社会组织、公民团体,让执政党组织、政府组织与社会组织之间形成良性的分工合作关系,既是大国治理的组织基础,也能为构建现代国家治理结构与现代治理体系奠定基础②。

关于治理体制的价值取向也有不少学者的研究,这些研究大多对以前治理的价值观提出异议,然后提出自己的看法。有学者认为我国治理体制的价值观取向可以解读为:以人为本、公平正义、依法治国、和谐社会③。第一,价值关怀:以人为本。国家治理的最终目的是为了人的福祉,为了人的自由而全面的发展。政府的宗旨也是"为人民服务",因此,坚持以人为本,不仅是社会主义的本质要求,也是国家治理的根本价值取向。第二,社会诉求:公平正义。公平正义是保障社会有序运行的核心要素,是评价一个国家制度最重要的价值指标,对于治理体制而言的公平正义,最重要的就是目前的国家治理体系是否能够保障公民各方利益的表达,能否保障公民有序参与国家与社会事务的管理。党的十八大提出"自由、平等、公正、法治"的社会层面的核心价值,其目的就是保障公民的利益诉求,其中的公平正义理念不仅是构建和谐社会的要求,更是当代中国国家治理社会层面的价值诉求。第三,有效手段:依法治国。要加强立法,树立法律的权威,坚持司法公正。同时坚持依法治国和以德治国的统一,党的领导、人民当家作主和依法治国的统一④。第四,治理目标:和谐社会。2006年10月,党的十六届六中全会提出了构建社会主义和谐社会的命题,并就构建和谐社会做出战略部署。党的十八大更是把富强、民主、文明、和谐作为国家层面的核心价值观提出来,并把社会和谐作为全党全国各族人民的共同信念进行了定位,凸显了当代中国国家治理的目标指向。可见,和谐社会也是未来治理体制重要的价值取向。

也有学者结合国外的"善治"理论,通过善治审视我国的治理。魏治勋认为,"善治"可以被看作是治理的衡量标准和目标取向,所谓"善治"即是结果和目标意义上的"良好的治理"(Good governance),所以在"善治"视野下理解治理的概念,就是将治理看作一种达成和服务于某种好的目标模式的国家构建过程和方式。只有将治理置于"善治"的考虑与限制之下,治理才是具有良好目标取向,从而不会轻易坠落到传统统治困局中去,"善治"之于治理犹如宪法之于法律,前者构成了后者的价值评价标准和指导性原则。党的十八届三中全会明确地将"推进国家治理体系和治理能力现代化"作为深化政治体制改革的中心任务。国家治理体系

---

① 唐皇凤.大国治理与政治建设:当代中国国家治理的战略选择[J].天津社会科学,2005(3):54-60.
② 唐皇凤.新中国60年国家治理体系的变迁及理性审视[J].经济社会体制比较,2009(5):24-32.
③ 姜晓萍.国家治理现代化进程中的社会治理体制创新[J].中国行政管理,2014(2):24-28.
④ 莫纪宏.国家治理体系和治理能力现代化与法治化[J].法学杂志,2014,35(4):21-28.

的现代化,其核心要旨在于以现代治理理念重构公共权力,实现国家治理的范式转换,中心内容则是行政体系的自我再造,直接目标则是提升政府的治理能力,打造民主、法治、高效的现代行政体系,为国家的"善治"创造条件。鉴于政府治理的中心地位,国家治理体系与治理能力的现代化必须以"政府再造"和政府治理能力质的提升为主要内容和基本目标[①]。

接着魏治勋将国家治理能力具体解析为国家治理体系的制度形成能力、制度实施能力、制度调适能力、制度学习能力和制度创新能力5个方面的构成要素,并从这5个方面审视国家治理现代化对其提出的基本要求。将国家治理能力的5种构成的基本取向予以概括化表述,他认为,民主、法治、责任、交往、透明、有效、合法性等体现"善治"特性的制度要求,共同构成了国家制度能力建设现代化的主要内涵。

从学者们的研究可以看出,他们对我国治理体制的价值取向有着诸如公正、法治、和谐等价值要求,认为这些价值观才是未来治理体制应当发展的方向,这无一不反映了当前治理体制价值取向上的偏离和不足,应该受到高度重视。一个国家的价值取向只有符合人民的利益、符合人类社会发展的方向,才能将国家的事物治理好,才能构建理想的和谐社会。学者们应该研究如何促进我国治理价值取向的转型,促进我国治理达成"善治"。

五、党的十九大与国家治理

党的十九大报告提出,到21世纪中叶,实现国家治理体系和治理能力现代化,成为综合国力和国际影响力较强的国家,基本实现全体人民共同富裕。报告指出:明确全面深化改革总目标是完善和发展中国特色社会主义制度、推进国家治理体系和治理能力现代化。将国家治理的重要性提升到了一个新的高度。

国家治理离不开坚持党的领导、人民当家作主、依法治国有机统一。报告明确指出,"中国特色社会主义最本质的特征是中国共产党领导,中国特色社会主义制度的最大优势是中国共产党领导,党是最高政治领导力量"。同时提出新时代下,党的建设总要求是:"坚持和加强党的全面领导,坚持党要管党、全面从严治党,以加强党的长期执政能力建设、先进性和纯洁性建设为主线,以党的政治建设为统领,以坚定理想信念宗旨为根基,以调动全党积极性、主动性、创造性为着力点,全面推进党的政治建设、思想建设、组织建设、作风建设、纪律建设,把制度建设贯穿其中,深入推进反腐败斗争,不断提高党的建设质量,把党建设成为始终走在时代前列、人民衷心拥护、勇于自我革命、经得起各种风浪考验、朝气蓬勃的马克思主义执政党。"

同时报告还对人民当家作主提出新的要求:"加强人民当家作主制度保障。要支持和保证人民通过人民代表大会行使国家权力。发挥人民代表大会及其常务委员会在立法工作中的主导作用,健全人民代表大会组织制度和工作制度,支持和保证人民代表大会依法行使立法权、监督权、决定权、任免权,更好地发挥人民代表大会代表作用,使各级人民代表大会及其常务委员会成为全面担负起宪法法律赋予的各项职责的工作机关,成为同人民群众保持密切联系的代表机关。完善人民代表大会专门委员会设置,优化人民代表大会常务委员会和专门

---

① 魏治勋."善治"视野中的国家治理能力及其现代化[J].法学论坛,2014,29(2):32-45.

委员会组成人员结构。"

国家治理离不开法治,报告指出:"坚持全面依法治国。全面依法治国是中国特色社会主义的本质要求和重要保障。必须把党的领导贯彻落实到依法治国全过程和各方面,坚定不移走中国特色社会主义法治道路,完善以宪法为核心的中国特色社会主义法律体系,建设中国特色社会主义法治体系,建设社会主义法治国家,发展中国特色社会主义法治理论,坚持依法治国、依法执政、依法行政共同推进,坚持法治国家、法治政府、法治社会一体建设,坚持依法治国和以德治国相结合,依法治国和依规治党有机统一,深化司法体制改革,提高全民族法治素养和道德素质。"

此外党的十九大还对国家治理的其他方面如文化、民生、社会、生态文明等做出了理论分析和政策指导。

党的十九大对于今后我国国家治理的影响无疑是深远的,对此学者也有较多的论述。刘鹏认为,十九大报告进一步从战略高度出发,对国家治理体系和治理能力现代化提出了一系列新的要求,能够为我国在新时期推进经济、政治、文化、社会以及生态文明建设,全面建成小康社会提供重要支撑[1]。

严强认为,新时代的国家治理,其方向清晰:扎实推进全面建成小康社会,为建设富强民主文明和谐美丽的社会主义现代化强国而奋斗。价值准确:必须不忘初心、牢记使命,把人民利益始终摆在至高无上的地位,为中国人民谋幸福,为中华民族谋复兴。动力明确:必须围绕解决新时代人民日益增长的美好生活需要与不平衡、不充分的发展之间的矛盾来部署和开展,并以此为动力。路径清晰:必须在执政党的领导下,政府负责、社会调节、公众参与,依法、民主、科学的实施。目标清楚:国家治理体系的完善和治理能力的提升,最终要服务于"五位一体"、共建共治共享的总体社会格局。

徐海燕认为,十九大提出并明确了当前国家治理的主要目标和阶段体现了对社会主义基本特征的认识不断深化,构成了马克思主义理论与实践创新一脉相承的理论体系,指明了今后我国社会主义现代化建设的基本目标和任务[2]。

由此可见,十九大报告勾勒与绘制了我国到21世纪中叶的国家治理愿景和蓝图,并制定了推进时间表和行动方略,必会将我国的国家治理水平提升到新的高度,更好地促进我国社会主义事业发展。

第三节 我国治理体制研究的不足及展望

本节主要通过所掌握的文献,指出当前关于我国治理体制研究的不足,然后,给出笔者认为今后治理体制研究领域应该研究的方向、对我国治理体制的展望。

---

[1] 刘鹏.十九大报告:大力推进国家治理现代化的宣言书[EB/OL].光明网 2017-10-18.
[2] 徐海燕.新时代的更高水平国家治理 权威专家解读十九大报告在治理领域的重大创新突破[J].国家治理,2017(41):2-3.

一、研究的不足

首先,片面地关注中央与地方的关系。许多文献片面地关注治理体制中中央与地方的关系,甚至将中央与地方的关系等同于我国的治理体制。中央与地方的关系只是治理体制中的一部分,并非全部。

其次,对治理体制运行背后的逻辑研究不足。学者们对我国治理体制的解释很清楚,对我国治理体制的优缺点的研究更是深入透彻,但是却对我国治理体制为什么是这样,其背后的逻辑研究得较少,不得不说将会是未来研究的方向之一。

再次,没有比较研究。对国外治理的借鉴较少,没有将中外的治理体制对比起来研究,从而发现问题。

最后,所收集到的文献大多以定性研究为主。理论研究占据主导地位,很少出现其他的研究方法,只有在曹正汉的《中国上下分治的治理体制及其稳定机制》一文中出现了案例研究,运用3个不同地区的地方政府征地的案例来演示该地区集权与自治的程度,在众多的文献中给人一种耳目一新的感觉,所以学者们应该积极借鉴学习其他可行的研究方法,这样才更有说服力。

二、展望

第一,以后的治理体制首先应该是更加重视个人价值的体制。尊重个人的发展,充分尊重个人的权利,因为所有的制度政策归根到底都要依靠个人的作用才能实现,只有人才能创造一切的财富,创造未来。

第二,肯定人的价值并非认为没有约束。治理体制应该更多注重法治化,用法律管理个人、企业、政府以及党组织,我国自古以来都是人治社会,法治意识尤为淡薄,以后的治理体制应该着重突出法治的力量。

第三,人民的参与。如何实现有效的治理,关键在于公众参与的质量,我国当前人民并不直接参与公共事物的治理,而是通过人民代表大会,通过政治协商制度,通过各类政治参与制度如听证会、信访制度,然而现实中,现有的参与机制有时候并不能很好地解决人们的诉求,需要创新参与机制,使人们的需要得到更好的满足。

第三章　行政审批制度改革前沿问题研究

当前我国正处于经济社会转型时期,进行政府行政审批制度改革的意义重大。改革行政审批制度,建立结构合理、配置科学、程序严密、制约有效的权力运行机制,是社会主义民主政治的内在要求,是完善社会主义市场经济体制的客观需要,是建设服务型政府的必然选择。

第一节　行政审批制度的内涵及研究的现实意义

一、基本内涵

行政审批就字面意义而言,就是政府审查、批准的意思,即准许与禁止做某事。《中华人民共和国行政许可法》(以下简称《行政许可法》)中将行政许可定义为:行政机关根据公民、法人或者其他组织提出的申请,经依法审查,准予其从事特定活动的行为[①]。行政审批制度作为当前理论界研究的热点,不同学科背景的学者从不同角度对行政审批开展研究。由于研究视野的不同,对行政审批界定的侧重有所不同,因而行政审批的内涵有很大的差异。

法学通常把行政审批等同于行政许可。行政许可是国家行政机关和法律授权组织根据相对人申请,依照法律、法规和规章规定,通过颁发证照和批准、认可、登记等方式,允许相对人从事某种活动、行使某种权利、获得某种资格和能力[②]。法学意义上的行政审批包含两方面的属性:一是强调法律在审批过程中的准绳作用,强调依法行政;二是强调法律上权利和义务的实现。

经济学认为,行政审批是政府机关依法处理公民和企业的申请,以确定申请者的市场主体资格、限定申请者权利、明确申请者义务的行为[③]。经济学将行政审批作为政府干预经济的手段,强调行政审批的经济功能。行政审批的对象主要限定为市场主体,审批的内容限定为市场主体进入市场并对市场主体的行为进行监管,审批实质是政府对市场资源进行配置,对社会利益进行分配与再分配。

从行政学的角度来看,行政审批是指行政机关通过颁发证照的形式,依法赋予行政相对方某种行为的资格,是政策执行行为之一。它是政府对社会经济生活实施微观管理的重要手段,目的是通过行政审批的设置和实施达到有效控制市场经济中的生产、经营规模,进而维护

---

① 中华人民共和国行政许可法.[EB/OL].http://baike.sogou.com/v290045.htm.
② 张尚族.走出低谷的中国行政法学:中国行政法学综述与评价[M].北京:中国政法大学出版社,1991.
③ 王健.关于行政审批制度改革的若干思考[J].广东行政学院学报,2001(6):9-13.

市场经济秩序,维护社会公共利益和保障公共安全[①]。

行政审批制度即对具体的行政审批行为的制度规范,是包括行政审批权限的设定(规定哪些效力层级的法律文件可以对行政审批进行设定)、由哪个或哪些机关实施、实施的程序、监督、承担的责任等内容在内的一个有机整体。行政审批制度是对权力、职责的规范,也是责任认定的依据。行政审批制度改革不仅要减去多余的审批事项,调整不合理的审批权限,在行政审批"不足"的地方也需要适当增设审批事项来确保社会的公平、公正。相对于中央政府而言,地方政府在行政审批制度改革中的地位与作用更加凸显,行政审批作为地方政府最主要的行政行为之一,它直接体现着地方政府的职能方式。

二、现实意义

行政审批是政府对社会经济资源进行配置的主要方式,也是政府管理社会和经济的手段与方式之一,它曾在计划经济时代发挥着无可替代的作用。随着市场经济体制的建立与发展,原有的行政审批制度的弊端日益显现出来,影响到市场经济体制的健康发展与壮大。所以,我国自20世纪90年代起,便酝酿对行政审批制度进行改革。当前我国的行政审批制度改革正处于一个新高度,也是放松政府管制的重要时期。在当前行政审批制度不适应形势发展的今天,上至中央政府,下至地市政府都进行了行政审批制度改革。

党的十八大报告强调,要深化行政审批制度改革,继续简政放权,推动政府职能向创造良好发展环境、提供优质公共服务、维护社会公平正义转变。李克强在十二届全国人大一次会议上强调进一步转变政府职能的突破口是改革行政审批制度。在十二届全国人大二次会议上,李克强指出改革是政府工作的首要任务,由于改革是政府革自己的命,所以党中央、国务院必须下大决心,简政放权、大道至简,全面推进行政管理体制改革。2013年5月13日,国务院再次强调进一步深化行政审批制度改革,李克强强调,把该放的权力放掉,把该管的事务管好。2013年11月,党的十八届三中全会做出了全面深化改革的重要决定,其中重要的内容之一就是深化行政审批制度改革。

学术界对于我国政府行政审批制度改革的研究主要集中在以下两个方面:一是改革开放以来我国行政审批制度改革的背景、意义、现状、改革措施、存在问题、原因及对策;二是行政审批制度改革的配套举措和制度创新、改革的目标及价值取向、改革的指导思想、总体要求、所遵循的基本原则、改革的基本思路和主要任务等。

第二节 我国行政审批制度改革的研究现状

目前,我国学者对我国政府行政审批制度的研究主要集中在改革的特点,改革的模式,改革中存在的问题、原因和对策这几个方面,另外,不少学者对国外行政审批制度也有一些研究,研究重点和目的在于对我国的启示。以下具体从4个方面分析我国政府行政审批制度改革的研究现状。

---

① 徐湘林.行政审批制度改革的体制制约与制度创新[J].国家行政学院学报,2002(6):20-25.

一、推进我国行政审批制度改革的意义研究

孙寿山认为,当前我国处在经济社会转型时期,又面临着国内外环境的新变化,改革任务十分艰巨,推进行政审批制度改革对于建立法治政府、责任政府、服务政府意义重大。首先,推进行政审批改革是完善我国社会主义市场经济体制的需要;其次,推进行政审批改革也是加入WTO后,同国际社会接轨的需要;再次,推进行政审批改革是促进我国产业发展、应对经济危机、优化自然环境的需要;最后,推进行政审批改革是反腐倡廉的需要[1]。应松年认为,行政审批是政府部门为应对经济社会发展进程中市场失灵和社会自律不足等问题而采取的必要的前置性管理手段,在预防危险、保障安全、分配稀缺资源、提高从业水平和提升市场主体抵御风险能力等方面发挥着积极作用[2]。徐静琳等从世界贸易组织的规则体系出发提出我国行政审批制度改革的意义有3点:首先行政审批改革促进了政府职能的转变;其次行政审批改革提高了我国的行政办事效率;最后行政审批改革体现了我国政府权责统一的执法理念[3]。陈国权等认为,行政审批制度改革符合建设法治政府的需要,也是限制政府权力的需要[4]。张定安认为进行行政审批制度改革的意义重大。随着我国政治经济社会的快速发展,过多过滥的行政审批事项和烦琐交叉的审批流程严重打压了社会活力,扭曲了民众努力,抑制了市场创造力,阻碍了经济社会发展。改革行政审批制度,建立结构合理、配置科学、程序严密、制约有效的权力运行机制,是完善社会主义市场经济体制的客观需要,是建设服务型政府的必然选择,是提高政府行政能力的有效途径,是从源头上预防和解决腐败问题的根本举措[5]。

对于行政审批制度改革必要性,不少学者进行了研究。汤睿君认为,行政审批制度改革是政府职能转变的要求,是社会主义市场经济体制健康发展的内在要求,也是行政审批制度改革不断创新的要求。他提出行政审批制度改革需要有足够的理论依据来支撑,他认为,尽管我国行政审批制度改革在实际上已经多次推进,也取得了一定的效果,审批项目逐渐减少,审批流程逐步理顺,且审批者自身也逐渐接受了行政审批制度必须改革这一现实。但是由于理论研究的匮乏,所以并未能从根本上解决行政审批制度改革的问题[6]。谭雯表示,多年的实践表明行政审批在行政机关对社会、经济事务实行监督管理方面起了重要的作用,这也是我国之所以强调继续深化行政审批制度改革的原因所在[7]。

二、不同视角下的我国行政审批制度改革研究

通过阅读和梳理有关行政审批制度改革的相关文献,发现学者们分别基于不同理论的视

---

[1] 孙寿山.关于深化行政审批制度改革的几点思考[J].国家行政学院学报,2009(3):4-5.
[2] 应松年.行政审批制度改革:反思与创新[J].人民论坛·学术前沿,2012(5):48-53.
[3] 徐静琳,陈琦华.WTO与中国行政审批制度改革[J].上海大学学报(社会科学版),2010(3):103-104.
[4] 陈国权,蔡磊.通往法制行政之路:关于我国行政审批制度改革的思考[J].社会科学,2004(5):46-50.
[5] 张定安.行政审批制度改革攻坚期的问题分析与突破策略[J].中国行政管理,2012(9):14-18.
[6] 汤睿君.中国行政审批制度改革探析[D].南京:南京航空航天大学,2014.
[7] 谭雯.十八大以来我国行政审批制度改革研究[D].长沙:湖南师范大学,2015.

角对行政审批制度改革进行了研究。目前已有的研究视角主要有交易成本视角、政府职能理论视角、公共选择理论视角、无缝隙政府理论视角、资源依赖理论视角、流程再造理论视角、寻租理论视角和程序理性视角。

何雷等基于交易成本理论对行政审批制度改革进行了研究分析,"转型期我国行政审批制度改革是制度环境约束、路径依赖规定、利益主体博弈的利益冲突性制度变迁"。他们提出,行政审批制度改革的推行存在着重重阻力,而从新制度经济学的角度分析,这些阻力因素可以归结为行政审批制度改革过程中产生的"交易成本"。他们行文的逻辑起点在于从微观层面解构行政审批制度改革这一政府行为推行过程中的"交易成本",以建立相关机制有效规避改革阻力,从而为进一步深化行政审批制度改革创造有利的制度环境。他们认为,行政审批制度改革作为一项强制性政策变迁必然会产生各项交易成本,在明确区分其中的必要交易成本与非必要交易成本的基础上,一方面通过转化机制、风险预测机制、信息公开机制的建构,最小化维持必要交易成本的产生,另一方面通过建立激励机制与信誉机制最大化削减非必要交易成本,双管齐下,最大限度地减缓行政审批制度改革过程中的"摩擦力",以促进行政审批制度改革协调稳定地运行,进而为推动政府治理与创新创造良好的政策环境与制度基础①。

王阿娜运用政府职能理论对行政审批制度改革进行了研究。她基于服务型政府理论的内涵,以及国家、社会、市场三者边界问题的探析,对我国的行政审批制度改革历程和实践进行了回顾,结合当下行政审批制度改革的现状,针对行政审批制度改革实践中存在的问题,从理论和历史沿革的角度进行分析,并在此基础上,提出深化行政审批制度改革的对策和建议。服务型政府建设是中国政府根据时代和社会发展制定的重要战略目标,主张建立为人民服务的政府,它将为社会、公众服务作为第一要务和目的,在"社会本位"和"公民本位"的理念指引下,在民主范围内建立公正执法、为人民服务的责任型政府。她认为,行政审批改革需要密切结合本国实际情况,不可盲目借鉴他国经验②。

陈豪基于公共选择理论的视角对行政审批制度改革进行了深入研究。他首先从政府失灵原则视角考察制度因素对我国现行行政审批制度的影响;其次从财政正义视角分析当前行政审批制度的缺陷以及由此带来的财政非正义现象;最后从选举机制失灵的视角探讨我国行政审批制度的演进思路和方向,得出的结论是:我国的行政审批制度应该遵循由"威权型财政体制"向"公共财政体制"进而"民主财政体制"的制度演进方向,其中,选举机制失灵原则对财政制度演进的分析具有总揽的意义。他认为,由于缺乏行政审批方面的立法基础与司法控制,我国的行政审批无论是项目设置、程序建构,还是审批监督,都存在诸多严重负面问题。他还提出导致行政审批制度改革诸多问题的原因是多方面的。但最主要的还是来自政府方面的观念制约、利益驱动和体制惯性。在改革过程中,以公共选择视角作为切入方式,不失为探索的方向之一③。

---

① 何雷,韩兆柱.基于交易成本分析的行政审批制度改革研究[J].行政论坛,2017(1):58-63.
② 王阿娜.基于政府职能理论的行政审批制度改革研究[D].西安:西北大学,2015.
③ 陈豪.行政审批制改革探索:基于公共选择理论的视角[J].经营管理者,2009(21):107.

李永亮基于资源依赖理论对行政审批制度改革的政策困境进行了深入分析。他提出,伴随我国行政审批制度改革进入"深水区",审批制度改革的政策困境逐渐显现,其根本原因在于"红顶中介"现象普遍存在,不论是对市场秩序、政府形象,还是对中介本身,都造成了严重的负面影响。基于资源依赖理论分析"红顶中介"现象背后行业协会对政府的依赖、政府对行业协会的依赖以及组织的权力来源等组织间关系,指出审批制度改革在很大程度上降低了市场经济效率、削弱了政府公信力、约束了社会组织的发展。为了打破审批制度改革政策困境,提出要实现社会组织与主管部门脱钩、规范中介市场、压缩寻租空间等治理对策[①]。刘国剑以辽宁省盘锦市兴隆台区行政审批服务中心为例,通过运用其定义和无缝隙理论,发现了该中心存在的问题,也找到了相应的原因,并依据无缝隙政府理论提出了解决对策:在机构设置上要坚持以结果为导向构建行政服务体系,采取几个过程并举的工作流程,要加强信息反馈,完善直接接触服务对象的制度[②]。

周靓以嘉兴市南湖区行政机关内设机构审批职能整合及行政服务中心建立的过程为例,运用政府流程再造理论,结合行政审批的实际运行情况,分析了现行审批模式存在的部门内部授权不足、部门之间的协调不够、审批环节仍然繁复和信息化水平较低的缺陷,提出流程优化的设想:第一,梳理事权,压缩审批层级;第二,整合资源,平行部门活动;第三,利用网络,实现信息系统集约化;第四,规范行为,建立制度保障;第五,转变观念,发挥人的作用[③]。

刘磊在对行政审批制度改革研究的法制建设视角与机构重建视角进行反思的基础上,借鉴政府管制的寻租理论分析不同的利益主体,特别是政府机构与企业在政府管制中的利益诉求机制,即通过对其在行政审批过程中的设租、抽租、寻租、护租等具体行为的分析,探求制约我国行政审批制度改革的症结所在,以期进一步推进改革的过程。他通过对寻租理论以及奥尔森关于结构密致性利益集团影响力的阐释,认为政府机构或政府官员与企业在政府管制,即行政审批过程中扮演着主要的角色,是左右行政审批制度改革的两大利益群体;然后通过对政府机构与企业在行政审批过程中的设租、抽租、寻租、护租等具体行为的分析,探求其利益诉求机制。他认为,破解我国行政审批制度改革症结的关键,在于有效地抑制政府机构与企业在行政审批过程中的设租、抽租、寻租与护租行为,使行政审批真正地回归到社会公益的目标上来[④]。

三、我国行政审批制度改革的模式研究

对于行政审批制度改革的模式选择,目前我国学者已经做过大量的研究。张锐昕等对吉林省相对集中审批改革的模式进行了分析,认为相对集中审批改革是地方政府行政审批制度改革的主要内容与核心特征,其形成的相对集中审批模式也是当前地方政府行政审批运行的

---

① 李永亮.基于资源依赖理论的行政审批制度改革政策困境分析[J].东岳论丛,2016(1):180-183.
② 刘国剑.无缝隙政府理论视角下行政审批服务中心建设问题研究:以盘锦市兴隆台区为例[D].沈阳:辽宁大学,2015.
③ 周靓.流程再造理论与行政审批流程优化:以嘉兴市南湖区行政审批流程为例.[J].嘉兴学院学报,2010(9):45-48.
④ 刘磊.寻租理论视角下的行政审批制度研究[D].北京:中共中央党校,2012.

普遍模式。作为经济并不发达的内陆省份,吉林省通过建立政务大厅,率先推行行政审批权相对集中改革,拓展审批公开的范围和途径,完善新的审批办理制度,提高电子政务系统的应用,以优化审批流程、增进服务。2003年以后,吉林省依托政务大厅进行的4次行政审批事项清理、整合等,形成了特有的"吉林模式"①。

沈荣华等提出了行政许可局模式,认为行政审批局的改革不是单一的,而是一个系统的、整体的改革。政府需要将现行的部门划分进行根本性的调整,组建4个部门:一是行政许可局,由行政服务中心统一改组,集中所有审批职能;二是综合监督机关,由三部分组成,即地方党组织的专门机构、没有审批职能的原部门和原行政监督机关;三是综合执法服务局,专门负责维护市场秩序、实施违法处罚、提供公共服务的执行机关,执行机关不再包含决策职能;四是组建综合决策局,决策机构不包含执行职能,以保证决策更科学民主。这样,将形成综合决策、集中审批、综合执法(运行、处罚)、全面监督的地方行政管理新格局②。

王智华把我国地方政府行政审批制度改革的模式分为3种。第一种是深圳模式,这种模式的特点是:在维持原有行政框架不变的前提下,进行大规模的审批事项的削减、审批行为的规范的改革。这种模式一般在省级政府运用。第二种是宁波模式,这种模式的特点是:保持行政审批事项削减的同时,实现并联审批。将重点、关联度大的审批项目实行"并联式"审批,这种模式不仅能够提高审批机关的审批效率,大大压缩审批程序,更可以为企业发展带来很大便利。但这种模式的缺陷也是显而易见的,要实现审批的并联,首先要在技术上突破,其次在目前的行政审批中,存在大量的垂直审批,条块分割现象严重。因此,真正实现并联式审批还具有一定的挑战性。第三种是连云港模式,这种模式的主要特点是:组建专门审批服务机构,实现集中审批。我国绝大多数的市、县政府采用这种改革模式。以建立政务审批中心的方式推进行政审批制度改革是地方政府普遍选择的改革形式,是近几年的发展热潮,各地市热衷于建立以实现集中审批的服务中心,截至2011年,我国各市、县级建立的政务服务中心数量近3 000个。这种模式的优点是:其一,适合普遍推广,这种模式基本上适应于全国所有的县、市;其二,便于集中管理、规范化管理,将所有的行政审批纳入到专门的机构进行统一管理,服务中心设专门的管理机构,出台相关的统一管理机制,实现对入驻到服务中心的窗口工作人员统一集中、规范化的管理;其三,方便群众办事,只需要去一个大厅,便可以进行不同部门的审批申请。但这种模式也存在一些缺陷:政务服务中心的定位还不明确;窗口工作人员受原单位和服务中心双重管理等,这些问题还没有得到有效解决。因此,地方政府在选择改革模式时,应该结合本地区的具体事情,探索新的改革模式及途径③。

面对经济快速发展和各部门过多规制间的矛盾,地方政府在法律和中央政府的政策框架内,不断地探索一条合适的创新路径,来调适政府与市场的关系。之后相当长的一段时间,为适应市场经济的转型、加入WTO与《行政许可法》的实施,行政审批制度改革一直在曲折中

---

① 张锐昕,杨国栋.中国地方政府行政审批制度改革模式的探索及其应然走向:基于吉林省相对集中审批模式的分析[J].内蒙古社会科学(汉文版),2012(3):13-18.
② 沈荣华,王荣庆.从机制到体制:地方政府创新逻辑:以行政服务中心为例[J].行政论坛,2012,19(4):1-6.
③ 王智华.地方政府行政审批制度改革研究:以深圳市坪山新区为例[D].湘潭:湘潭大学,2015.

艰难前行。直至 2008 年,成都市武侯区首创"行政审批局"模式。行政审批制度改革进入了以体制突破为标志的新节点,但是外部环境并没有给予积极的配合,中央政府缺少明确的政策回应,多数地方政府采取观望态度。2014 年 5 月,天津市滨海新区行政审批局成立,同年 9 月 11 日,李克强总理视察滨海,高度肯定了"一个印章管审批"的改革模式。2015 年 3 月,中央机构编制委员会办公室和国务院法制办公室印发《相对集中行政许可权试点工作方案》,天津、河北、山西、江苏、浙江、广东、四川、贵州 8 省(市)被列入此次改革试点。中央政府的态度又提供了相应的法律支持。至 2015 年底,全国 11 个省份、54 个市(县、区)相继成立了行政审批局。

但是,关注者对于行政审批局模式的合理性与可行性仍存质疑。赞成的观点是,行政审批局作为行政服务中心的升级版,克服了中心发展的瓶颈,是深化审批制度改革的重要载体,应在全国积极推广;反对的观点是,行政审批局将政府的核心权力—审批权集于一身,倘若监管不到位,有可能会因行政裁量权过大而出现集体腐败,导致危害公共安全的事件出现,并且由于审批事项专业性强,仅凭借审批局缩编后人员的力量,将审批工作做好难度较大,改革弊大于利。对于这一问题,宋林霖基于行政组织与环境互动的理论分析框架,深入分析了行政审批局与组织环境的关系。他认为,以"顾客导向"为原则成立的行政审批局将重塑政府机构间关系,为构建适应中国国情的政府管理模式提供可复制样本。在行政审批制度改革深化、着力解决"审批烦琐与监管低效"问题的过程中,地方政府依据国务院授权,打破按照职能设置机构的旧框架,建立横向协调部门,形成有效的治理结构。审批局的逻辑起点并不是根植于穷尽政府中的全部审批职能归于一处,而是围绕"增强公众的获得感"的便民原则进行政府流程再造,透明专业、高效创新。他还提出行政审批局的发展需经历 4 个阶段:始创阶段、聚合阶段、正规化阶段、精耕细作阶段①。目前从全国行政审批局试点单位的情况来看,大部分尚处于始创阶段,建议至少由聚合阶段向正规化阶段过渡,再进行全面推广。

四、我国行政审批制度改革的特点研究

对于行政审批制度改革的基本特点,目前我国学者已经做过大量研究。竺乾威对新一轮地方政府行政审批制度改革的特点作了归纳总结。他认为,在经济新常态这一背景下,新一轮政府行政审批制度改革出现了一些新的特点。这些特点可以归纳为:第一,把行政审批改革与制度创新和建设联系起来,具体来说,就是简政放权和推行权力清单制度。以往改革只是在审批事项上做文章,即过分强调行政许可类事项、非行政许可类事项和服务类事项的区分,以清理许可类事项为重点、以减少数量为目标推进改革。新一轮改革强调的简政放权和权力清单制度既可以理解为一种目标,也可以理解为一种改革的路径。从行政审批的角度来讲,简政放权可以改变机构臃肿、职能重复的现象,提高管理效率;可以减少权力寻租空间,提高政府的清廉程度;简政放权既有助于减轻政府负担,也有助于增强市场和社会的活力。第二,把行政审批制度改革与加速市场成为资源配置主体联系起来。本次改革是在进入新常态后进行的,是同政府角色的变化联系在一起的,是同走向市场占主导地位联系在一起的。第

---

① 宋林霖."行政审批局"模式:基于行政组织与环境互动的理论分析框架[J].中国行政管理,2016(6):22-28.

三,把行政审批制度改革与政府自身建设、提高治理能力联系起来。这次行政审批制度改革并不仅仅满足于从数量上减少行政审批事项,还借助这样的改革来推动政府自身的建设①。

杜宝贵等总结了我国十几年来行政审批制度改革的特点。一是审批内容改革多样化,满足公共需求。截至 2013 年 11 月 1 日,政府已经取消和下放了 334 项行政审批事项,改革力度和决心之大可见一斑。二是改革方式从单一到多种方式相结合,积极培育行业组织和社会中介机构。从取消和调整的行政审批项目的方式来看,这一改革表现为从"单一式"到"综合式"的转变过程,即由最初的取消多项行政审批项目,发展到取消和改变管理方式、下放管理层级、合并同类事项、取消评比达标表彰项目等多种方式并存。三是改革层级上下联动,地方政府主动出击。中央政府和地方政府上下联动,通过自上而下的改革路径,地方政府在上一级政府的强制性权威主导下推动行政审批改革。四是改革动力由外在到内在渐进发展,行政管理思维发生转变。透视 10 年的行政审批改革历程,其发展动力逐渐由外部因素演变为经济社会发展内生性要求。五是审批部门削权不平衡,利益博弈激烈。针对行政审批改革中出现的部门利益博弈问题,大部制的配套改革则是一个可能性解决方案。它试图重新划定部门边界,将相近的职能或部门整合成为大部门,从而将部际协调转化为部内协调,能在一定程度上减少信息沟通障碍,协调部门利益,打破条块分割。与此同时,政务服务中心的出现也在一定程度上有效破解了行政审批部门利益的难题②。

江渝等认为新一轮行政审批制度改革具有以下 4 个特点。一是起点高。行政审批制度改革作为转变政府职能的突破口和关键抓手,是本届政府各项工作和改革的重中之重,行政审批制度改革的成效,事关政府工作以及未来的发展方向。二是理念新。我国现阶段多元社会和市场经济的发展对现阶段的行政审批提出了更进一步的要求,要求政府能够逐步放宽市场,实行"市场准入"的原则,重构政府与市场、政府与社会以及政府之间的关系。因此,本轮行政审批制度改革在取消和下放行政审批事项的同时,将更多的关注焦点放在了如何做好政府的后续监管工作,实现放管结合、优化服务。三是力度大。在十八届三中全会《中共中央关于全面深化改革若干重大问题的决定》颁布之后,中央开始有序取消和下放一批行政审批事项,并先后多次颁布有关取消和下放行政审批事项的具体规定。总体来看,取消和下放的行政审批事项具有 3 个特点:一是涉及投资创新创业、企业生产经营、促进就业的审批事项占大头。二是按"取消"处理的比重高,体现了"能取消尽量不下放、理由条件不充分不下放"的原则。三是取消的非行政许可审批事项数量较多,加大消除行政审批灰色地带。由此可见,政府本轮改革的决心之大、力度之猛。四是执行力较强。行政审批制度改革是一项系统的工程,中央在推动审批制度改革的同时,将审批改革步骤和内容进一步细化,国务院率先晒出各部门的"权力清单",并要求地方政府逐步制定"权力清单""责任清单""负面清单",严格界定各级政府以及各部门之间的权责边界,并及时向社会公示公开,及时社会的监督,确保审批信息透明公开,同时加强对行政审批事项的监管,保证行政审批制度改革落实到实处③。

---

① 竺乾威.行政审批制度改革:回顾与展望[J].理论探讨,2015(6):5-9.
② 杜宝贵,杨学敏.中国行政审批制度改革的特点与推进思路[J].行政科学论坛,2014(6):15-18.
③ 江渝,符芳馨.论新一轮行政审批制度改革的现状与路径[J].四川行政学院学报,2016(4):9-14.

五、国外行政审批制度对我国的启示研究

我国学者对国外行政审批制度改革做过一定研究,研究较多的国家有美国、日本和英国等。

张硕对美国的行政审批制度改革的现状进行了研究,并分析了对我国的启示。他提出,美国的行政审批制度遵循的是"行政法治"原则、"公共行政"原则以及"市场经济"原则。美国的行政审批制度改革,是在遵循以下几个基本原则的基础上展开的:一是行政审批权的下放;二是注重对效益成本的分析;三是积极调整,合理设置;四是依法依规严格规范行政审批;五是确保行政审批的"公开、公平、公正"。此外,在对美国行政审批制度改革现状研究的基础上,张硕总结了几条对我国行政审批改革的启示。第一,行政审批制度改革应采取"渐进式",在行政审批制度改革过程中,避免激进行为,不要一味地等待高层的指示,"需要方"应该成为"发起者",也不要上纲上线,制定统一步调、一刀切等。第二,应根据国情选择适宜的行政审批制度,提醒我们不能对美国的行政审批制度改革采取"拿来主义",若是直接拿来用,可能就会存在"水土不服"。第三,强化"市场化",加强科学规划与决策,我国行政审批制度改革应该像美国那样充分遵循市场经济规律,同时,还要加强审批的科学规划与决策,这是行政审批制度改革的目标与本质所决定的[①]。

朱慧涛对日本行政审批制度改革进行了研究并指出,日本政府自20世纪60年代以来,先后进行了7次行政审批制度改革,行政审批大幅度减少。日本行政审批制度改革取得了巨大的成就,有以下原因:日本行政审批制度改革以法律为基础,依法确定改革范围和依法清理审批事项;日本行政审批制度改革注重市场规则,不搞轰动效应;日本在行政审批制度改革的过程中引入司法审查和司法救济。鉴于日本行政审批制度改革的经验,我们应尽早地完善有关行政审批司法审查和司法救济的法律体系。要求无效的行政审批负赔偿责任,行政审批有关部门必须公开审批内容、对象、条件、时限;不得违反规定,擅自设定行政审批事项、扩大审批范围、增加审批条件,不得对已经取消的审批事项仍实施审批行为。因无效审批给公民、法人或其他组织的合法权益造成损害的要依法承担赔偿责任。要研究制定对无故不审批行为的投诉制度、行政不作为政纪追究制度和越权行政审批责任政纪追究制度,以解决重审批、不审批的问题[②]。

田广对照中外行政审批制度改革的相似性和差异性,进一步分析了国外行政审批制度改革对我国的启示。他认为,相似性主要有以下几点:第一,目标相似。纵观中外行政审批制度改革的发展历程,不难发现,行政审批制度改革的目标是促进政府职能的转变、提高依法行政水平、规范高效的审批运行机制、严密完善的审批监督制约机制、激发市场经济的发展活力、确保公民和企业的正当权利得以实现。第二,社会环境相似。不管是国外掀起的行政审批制度改革运动,还是中国正在进行的行政审批制度改革,都面临类似的社会问题,那就是社会贫富差距正日益扩大。出现这一现象很大程度上与行政权力的大量介入和社会经济生活密切

---

① 张硕.美国行政审批制度改革现状研究及启示:以美国为例[J].管理观察,2016(12):80-82.
② 朱慧涛.日本行政审批制度改革的启示[J].地方政府管理,2001(5):38-39.

相关。第三,生态环境恶化。差异性主要体现在经济基础不同、法制基础不同和社会中介组织作用差异化[①]。田广总结了国外行政审批制度改革对我国的启示:加强法治建设,使行政审批制度改革有法可依;加强电子政务、政府服务中心的建设;大力改革和培育社会中介组织。

谷苏对美国和日本的行政审批制度改革进行了深入研究,提出可以借鉴国外的先进经验,实现行政审批的法治化、合理化与科学化,建立起与社会主义市场经济体制相适应的行政审批制度。当我们借鉴国外的一些做法的同时,必须考虑自身的特殊性。与中国相比,美国行政审批制度的经济背景是市场经济,它是在市场经济中发展起来的,也是在完善市场经济的过程中进行改革的。而中国的行政审批制度是在计划经济时代发展起来的,许多审批项目带有浓厚的计划经济色彩,这就使得中国的改革更具有艰巨性和系统性。由于国情不同,行政审批制度也相应不同。这些差异没有好坏之分,因为其差异只是因为中、美两国所面临的问题严重性程度有差异,因此要解决问题对行政审批制度的依赖程度也有差异[②]。

孙迎春对英国、澳大利亚、美国和加拿大的行政审批制度进行了分析,认为发达国家行政审批制度现代化改革经历的时间虽然不长,但无论是制度设计还是运行机制,都创生了非常有借鉴价值的做法。在跨部门、跨地区、跨政府整合行政审批资源、简化审批流程和利用先进科技手段创新管理方式上,也发展出许多灵活有效的执行工具,除了案例中介绍的跨界结网、一站式服务、统一在线平台、行政审批清单、免审行动清单、依法等效授权和放权外,还有环境审批影响力评估(EIA)和政府采购瘦身流程(LEAN)等个性化、精细化、制度化和规范化工具,值得今后进一步研究。他提出以下4点建议:一是要大力推动文化变革,切实转变政府官僚作风;二是要开展整体政府建设,注重顶层设计和系统推进;三是要搭建跨界协同网络,进一步提升行政审批的效率效力;四是利用现代的科技手段,创新管理方式和政策工具[③]。

六、我国行政审批制度改革中存在的问题研究

学者们总结出我国行政审批制度改革中存在的问题。刘玮认为,信息不对称、部门利益的存在、行政审批制度本身存在的缺陷以及各方利益的博弈等因素的存在,严重制约着我国政府行政审批制度的改革[④]。首先,他认为行政审批制度是特定历史阶段的产物,是为了适应当时经济发展、行政管理而实施的,它本身就存在着历史局限性与制度缺陷。这里所讲的制度缺陷是指行政审批制度缺乏自身进行改善、改革的内在动力和机制。其次,中央政府和地方政府的信息不对称也制约着行政审批制度改革。作为制度顶层设计者与推动者的中央政府对行政审批制度改革的具体实施情况了解得不够充分,既不能有效地监督地方政府,矫正其违法违规的行为,也由于没有掌握改革的反馈信息而不能有效地制订下一步的改革计划。最后,中央政府和地方政府的利益博弈、地方政府与企业的利益博弈、地方政府与社会团体的利益博弈、地方政府与人民群众的利益博弈都会影响和制约着行政审批制度改革。

---

① 田广.中外行政审批制度改革比较及启示[J].柴达木开发研究,2015(3):44-47.
② 谷苏.国外行政审批制度改革对我国的启示[J].四川教育学院学报,2009(3):44-46.
③ 孙迎春.国外行政审批制度改革经验及其启示[J].行政管理改革,2015(2):59-64.
④ 刘玮.我国行政审批制度改革的制约因素分析[J].管理观察,2016(8):35-37.

陈国权等认为,我国行政审批弊端随着经济发展的深入越发凸显,主要表现在 5 个方面:一是行政审批主体不明,多头审批、交叉审批乱象重生;二是行政审批范围没有边界;三是行政审批程序不规范;四是行政审批往往是为了谋求特殊利益,出发点不纯;五是腐败现象往往是行政审批的"孪生兄弟",徇私舞弊现象屡禁不止[①]。

蔡林慧认为,当前我们行政审批改革急需解决的问题主要有 3 个方面:首先,行政审批改革会遭到许多既得利益部门的阻碍;其次,行政审批改革缺乏系统和长远的规划;最后,行政审批制度改革急需完善的法律来巩固改革成果[②]。

杨文兵等指出,《行政许可法》施行后,我国行政审批制度改革依然面临着许多问题,首先,审批主体重管制轻服务;其次,审批过程重权力轻责任;再次,审批程序重自身轻配套;最后,审批结果重投入轻回报[③]。

张定安认为,当前我国行政审批改革已到攻坚阶段,但摆在面前的问题仍然很艰巨。一是行政审批的体制急需改革,现有体制中人员机构繁多、重复审批、相互推诿的现象层出不穷。我国现行的政府机构设置和管理运行机制的一些缺陷已经成为进一步深化行政审批制度改革无法逾越的障碍。一些中央政府部门和省级政府部门职责交叉的问题在地方政府的日常管理中被进一步放大,部门规章中烦琐的程序和要求以及互为前置的一些规定成为了行政审批改革的拦路虎。二是行政审批的权责体系亟待健全。由于审批事项下放权责体系不清晰,监管的主动性和积极性不高,甚至采取放而不管的态度,事后的责任追究机制不健全,出现监管难和假下放,实际上群众办事并没有真正得到方便。三是审批程序急需规范以及审批信息需要及时发布。四是审批业务流程待规范。我国缺乏统一的行政程序法,从全国行政审批的实践运行来看,各地的行政审批流程没有统一标准,行政审批项目实施缺少统一的程序规范,审批服务项目散、程序乱、时限长的现象没有得到根本改观。项目缺少统一编目,整体情况不清晰,政府不便监管,群众不便办事。五是审批信息系统待优化。由于各地审批信息系统在开通时间上不一致,在硬件和软件条件上也不平衡,各地的职能部门所应用的操作系统多种多样,一些地方的市和县区甚至各有一套操作系统,国家部委和省属部门又有自己独立的系统,甚至一个部门内部不同科室也有各自独立的操作系统。系统林立为审批业务的无缝对接和信息共享带来困难,一些涉及多个部门的事项无法进行协同审批[④]。

江渝等认为,深化行政审批制度改革的过程中存在着以下问题。一是行政审批制度改革的顶层设计上存在的问题。第一,缺乏系统的制度设计,体制保障缺失;第二,中央下放审批过快,地方能够有效承接的审批事项有限,且承接的方式和能力尚未达到改革的目标和要求;第三,行政审批制度改革的法律依据缺失,法律支持不足;第四,行政审批改革主要内容和重点把握不清,取消和下放的审批事项仅仅停留在表面,改革的方向没有把握清楚。二是行政审批制度改革的动力方面。第一,队伍建设,专业人才缺失;第二,积极性不高,政府部门之间

---

① 陈国权,蔡磊.通往法制行政之路:关于我国行政审批制度改革的思考[J].社会科学,2004(5):46-50.
② 蔡林慧.我国行政审批制度改革现状及难点分析[J].南京师大学报(社会科学版),2003(6):34-35.
③ 杨文兵,武国航.困境与出路:行政审批制度改革的经济学分析[J].生产力研究,2009(11):25-26.
④ 张定安.行政审批制度改革攻坚期的问题分析与突破策略[J].中国行政管理,2012(9):14-18.

权责划分不明确、薪资待遇与审批工作之间矛盾冲突;第三,审批人员创新性不够,怕担责,不敢创新。三是行政审批制度改革的理念缺失。四是行政审批制度改革的具体实施政策方面存在的问题。第一,上下级行政的审批不协调,基层政府审批权限不够却要承担不匹配的责任;第二,对政务中心的职能定位不清晰;第三,系统性不强,上下级不一致,地区间不协调,部门条块分割;第四,实施过程中力度层层衰减;第五,各级责任边界问题,权责划分不明确;第六,改革不配套,各部门之间的协调联动性差;第七,成功的模式不能及时推广,单方面依靠地方摸索导致地方财政浪费,负担加重,使改革有陷入"碎片化"境地的危险①。

戴黍等基于"流程再造"的研究视角,对F市外经贸系统中的行政审批事项、内部运营、跨部门与跨层级审批等状况进行了实证考察,指出当前地方政府行政审批制度改革中存在"越减越肥"与"审批拖沓"、"简政放权"中的"统筹不足"、"重审批"中的"轻监管"等问题。首先,他们提到,F市开展的简政放权工作大多失之仓促,往往政治意义大于行政改革意义,对简政放权工作没有进行深入的调研和科学的论证,哪些可放,哪些该收,没有政策上的指导,只是笼统提出"能放则放"和"五区事权相对一致"两个原则,简政放权成为"跟风"行为。其次,监督执法主体的职能错位。由于不同监督执法主体之间的职责不清、工作难以衔接、信息无法共享,致使一些涉及市场准入领域的监督执法存在企业法人主体资格和经营资格的监管职责不清等问题。此外,还常常出现对下放事权监管不到位的情况。由于一些部门不是主动放权而是迫于压力下放事权,监管的主动性和积极性也不高,甚至采取放而不管的态度;同时,审批备案制的操作性也不强②。

七、深化我国地方政府行政审批制度改革的解决措施研究

现有研究针对我国下阶段行政审批制度改革中出现的主要问题,也相应地提出了一些可行的解决措施。徐增辉在梳理了我国关于行政审批的相关法律法规之后,提出要深化行政审批改革,首先,在思想保障上要转变更新传统的行政理念,在财政保障上要精简政府机构,从根本上改变人浮于事的状况,从而减轻各级财政的负担。其次,改变以往运动式的改革方案,改革要着眼于全面的制度建设,努力实现制度上的创新③。

张文光指出,深化我国行政审批制度改革首先要树立起法治政府的观念,以《行政许可法》为依据,贯彻依法行政理念。其次要转变政府职能,大力发展社会中介组织,创新政府管理理念,建立起高效便民的服务型政府。最后要完善事后的监督制约机制,规范政府权力的行使④。

赵惠芳认为,深化行政审批改革最重要的是明确改革的取向,而要明确改革取向首先要转变政府职能,消除"官本位"思想,树立政府平等、民主的服务意识,强调权利和责任相统一。其次,行政审批改革是行政体制改革的一部分,不能割裂开来,改革不是一蹴而就的,许多改

---

① 江渝,符芳馨.论新一轮行政审批制度改革的现状与路径[J].四川行政学院学报,2016(4):9-14.
② 戴黍,刘兆帆.地方政府行政审批制度改革的困境与对策:基于F市外经贸系统的实证考察[J].中国行政管理,2011(7):90-93.
③ 徐增辉.改革开放以来中国行政审批制度改革的回顾与展望[J].经济体制改革,2008(3):14-15.
④ 张文光.深化我国行政审批制度改革的思路[J].学术界,2004(6):205-207.

革的配套设施要完善。再次,行政审批改革是持久战,应该着眼长远,分步骤、分计划有条理地进行推进①。

张定安认为,行政审批制度改革需要系统化的突破策略。行政审批制度改革已经深度进入攻坚克难期,要解决进程中的突出问题,必须要有壮士断腕的勇气,以系统化思维、战略性选择、科学的理论方法、绩效管理的策略来突破文化观念的束缚和体制性障碍,特别是利益的"雷区",在深化行政审批制度改革上实现新突破。第一,行政审批制度改革攻坚必须要有"四全"理念,"四全"理念是指全局、全程、全员、全民四方面的系统性思维。第二,行政审批制度改革攻坚要把握"四点"战略("四点"战略是指重点、热点、难点、亮点四方面的战略目标)。"重点"是审批权的存废和转移;"难点"是对审批权力的规范和制约;"热点"在于行政管理文化重整和转变;"亮点"在于体制机制创新。第三,行政审批改革攻坚要运用"四化"方法,行政审批制度改革要有科学化的方式方法:集成化的审批服务模式、标准化的流程规范管理、信息化的办理管理方式、智能化的服务方式创新。第四,行政审批改革攻坚要加强"四效"("四效"是指效率、效能、效果、长效)管理。审批制度改革要稳步推进和攻坚克难,必须进行绩效管理和长效机制建设,才能确保各种改革举措落到实处②。

刘琼莲认为,我国政府进行行政审批制度改革,治理行政审批权的关键在于牢牢把握住简政放权与监督管理这两条生命线,实现简政放权与监督管理的高度契合③。江渝等也对深化行政审批制度改革的路径提出了自己的观点。他们认为取消和下放行政审批权力,减少政府对经济生活干预,实现政府的"瘦身",都是压缩政府活动的空间,为市场、社会、老百姓留出广阔天地。但简政放权的"放",要求的是政府"瘦身"和职能转变,不是让政府"无身"和"无为",而是治理的"有为"。这种职能转变的顺利完成和"有为",需要通过顶层设计,制度改革、机制创新、责任完善、评估促效、社会建设等路径的组合拳来完成,借助于综合的行政体制改革和管理机制创新,才能推动整个政府职能体系的转变,达到深化行政审批体制改革的目的④。戴姜等也提出了深化行政审批制度改革的建议:一是提升行政服务中心的窗口办理效能;二是搭建行政审批网络一体化平台;三是建立审改的公众参与制度;四是建立审改绩效考评制度⑤。

程惠霞等认为,深化行政审批制度改革,第一,在提升审批效率的同时应着力于有效约束和控制行政裁量权。我国行政审批制度曾经给予某些政府部门过大的行政裁量权,曾经是孕育腐败的温床。因此,审批事项、审批流程、权力清单与负面清单等改革指向的是打破"政府规制"与"行政审批"等制度壁垒,改变经济调节"越位"、市场监管"缺位"、社会管理"错位"与公共服务"不到位"等弊端。第二,纳入社会参与和社会监督,强调回应、问责与透明。只有纳入社会参与和社会监督,行政审批制度改革才能突破"管理主义"范式,从追求审批效率转化

---

① 赵惠芳.对我国行政审批制度改革的理胜思考[J].社会主义研究,2004(4):53.
② 张定安.行政审批制度改革攻坚期的问题分析与突破策略[J].中国行政管理,2012(9):14-18.
③ 刘琼莲.中国行政审批制度改革的关键:放权与监管[J].领导科学,2014(3):15-18.
④ 江渝,符芳馨.论新一轮行政审批制度改革的现状与路径[J].四川行政学院学报,2016(4):9-14.
⑤ 戴姜,刘兆帆.地方政府行政审批制度改革的困境与对策:基于F市外经贸系统的实证考察[J].中国行政管理,2011(7):90-93.

为协调多元利益、突破自上而下强制变迁"路径依赖"的多元主体互动过程。第三,通过立法巩固审批制度改革成果和确定改革方向。十几年来,行政审批制度改革主要以国务院行政审批改革工作领导小组及其发布的文件为实践指导,始终缺乏立法层面的巩固,容易走回头路。因此,有必要从立法层面确定审批改革方向和内容,确保被清理的行政审批事项不再回到政府相关部门手中,使"权力清单"能真正约束行政权力[①]。

第三节 研究评价与展望

目前我国学者对我国政府行政审批制度改革的研究已经取得的成果集中在以下方面:一是改革开放以来我国行政审批制度改革的背景、意义、现状;二是改革过程中存在的问题、原因及对策;三是国外行政审批制度改革的现状及对我国的启示;四是行政审批制度改革的配套举措和制度创新、改革的目标及价值取向、改革的指导思想、总体要求、所遵循的基本原则、改革的基本思路和主要任务等。

对我国政府行政审批制度改革的研究还存在着一些不足之处。第一,目前的大多数研究主要按照"现状—问题—对策"的线性思路展开,基本停留在宏观层面的分析,结果导致研究体系雷同、结论相近,可能会影响所提出政策建议的科学合理性、现实针对性及其实践操作性。第二,有关学者的研究仅仅停留在行政审批制度改革的表层现象,并没有对影响行政审批制度改革的相关利益主体进行利益分析,也没有因改革所引发的相关利益主体的利益冲突对行政审批制度变迁的影响做动态分析。第三,现有的研究文献对行政审批制度的机制创新和制度改革缺乏广泛关注和理论支撑。而站在施政者的角度,当前的主要问题集中反映在执政方式和施政理念两个层面,且至今仍未找到有效的解决路径和方法。

在下一阶段我国政府行政审批制度改革的研究中,应更多地深入了解地方政府改革的进展,提出有针对性的切实可行的对策建议。另外,可以对影响行政审批制度改革的相关利益主体进行利益分析。

---

① 程惠霞,康佳.我国行政审批制度演进轨迹:2001—2014年[J].改革,2015(6):34-42.

第四章　行政区划优化前沿问题研究

近年来,随着改革开放的深入,城市发展呈现日新月异的态势,取得了诸多令人瞩目的成就。同时,在城市快速发展的过程中,城市体系、产业结构、人口数量等因素也发生了巨大变化。城市经济的高速发展和城市化进程的巨大加速,地理空间的限制因素逐步呈现出来。为了满足城市化的需要,摆脱城市发展空间的制约,中国许多城市都在进行城市行政区划调整工作。尤其是对发展迅速的大中城市而言,发展空间不足已成为阻碍城市可持续健康发展的重要因素。因此,城市行政区划的优化成为扩大城市空间的重要手段,进而形成一股城市行政区划调整优化的潮流。城市资源重新融合、管理体制创新、加快城市一体化发展等问题已成为我国现实环境中的新议题。

2013年召开的十八届三中全会通过了《中共中央关于全面深化改革若干重大问题的决定》(以下简称《决定》),该《决定》提出要进行"优化行政区划设置"。行政区划是国家因统治、管理需要,将国土按一定原则、划分形成政府公共管理的层级网络。作为地方国家机构设置的前置条件,行政区划是行政体制的重要部分。随着经济社会的快速发展尤其是城市化进程的加快,原有的地域空间和行政区划格局已经在一定程度上束缚了城市经济社会的进一步发展,因此需要突破传统行政区划的界线,引起行政区划的改变。当前,国内数个大城市进行了大规模的行政区划调整,其中包括北京、深圳、天津、重庆、厦门、沈阳等,为众多中小城市的行政区划调整提供了示范和借鉴的经验。

本章拟从以下几个方面进行研究:第一,行政区划相关概念界定;第二,国外行政区划调整简史;第三,行政区划国内外研究进展;第四,行政区划研究述评与展望。

第一节　行政区划相关概念界定

一、行政区划

行政区划是一个动态的概念,是指政府对行政区划的划定。国家各级政府切实依照行政管理和现实发展需求,严格遵循有关法律法规,科学充分地考虑经济联系、城乡建设、历史传统、地理条件、人口密度、民族分布和风土习俗等综合因素,将国土划定各层级、各不同面积的行政区域,并在每个区划范围内设置相应级别的地方国家权力和行政机构。

从行政区划的含义来看,行政区划具有以下特征:一是政治性的。行政区划是国家权力建设的重要组成部分,关系到政治体制改革、社会经济发展、国防建设和国家统一。它是统治阶级行使行政职能的主要手段和工具之一,具有明显的阶级属性。其设立的合理性直接关系到国家权力结构和行政管理制度,以及行政权力的有效行使。二是区域性和无重叠性。行政区划是在特定的地理空间内进行的。由于自然地理环境、人文因素和经济因素的不同,不同地区的行政区划必然存在地域差异。因此,各级行政区划必须有严格的区域界线,不能重叠,不能有空白,否则会引起不必要的纠纷。三是历史传承与相对稳定。行政区划是历史发展的产物,但自然地理条件、民族风俗习惯、传统文化等行政区划的影响因素具有很强的稳定性和同一性。因此,行政区域的界线和名称具有很强的历史继承性。自东周王朝开始以来,许多县名和县域都没有太大的变化。然而,稳定性是相对的。行政区划作为上层建筑的组成部分,必须依据经济发展的现实需要,作出必要的调整。

二、行政区划调整

行政区划调整就是对现有的行政区划进行必要的调整,从而提高区域的社会经济效益。从我国实际情况来看,具体的行政区调整类型有:单独设立省、直辖市,省、自治区、直辖市范围调整;地区、市、盟、县、旗范围调整;撤县设市、撤地设市与地市合并、撤县(市)设区、市辖区调整;乡改镇与乡镇撤并、镇改街与村改居等。总之,行政区划科学化的重要手段是行政区划调整,此外,行政区划调整也是适应社会经济发展的客观要求。

行政区划要因地制宜。行政区划的形成和演变与管理体制的改革密切相关。可以说,行政区划调整是行政体制改革的突破口。在改革的过程中,需要遵循几个原则:第一,有利于社会稳定。改革是一个涉及面广,敏感性强,切忌随意、盲目、频繁变更。调整是绝对的,但必须以社会稳定的原则为基础,有计划、有步骤地进行调整。第二,有利于经济发展。改革必须适应经济发展,服务于经济基础。行政区域与经济区域相互协调,充分发挥行政区划在经济发展中的促进作用。第三,有利于民族团结。中国是统一的多民族国家。改革必须有利于维护各族人民的团结统一,有利于推进民族区域自治政策的贯彻执行,有利于缩小民族间经济文化差异,有利于实现各民族的平等和共同繁荣。第四,有利于实施行政管理。行政管理是行政区域的主要职能之一。行政区划的设置必须有利于提高行政管理效率。管理的范围需要有利于国家政策方针的执行,使上传下达简明高效,避免本本主义和官僚习气。

三、大都市区

大都市区是由一定规模的中心城市和与中心市具有紧密社会经济联系的外围地域组成的城市地域范围。大都市区概念的前身是 1910 年美国定义的 Metropolitan District,它是针对工业革命引起了城市的迅速增长,其实体膨胀蔓生很快超出了城市的行政地域的情况下,为准确统计反映这种"扩展了的城市"而提出的,其最初目的是作为城市人口统计的一个单元,进行人口统计时用以区别城市人口与农村人口[1]。美国大都市区的概念经过不断的修订与演变,已不仅仅是一个单纯的地理统计概念,还反映了大城市及其辐射区域在美国社会经济生活中不断增长的客观事实,有着重要的实践意义。随着美国大都市区概念的普遍使用,欧美其他国家纷纷仿效美国的做法建立自己的城市功能地域概念,如加拿大的"国情调查大都市区",英国的"标准大都市劳动区"和"大都市经济劳动区",瑞典的"劳动—市场区"等,并

---

[1] 王开泳,陈田.国外行政区划调整的经验及对我国的启示[J].世界地理研究,2011,20(2):57-64.

且各个国家根据自己的国情特点增加或减少一些界定指标。日本则提出了"标准城市地区""都市圈""大都市圈"等概念，作为日本城市发展的组织形式。

大都市区的出现对空间发展上的意义体现在，它为城市经济发展提供了基础设施和基本的经济、社会、体制等方面的条件，其综合性和整体性优势更加明显。与非大都市区相比，大都市区能够提供商品和服务的更大市场、更专业化的劳动力、更全面而复杂的基础设施，因此也有利于促成新兴工业的产生，加速信息的传播，推动科技发明，增加产业门类和产品数量。而在规模较大的大都市区和大都市连绵区则非常有利于产业群的发展。另外，大都市区内形成了多中心局面，有助于缓解中心城市在人口、交通、环境、就业、住房等方面的压力，在整体上提高了经济的空间运行效率。另外，大都市区的形成也对原有的城市管理模式产生了挑战，产生了跨界管理、联合管理的新形式。在全球化日益深入的今天，大都市区已经成为世界各国竞争力集中体现的区域。

第二节 国外行政区划调整简史

发达国家是在世界工业革命和经济全球化背景下城市化快速发展应运而生，纵观世界城市发展历程，大致经历了两个行政区划频繁调整期。

1. 第二次工业革命时期行政区划调整（行政区划细化的过程）

普鲁士（现德国）在1870年进入第一次快速城市化时期，对原有的464个传统县改造，作为基层行政区划单位。随后，1888年英格兰地区建立现代地方制度，实行新县制，将原来38个传统县改设成48个行政县，同时增设79个县级市，28个都市县辖区。在这一阶段，行政区划调整以欧洲的德国和英国两个国家为代表，以细化区县划分为主。其目的是加强政府的管理与垄断组织的统治，另外行政区划细化也是形成西欧工业地带的必然结果。

2."二战"后经济全球化背景下行政区划重新组合

"二战"后，新一轮经济全球化引发西方资本主义发达国家社会经济和政治制度空间的重组。此外，亚洲的日本与韩国也深受其影响，进入快速城市化时期。在这一时期，全球化促使城市与区域间的竞争力不断加强，特别是人力、物力和财力。此外，在城镇化迅猛发展过程中，城市地区一直是经济发展最为活跃区，原有行政辖区难以满足城市就业、人口增长发展的需要。在城市向郊区蔓延过程中，出现了城市政府对周围地区实行"兼并"或"合并"，形成了西方发达国家大都市区普遍存在的政府分治模式。

日本在1950年代进入快速城市化后，在3年内增设213个市（市为日本基本行政单位）；1960年代韩国将140个县正式设置成一级基本区划单位。英国1960年代，地方政府进行4次重组，1974年大都市区地方政府被合并，新界定了部分行政边界。法国在大革命后实行高度中央集权制，1970年代以前，设置96个省，其中1955年设置22个计划大区（含科西嘉岛大区）。德国1960—1970年期间对地方政府边界进行重新划定及合并，市的数量从24 000个降到8 400个，县的数量从425个降到237个。无论行政区划如何调整，城乡分治这一基本原则始终不变。但从目前世界各国的城市型政区的发展趋势来看,又在向城乡合治的方向发展,如在高城市化水平的国家(如英国),农村政区减少,市镇增加,美国也尝试把大城市周围地区并入市内,将县与市政府合并[①]。

第三节 行政区划国内外研究进展

一、国外研究进展

在国外,有关行政区划的研究大多出现在政治地理学或区域政治学、行政学类的书刊之中,人文地理学、管理学、城市学等学者也积极参与了行政区划的研究。国外行政区划研究的重点主要是对大都市区的行政区划与行政管理体制的研究,旨在精简地方组织机构,提高管理效率。从一门独立的学科来说,至今在西方尚未见到有完整的政区地理学著作问世,即西方尚未建立一个完整的行政区划理论体系。

早在1933年德国地理学家沃尔特·克里斯塔勒就发表了著名的《德国南部的中心地原理》一书,其中设计的"中心地理论",指出中心地需遵循3个原则:市场最优原则、交通最优原则和行政原则。比较早地从地理学角度分析行政区划,是想用以解释聚集及其属地的地理空间分布的体系,并进一步解释这种空间分布是如何发展演变的。"中心地理论"提出在行政原则基础上建立的中心地系统中,低级中心地应从属于一个高级中心地。因此,在进行行政区划时应尽量不把低级行政区域分割开,使它完整地属于一个高级行政区域。1947年法国地理学家让·弗朗索瓦·格拉维埃发表《巴黎和法国的荒漠》,系统阐述了首都巴黎与其他地区发展严重失衡的不正常状况,指出产生这一问题的根源是历史的偶然而非经济发展的必然,并且可以通过合理的规划和协调来解决。此观点引起了法国各个方面的普遍重视。1958年美国经济学尔赫希曼在其代表作《经济发展战略》中首创区域经济增长空间传递理论,来论述美国城市化进程中的有关问题,他指出美国庞大的地方政府是造成都市化地区矛盾丛生和管理效率低下的主要根源,建议在都市区成立政府组织,从而促成了美国政府颁布的有关政策和法令,组成了大都市区政府组织,旨在精简地方政府组织,提高管理效率。20世纪50—70年代是大都市政府发展的鼎盛时期,从英国的大伦敦议会、法国的城市共同体一直到加拿大的大都市区政府,各种不同类型的大都市区政府层出不穷,因此成为许多学者研究的热门课题。20世纪50年代,大都市区研究呈现出区域化、信息网络化的趋势,同时主张自然环境、空间环境和人类社会的有机融合,提出了连绵城市结构理论,代表人物有费希曼、杜克西亚迪斯、戈特曼、高桥伸夫、阿部和俊等。20世纪60年代,实证主义派学者开始用数理方法研究影响城市结构与形态的主要因素以及彼此间的联系,以芝加哥大学为代表的美国地理界引进和发展了欧洲的量化研究方法,从此在美国掀起了运用数理方法分析地理学问题及建立理论模型和检验方法的研究高潮。这一时期许多学者也提出了自己的理论,如佩鲁的增长极理论、乌尔曼的空间相互作用理论、弗里德曼的区域空间演进理论、罗斯托的经济发展阶段理论、阿朗索

---

① 丁煌.西方行政学说史[M].武汉:武汉大学出版社,1999.

的土地循环结构、哈格斯特朗的现代空间扩散理论以及哈盖特和克里夫的区域城市群体空间演化过程模式等有助于城市空间分析,并极大地促进研究方法与角度的增加。同期,人文主义学派专注于大都市区的文化价值、人文功能及城市人文环境的研究。其中著名的有林奇的城市意象感知,提出可以通过道路、边沿、标志、结点和区域5种形象要素来识别一个城市的形态特征。雅各布的城市交织功能,强调人与人的活动、活动的场所交织起来,单一的区划严重忽视了城市社会与经济结构的复杂性、多样性和城市活力。芒福德强调城市不只具有生产性、服务性的功能,同时也具有象征性、表达性功能。20世纪70年代后,随着小汽车主导的交通方式的推广和普及,城市的范围相对变小,郊区化趋势成为西方发达国家的一种普遍现象。这一现象使得大都市区的就业圈、居住圈进一步扩散,"空间蔓延"现象随即出现。这促使众多学者寻找更为合理的大都市及大都市区空间模式,穆勒提出了大都市区模式由城市边缘区、外郊区、内郊区和中心城市构成;林奇认为,城市空间模式取决于空间组织的结构密度和结构条件,交通设施的能力、类型以及固定活动的区位分布;加列尔、埃斯纳、耶茨和加纳等分别对欧洲、北美城市结构与形态进行了研究。大都市区的组成形态有同心圆圈层组合式(大伦敦)、定向多轴线引导式(大哥本哈根)、平行切线组合式(大巴黎)、放射长廊组合式(华盛顿)、反磁力中心组合式(东京—多摩)等多种。同时,为适应新的环境需求,20世纪70年代后行政生态学作为一门新的学科出现了,运用生态学的基本观念(物质循环、能量变换、新陈代谢、生态平衡等)和研究方法进行分析,认为自然环境和社会环境是巩固行政系统存在的基础,对于一个地区的行政系统产生较为深刻的影响。这一观点是指导行政区划研究的一个重要思想基础,因为无论是行政区划体制的调整、改革还是创新,都必须体现与外部环境相适应的思想。之后许多学者就更倾向于在区域发展过程中应更多考虑的是区域理念和自然区的统一性。进入20世纪90年代,大都市区的行政区划问题再度引起了广泛讨论,《区域政治学》一书涉及政治学、社会学、经济学、地理学、管理学、城市学等多个学科领域,对其进行了深入的探讨,冷静地思考了大都市区行政规划实际操作中存在的问题,侧重于区域内的共同协作,通过对管理体制问题的实证研究,呼吁行政体制的改革,注重理论与实践的结合。

国外行政区划研究经历了100多年的历史,其中在理论研究与实证分析上都取得了较大的进步,对我国大都市区以及行政区划研究有许多方面的启示。

二、国内研究进展

我国历史悠久,从事行政区划的研究由来已久,对行政区划的著述与实行亦古而有之,《禹贡》一书中即有九州制与五服制的论述,是我国历史上最早的行政区划记录。《汉书·地理志》则开创了我国政区沿革地理研究的先河。

我国学者对行政区划及世界一些主要国家行政区划的规范研究是在1949年以后开始的,特别是在20世纪80年代后得到了长足的发展。1991年我国出版了第一部行政区划研究的论文集《中国行政区划研究》,标志着行政区划被真正当作一门学科开始进行研究。相较国外而言,我国的行政区划研究还处于起步阶段。高校、科研院所开设相关专业或方向较少,学术成果和著作也不多。学术成果向规划成果的转化程度也比较低。行政区划的探索和实践多是由政府组织进行的。行政区划是一种复杂的社会政治现象,但无论从哪个角度,由哪类专业的人来做这方面的研究工作,大致都从理论研究、现状研究、历史研究和比较研究这4个方面着手。

1. 我国行政区划理论研究

基本理论研究方面:1986年,张建华提出了行政区划需遵循的4条原则[1];1992年,吴浙设计出一套广泛适用的行政区分类方案,进而提出一个理想化的行政区划体系方案[2];1992年陈小京运用系统的分析方法,概括了行政区划结构的含义,分析了行政区划构成要素的联系、区别及组合方式[3];1994年,王新坚讨论了行政区划的研究领域与对象及其基本属性和特征[4]。行政区与区域经济研究方面:刘君德等在1993年对行政区划概念及内涵进行了重新界定,梳理了行政区划与区域经济发展的关系,进而提出了"行政区经济"的概念[5]。在此基础上,他又对行政区经济的运行主体、体制机制和积极及消极作用进行了论述。周克瑜在文中讨论了行政区、经济区的区别及关系,就二者的协调发展问题提出一些建议[6];1994年,陆大壮从历史角度出发,研究了行政区与经济区的历史演变,结合二者的现状,对其未来走向做出了预测[7];1994年,赵军等总结了行政区划变化的规律特点及依据,以实例的方式分析了行政区划变化对区域经济的影响[8];同年,胡兆量总结了行政地位调整的4种主要形式,分析了行政地位调整的重要性、必然性[9]。

2. 我国行政区划现状研究

设市问题探讨方面:1984年,吴操文撰文对市管县体制主要类型、作用及规模范围、存在的问题等作了较为全面的分析[10];同期赵应奎再次论述了"市管县"体制的重要意义[11]。1986年,王维锋探讨了"市管县"体制的范围[12]。经过多年的实践检验,学术界对这一体制有了新的认识。1995年,陈朝辉指出了"县市化"的弊端,认为它造成政区划分和命名的混乱局面。他认为要改变这种局面,必须遵循科学的原则以正确引导城市化[13];1997年,浦善新对"市带县"体制进行反思,对该体制的历史沿革、类型及差异性进行了总结,并提出了自己的看法[14];同年,储胜金研究了"切块设市"引发的市县同城问题,并对几种可能的解决方案进行了比较分

---

[1] 张建华. 论我国行政区划的基本原则[J]. 中国社会科学院研究生院学报,1986(5):49-55.
[2] 吴浙. 论行政区的分类[J]. 人文地理,1992(2):54-58.
[3] 陈小京. 论国家行政管理中的主客体关系[J]. 社会主义研究,1992(1):53-56.
[4] 王新坚. 论中国行政区划的理论与方法[J]. 人大复印报刊资料. 中国地理,1994(5):60-63
[5] 刘君德,舒庆. 论行政区划、行政管理体制与区域经济发展战略[J]. 经济地理,1993,13(1):1-5.
[6] 周克瑜. 反思我国"市管县"体制[J]. 现代城市研究,2000(5):22-24+62.
[7] 陆大壮. 中国行政区、经济区发展的回顾和展望[J]. 中国人民大学学报,1994(6):1-6.
[8] 赵军,温军. 行政区划变更与区域经济发展:以白银市为例[J]. 经济地理,1994(3):50-53.
[9] 胡兆量. 行政地位调整与小城镇发展[J]. 现代城市研究,1994(1):54-57.
[10] 吴操文. 略论市管县[J]. 暨南学报(哲学社会科学),1984(2):64-70.
[11] 赵应奎. 市管县是实现城乡结合的新体制[J]. 西南师范大学学报(人文社会科学版),1984(3):1-6.
[12] 王维锋. 城市发展规律初探[J]. 城市问题,1986(2):8-11.
[13] 陈朝辉. "县市化"弊端与城市化的合理进程[J]. 地域研究与开发,1995(4):10-13+26.
[14] 浦善新. 中国建制镇的形成与发展[J]. 中国地名,1997(1):28-29.

析①。行政区划改革发展探讨方面:1989年周振鹤提出行政区划改革的重点内容②。还有众多学者总结了改革成果及存在的弊端,提出了行政区划改革的目标构想,力图借助减少政区层次、划小省区等措施,合理解决城市化进程中引发的行政区划方面的问题。其中孙关龙还提出改省制为都省制以便统一行政区通名③;1996年,马春笋分析了我国行政区划体制中存在的主要问题,概括了行政区划的运行环境与要求,提出了行政区划改革的发展方向及总体构想④;另外,刘君德等1996年撰文对我国行政区划改革中打造大都市区的若干问题进行了分析⑤;1997年,浦善新关于我国省制的论证论述也得到了学术界的普遍关注⑥。

3. 我国行政区划历史研究

1994年,侯甬坚概括了古代行政区划中较为通行的几条原则⑦。1995年,周振鹤对历史上县级政区、统县政区和高层政区的层级变化特点进行了概括,并指出政区分级的作用和意义⑧;马春笋通过分析县的起源,阐述了县分等体制的历史概况,总结了县分等标准的变迁规律,并以实证方式进行了分析⑨;葛本中探讨了"划江而治"的原则⑩;1996年,周振鹤全面论述了历史上行政区域划界的两大基本原则,即"山川形便"与"犬牙相入",还研究了地方政府管理幅度的历史变迁特点和引起变迁的主要原因⑪。历史上各类政区研究方面:第一,城市型政区。1990,孙关龙将"市"的发展历程划分为3个阶段6个时期⑫;此后,靳润成概括了我国城市型政区的各个发展阶段,并分析了影响城市型政区发展的因素,阐明了城市型政区发展的重要意义⑬。第二,民族型政区。1998年,靳润成探析了我国历代民族地区行政区划的演变过程、特点、形成原因及其经验教训,并在此基础上总结了3条规律⑭。第三,区域型政区。1982年,黄灼耀较为系统地论述了县制的形成、变化、发展⑮。1985年林绍明论述了我国省级行政建制演变的阶段及特点、引发变化的原因和规律⑯。1988年,王大华等研究了对行省制的产生背景、实际价值、演进变化进行了研究。同时,总结了1949年后的省制调整的经验教

---

① 储胜金.关于设市模式的思考[J].现代城市研究,1997(1):49-51+7.
② 周振鹤.关于我国行政区划改革的几点思考[J].社会科学,1989(8):25-29+45.
③ 孙关龙.试论我国古代行政区划变化的规律及其启示[J].广东社会科学,1990(1):74-80.
④ 马春笋.我国行政区划体制存在的问题与改革设想[J].中国行政管理,1996(8):19-21.
⑤ 刘君德,王德忠.中国城市群区行政组织和管理体制改革探讨[J].战略与管理,1996(1):76-81.
⑥ 浦善新.中国建制镇的形成与发展[J].中国地名,1997(1):28-29.
⑦ 侯甬坚.区域历史地理申论:构建中国历史地理学科体系的重要环节[J].陕西师大学报(哲学社会科学版),1994(1):119-125.
⑧ 周振鹤.中央与地方关系史的一个侧面(下):两千年地方政府层级变迁的分析[J].复旦学报(社会科学版),1995(4):53-56.
⑨ 马春笋.县分等的历史研究[J].华东师范大学学报(哲学社会科学版),1996(2):73-76.
⑩ 葛本中.从"划江而治"到跨江发展:论行政区划调整与长江沿岸城市发展[J].城市发展研究,1995(4):41-44.
⑪ 周振鹤.地方行政制度改革的现状及问题[J].战略与管理,1996(5):17-22.
⑫ 孙关龙.试论我国古代行政区划变化的规律及其启示[J].广东社会科学,1990(1):74-80.
⑬ 靳润成.试论中国行政区经济现象的历史原因[J].华东师范大学学报(哲学社会科学版),1996(2):67-72.
⑭ 靳润成.从城镇分割到城市自治:论中国城市行政管理体制近代化的重要标志[J].天津师大学报(社会科学版),1998(4):60-67
⑮ 黄灼耀.县制的形成与发展[J].华南师院学报(社会科学版),1982(4):110-115.
⑯ 林绍明.略论明代御史制度之利弊[J].历史教学问题,1985(5):6-10+14.

训,认为现行的"省市县"体制将被取代①。中国行政区划沿革研究方面:当前有多种阶段的划分,尚未形成统一划分标准。有学者如黄杰民、孙学文、冯季昌等重点研究了某一具体时期的相关改革调整,取得了一定的成果。

4. 我国行政区划比较研究

行政区划比较研究主要集中在历史研究和现状研究中。对中外行政区划的比较研究主要集中在国外的行政区划及管理模式的研究和中外体制的对比研究。前者研究的侧重点是国外大都市区行政区划体制及运行机制。通过对巴黎、华盛顿、东京等许多大都市区的专题研究,分析其产生、发展、政府机构、行政管理模式,进而总结大都市区的成功经验,结合我国现阶段具体国情进行研究,在整体上还处于起步阶段,与其他学科的交叉研究也处于探索阶段。在生态研究方面并无专门的著述可供参考,比较具有相似性的只有生态行政理论和生态城市理论。

5. 行政生态学研究

在西方行政学的发展历程中,最早将行政问题与生态环境联系起来进行研究的是美国哈佛大学的约翰·高斯教授。他于1947年发表了《政府的生态学》一书,提出政府组织与行政行为必须考虑到生态环境。但是高斯的理论在当时并未引起理论界的重视。继高斯之后,美国著名行政学家里格斯认为,要了解一个国家的公共行政,不应该仅仅局限于行政生态系统本身,而应该跳出行政系统,从社会这个大系统来考察行政,亦即考察一国的行政与该国的社会环境的关系。基于这一观点,他创立了行政生态学说。作为一门以生态学方法研究行政现象、行政行为与行政环境之间相互关系的行政学分支学科,它要求对行政系统作整体的观察与精密的分析,作宏观研究和微观研究,从而正确地揭示行政这一主体生长和发展的规律,以从整体上把握行政过程与行政运行规律。当然,里格斯的行政生态学说也具有一定的局限性,甚至在某些方面尚存在着一定的缺陷。但这并未削弱其在西方行政学发展史上所具有的重要地位,特别是他在行政学方法论方面的贡献和创造,为行政学开辟了新的领域,使行政学摆脱了那种就行政论行政,抽象地讨论行政原则,难以科学地反映和指导行政实践的学术研究作风,用一种生态的观点来考察行政,无疑提供了一种新的思考。

当代行政生态学运用生态学观点分析研究行政行为、行政要素,试图在动态的联系当中找到能够使行政系统高效、稳定运行的规律,这为我们研究行政系统提供了一种新的视角、新的思路。目前,行政生态学正成为许多国家政府管理的重要理论依据。该理论的运用对于协调好我国各地区、各部门之间的关系,充分发挥各自功能,进而从整体上提升政府执行力和公信力具有重要意义。行政区划是政府管理中的重要内容。在我国,现行行政区划中所呈现的矛盾从一定意义上讲属于生态性矛盾,是违背生态原理的结果。因此,对行政区划进行生态学分析显得尤为必要。我国是世界上行政区划史最为悠久的国家之一。1949年之后,行政区划体制不断变化、改革,形成新的格局,基本适应了我国经济社会发展和政权建设的需要,但

---

① 王大华,朱正威. 论行省制的价值及其终结[J]. 陕西师大学报(哲学社会科学版),1988(3):3-11.

同时还存在一些不相适应的地方。在转型时期,行政区划对地方政治、经济、社会发展的影响表现得更为明显。在新的世纪,总结和借鉴我国及世界各国行政区划经验,进一步深化对行政区划的研究,改革和完善我国的行政区划体制是一项重要任务。

6. 我国行政区划存在的问题研究

在宏观上,周毅等认为,我国行政区划的设置混乱,省一级有省、自治区、直辖市、特别行政区4种类型,地级设置有市、地区、自治州、盟4种类型,县级设置类型有县、市、自治县、旗、市辖区、郊区等形式和名称,乡镇一级也是如此①。这种设置的不规范,给统一管理带来很大的不便,增加了交往的困难和政府管理的难度,错乱了城市的职能,既增加了管理难度,又增加了社会成本。张京祥等认为,促进行政区域优化必须更加重视研究城市与区域的协调发展,通过区域内部各种资源要素的优化配置和重组整合,来增强区域的整体竞争力,要坚持综合权衡与制度创新②。孙学玉等认为,法律规定的中国行政层次为中央、省、县、乡(镇)4级,但实际运行层级为中央、省、市、县、乡(镇)5级。不仅与法律相悖,而且与效率相左。其在城乡一体化、权责配置、组织规模和行政成本等方面所暴露出的种种弊端,已成为行政改革的严重障碍③。经济的市场化、信息的网络化、管理的现代化为行政结构的扁平化提供了理论基础和现实条件。通过增加省级数量,改革市管县体制,市县分治,构成省直接管理县(市)的少层次大幅度的、扁平化的公共行政体制,应成为当前我国行政体制改革的战略选择。

在微观上,我国行政区域优化在微观具体角度研究的理论较少,但近年来也渐渐得到有关专家学者的重视,研究成果也与日俱增。黄德林等认为,县市级行政区划优化,要充分划分更科学的县市行政区划结构。调整"市管市"体制,市"代管"县级市存在不合理之处,法律依据也不充分。对行政区划优化要坚持法制化、程序化④。汤文婷认为,要在具体行政区划优化过程中坚持经济原则、效率原则,尊重当地的自然状况和历史习俗原则⑤。沙晓妍认为,行政区划优化是区域经济进一步发展的要求,是我国政权建设进一步发展的需要,也是我国行政管理体制进一步发展的需要。建议我国的各级地方政府真正从微观经济、社会领域中退出来,把那些不该管或管不了也管不好的事务交还给市场、企业和社会,并积极实现自身管理体制改革,才能更有效地实现政府职能的转变和政府能力的提升,进而推进行政区划改革⑥。

7. 我国行政区划优化路径探讨研究

综合20世纪80年代起至今的关于一级行政区划改革的构想,可分为两大方向:一是"缩省",二是"虚省"。浦善新在文章中建议缩小省区,先在辽宁、吉林、四川、宁夏、海南等地试

---

① 周毅,余蕊.长三角区域政府合作浅析[J].时代经贸(中旬刊),2008(s2):126-127.
② 张京祥,范朝礼,沈建法.试论行政区划调整与推进城市化[J].城市规划汇刊,2002(5):25-28+79.
③ 孙学玉,伍开昌.当代中国行政结构扁平化的战略构想:以市管县体制为例[J].中国行政管理,2004(3):79-87.
④ 黄德林,周典.国家资源型城市黄石市行政区划优化问题研究[J].湖北社会科学,2016(2):58-62.
⑤ 汤文婷.鄱阳湖生态经济区市级行政区划改革研究[D].南昌:江西财经大学,2012.
⑥ 沙晓妍.河北省行政区划改革研究[D].秦皇岛:燕山大学,2010.

点,并提出具体的缩小方案①。上述方案有较大的可操作性,有的已经实施,如海南岛已设立为海南省,重庆地区从四川划出,成立了重庆直辖市。郭荣星提到了,通过计算省级行政区的规模,设想了以几省的接壤地带重划新省的中国一级行政区调整方案②。其方案从加强省区接壤地区的经济发展角度考虑,独树一帜。周振鹤在文章中指出,我国的省界在历史上早已形成,各省的名称和范围已深入人心,成为普遍存在的地域观念。划小省区应以现有省区为基础并有限度地进行省界调整,不宜以几省的交界地重划新省,认为此举缺乏历史地理基础③。而针对多年来学者们一致赞同"缩小省区"这一基本的省制改革观点,也有学者提出相反的看法。他们认为"缩省"无实际操作意义,主张在稳定现有的行政区划的前提下,逐步推行地方自治,将省的作用逐步削弱,以"虚省"代之。然而,"缩省"一直以来处于主流地位,直至近期研究所提出的设想仍以缩小省区为主。而中间层次政区的改革研究,尤其以市制、县制改革以及两者的关系为重点。由于市、县问题复杂而枝节繁多,因而研究较为分散。但总的原则仍是围绕效率与效益展开,以经济利益与发展为重点。具有代表性的是刘君德、靳润成、周克瑜,他们在其著作中提出类似"市县分等"等方案,即根据人口多少、面积大小、经济实力与水平、战略地位等综合因素,实事求是地将市县分成若干等级,对不同等级的县、市配备不同级别的干部,设立相应的机构和规定不同的编制,实行相应的政策,以调动各方积极性,推动社会、经济的发展。此方案以其细致的调查、缜密的逻辑分析和现实的可操作性而为后来众多学者引用。至于基层政区改革构想限于规模调整和地方自治两方面,以积极推行规模合理化和社区自治为主要观点,分歧不大,至今在沿用基础上发展。在行政区划优化的过程中,学者们相应提出一些方法与原则,大体有如下几种观点:

(1)深化体制机制改革,加强区域间交流。突破行政区划隔阂,拓展合作领域,从原来的各县区各自为政、交流程度低向为一体化的共同体体制过渡。通过省区、市区、县区之间加强合作,从而提高整体区域经济的实力,各地区明确区域发展目标,进而从统一的高度和目标出发,统一协调开发资源、整治环境污染以及完善公共服务基础设施等问题。整合各地区的组织协调机制,以保证互相交流过程中各政府相关政策的统一以及政令的畅通。

(2)加快推进"省直管县"改革。在世界各国政府管理层级方面,存在一级制、两级制、三级制等,但大多数国家的行政层级都采取了二级或者三级制。在西方发达国家中,行政层级也多为二级制。我国行政区划体系按宪法规定分为省、县、乡三级制,事实上,在省县之间却还存在着一级建制——地区或地级市,并逐渐形成了市管县的格局。当前我国行政层级之多已是世界之最。管理层次多导致管理幅度小、中间环节多、管理成本高、工作效率低下,这些问题已经阻碍了经济、社会的发展。减少管理层级,以简化行政机构、节约管理成本、提高管理效率、扩大辐射范围为目标,从而加快省直管县的改革步伐,有利于实现权利结构的扁平化,减少消耗,提高行政效率,并且还能促进基层行政单位多元化的发展。

---

① 浦善新.城市化进程中的中国城市行政体制改革探讨[J].中共济南市委党校济南市行政学院济南市社会主义学院学报,2000(4):17-21.
② 郭荣星.中国省级边界地区经济发展研究[M].北京:海洋出版社,1993.
③ 周振鹤.行政区划史研究的基本概念与学术用语刍议[J].复旦学报(社会科学版),2001(3):31-36.

(3)坚持公民参与,建立和完善监督和约束机制。公民参与,通常又称为公共参与、公众参与,就是公民试图影响公共政策和公共生活的一切活动。公民参与有3个基本要素。一是参与的主体。公民参与的主体是全体公民,既包括作为个体的公民,也包括由个体公民组成的各种民间组织。二是参与的领域。社会中存在一个公民可以合法参与的公共领域,这一公共领域的主要特征是公共利益和公共理性的存在。三是参与的渠道。社会上存在着各种各样的渠道,公民可以通过这些渠道影响公共政策和公共生活。公民参与最主要的就是参与国家的政治生活和政治决策,但是公民参与不全等于政治参与,公民参与的范围比政治参与更大。除了政治生活外,公民参与还包括公共的文化生活、经济生活和社会生活。特别是在公民社会越来越发达的今天,公民参与的范围正在日益扩大,并已经从国家的正式领域扩大到社会的非正式领域。行政区划优化过程中只有更好地坚持公民参与才能更好地倾听群众的利益诉求,才能更科学地制定相关改革政策,有利于政策实施的顺利开展。同时,要加强政策制定和执行过程中的监督管理,使政府工作在阳光下运行。坚持改革中加强监督,才能使政策实施不偏颇,更有效率。

(4)坚持行政区划调整的法治化、程序化。政策的制定与执行必须做到有法可依、执法必严。地方行政区划优化符合国家的政策引导,十八届三中全会中通过的《中共中央关于全面深化改革若干重大问题的决定》明确提出,要进行"优化行政区划设置",必须要依据有关政策的相关规定进行具体的优化改革政策。各级政府积极与上级部门交流沟通,掌握好国家、省级的最新相关政策;同时,加强同人民群众的联系,做到政策开展依靠人民,改革利益与人民共享。我国当前要求国家在设置行政区域时必须依据宪法以及相关法律的各项要求,必须依据各种法制规范行事,切不可随意、随心而为;同时,依照法治化的原则设置行政区域也有利于管理以及城市的健康发展。我国当前对行政区划改革进行规定的相关文件有《关于行政区划管理的规定》《行政区划变更报批程序》及《关于调整设市标准报告》等,要求各地各级进行行政区划改革必须依据有关政策规范,做到法治化、规范化。

第四节 行政区划研究评价与展望

行政区划优化问题是一个错综复杂的问题,涉及政治政策、法律条文、经济产业等宏观和微观多方事项,进行行政区划优化要坚持学习国内外先进的行政区划优化的经验与教训,坚持依法行政,坚持政府决策与群众参与相结合,要根据优化城市的具体实际情况做出调整,尊重当地的传统习俗和自然特征。要坚持依据现状,参考历史,着眼未来。坚持因地制宜、实事求是的原则。

行政区划调整是一个具有重大理论和实践意义的课题。由于我国特殊的国情,在由计划经济向市场经济转轨过程中,为上层建筑的城市行政区划调整,城市的规划、建设和管理,对城市和区域的经济社会发展与生态环境都产生重大的影响。在当前形势下,需要开展行政区划调整的理论和实证研究,理顺我国各级城市的行政管理体制,以不断推进我国城市化进程的健康发展。

一、行政区划调整缺乏整体性理解

当前对城市的行政区划调整的研究侧重于理论探究,以及对其历史发展进程进行梳理和描述。缺乏针对不同调整策略的适用条件,即城市行政区划调整的前端因素缺乏足够的研究,这容易导致在评估行政区划调整效果时出现严重的内生性问题。行政区划调整是受到上级政府的高度控制并需要经历严格的调查论证过程,但这些需要行政区划调整的城市具有哪些共性,以及行政区划调整大致可分几种类型,目前学界都较少涉及。虽然我国关于县改市、撤县设区等研究具有较长时间,但这些政策的实施仅在较少地区。虽然当前众多学者已经针对不同的市县提出了各自适用的行政区划调整方式设想,但缺乏城市行政区划调整适用条件的整体性、系统性研究。

二、对行政区划调整的效果研究尚有不足

我国当前针对城市行政区划调整的研究,多是具有浓厚的经济导向,对其调整后的研究也多是从经济效应判断,然而对社会民生及环境领域的因素远低于经济效应。虽然伴随管理的科学化,公共服务正逐渐成为国家与地方政府的工作重心,但现阶段公共服务在行政区划调整中未能得到应有的重视与体现。仅有极少数研究分析了诸如县改市、撤县设区等其他行政区划调整方式对当地公共服务带来的影响。至于城市行政区划调整对于本地居民心理认同、社会网络以及生活质量等方面的影响研究较少。同时,已有研究或者基于某个城市或区域的案例进行质性分析,或者基于全国数据进行计量分析,但仅着眼于某种特定类型的调整或对某一特定领域的影响,对于不同城市行政区划调整类型在全国层面的效果学界尚缺乏横向比较,因此对于县改市、撤县设区和省直管哪一种更有助于县域与城市的发展,目前仍缺乏明确的证据,有待更为系统的实证检验。

三、行政区划调整中的多元主体关注度低

目前的行政区划调整研究中,对政府的角色定位研究存在不足,尤其是对于行政区划调整过程中的政府内在博弈、谈判、决策的过程鲜有探究,更是缺乏对于政府内部的强异质性关注。在现实中城市行政区划调整不仅可能涉及来自中央、省、市、县、市辖区甚至乡镇等不同层级的政府,也可能涉及同一层级政府内部主管经济、财税、土地、公安、城建、城管等不同部门,还可能涉及来自党务、政府等不同系统的主政官员个人。种种力量的相互交织均会对城市行政区划的调整导向以及实践效果产生巨大的影响,因此有必要尝试打开"黑箱",对政府在行政区划调整中的决策与运作过程进行更加深入的探究。而除了政府之外,以学者、媒体和当地居民为代表的社会力量同样可能会对城市行政区划调整产生重要的影响,而关于社会与政府间互动、博弈的研究更是寥寥无几,无疑是一个缺憾。

实践证明,行政区划调整与变更涉及地方治理体制的改革,是一项具有战略性、综合性、复杂性的系统工程。行政区划的稳定与改革是相辅相成的,行政区划架构的形成与稳定,搭建了地方政府有效治理的平台,有利于中央与地方的建设和稳定。行政区划调整可以实现地方利益格局的重组和变革,是统筹区域发展的重要手段。因此,推进行政区划调整与变更要

在科学发展观的指导下,总结历史经验和教训,借鉴国际先进的地方治理模式,结合中国中长期发展的战略态势和基本国情,遵循以下基本原则:维护稳定与推进改革相结合;行政区与经济区、主体功能区相结合;科学决策与严密论证相结合。

总之,行政区划的调整与变更,要服务国家整体利益,凸显国家意志。行政区划与政权建设是地方治理制度的两个相辅相成的重要方面,行政区划确定不同层级与规模的行政区,每个行政区都设有相应行政等级的政权机关。行政区划的基本格局一旦形成,一般具有较长时段的稳定性、可持续性,并在一定的历史条件下发生变化,具有动态性、可调整性。通过本章对行政区划调整相关研究,能对我国今后的调整工作有一定的指导与帮助,尽快解决在调整过程中的问题,把握政府与社会之间关系的核心、明晰城镇化要点、因地制宜,结合实际,利用好发展契机,为城市发展做出应有的贡献。

第五章 行政区划与区域发展关系前沿问题研究

　　行政区划是国家根据政权建设、经济建设和行政管理的需要进行的领土划分,在本质上体现为国家权力来进行的地域分割或要素配置。张文范认为,行政区划作为国家政权建设和行政管理的重要手段,是关系国家长治久安和繁荣富强的大政[①]。现阶段,在我国的区域经济发展主要是以行政区为区域框架展开的,行政区划和区域经济发展存在着密切的相关关系。一方面,区域经济发展是推动行政区划调整和变更的动力,并且在一定程度上决定了行政区划调整和变更的方向;另一方面,行政区划的设置和变更影响区域经济发展。一切经济活动都是在特定的行政区域内进行的,它必然受到行政区内行政机关的各种行政权力、发展战略和政策的影响。吴传钧认为,行政区划与区域经济发展的内在关联性,决定着行政区划与区域经济发展存在着交互作用,存在着循环互动的关系。这种关系既有对区域经济发展有利的一面,也有相互冲突的一面[②]。因此,研究中国的区域经济问题,不能不研究中国的行政区划体制。同时,研究行政区划的理论与实践,也不能不充分考虑中国现有的区域经济发展背景。

　　行政区划和区域经济发展的关系一直都是备受学术界关注的问题。特别是改革开放以来,随着经济、社会的迅速发展,政府职能的逐步转变,如何看待和处理现有行政区划与区域经济发展的关系已成为学术界和政府部门讨论的一个热点问题。陈秀山等认为,行政区划与经济区划的关系问题研究也是当前区域经济研究的几个重点问题之一[③]。近些年受制于理论认识的局限,所进行的行政区划调整多是"头痛医头,脚痛医脚",解决了旧的问题又伴生出新的矛盾,甚至解决了这个层次的问题,又在另一个层次上出现同样的问题。可见,客观上要求进一步研究行政区划和区域经济发展的内在关系。

　　本章将从以下两个角度进行综述:①探讨既定的政治体制和行政体制下,行政区划与区域经济发展的循环互动、动态协调关系;②系统研究行政区划调整过程中县辖市、县域经济发展状况,从而从有利于促进区域经济发展的角度,对行政区划调整进行探讨,以对未来的行政区划调整提供借鉴。

---

① 张文范.试论行政区划战略研究[J].城市问题,1989(3):2-3.
② 吴传钧.国土规划与经济区划[M].上海:华东师范大学出版社,1986.
③ 陈秀山,孙久文.中国区域经济问题研究[M].北京:商务印书馆,2005.

第五章　行政区划与区域发展关系前沿问题研究

第一节　概念及内在联系

一、概念及解释

行政区划作为国家权力再分配的基本形式，是政治统治、政府管理、经济活动、民族分布、自然地理条件、风俗习惯、地区差异和人口密度等多种要素在地域空间上的客观反映。

行政区划的概念有广义和狭义之分。宋家泰等在《城市总体规划》中指出，狭义的行政区划是指为实现国家的行政管理、治理与建设，对领土进行合理的分级（层次）划分而形成的区域和地方[①]。同济大学编著的《城市规划原理》从广义上定义了行政区划，认为行政区划除了包括上述内容外，还包括国家以行政区域为单位，设置相应的国家行政机关来管理行政区域内的一切行政事务[②]。行政区是行政管理体制的载体，行政区的划分是为了对领土管理的方便，行政管理体制是为了实现对领土的有效管理，不同类型的行政区形成了不同类型的行政管理体制，行政区的层次影响和制约着行政管理系统的复杂程度，行政区的幅度关系到行政管理体制的横向尺度。因此，对于行政区划改革这一综合性的系统工程，往往需要从政治、政府管理、经济、自然地理、文化等多个层面进行综合考虑。

区域经济发展是围绕某一特定地域展开的，严格地讲这里的"区域"指代的应是经济区的概念，但在区域经济研究中有时也以行政区为对象。刘君德等指出，经济区和行政区都是区域经济发展的载体，经济区是建立在经济地域差异和劳动地域分工基础上的地域生产综合体，属于同质或极化区域，其本质特征是开放，边界具有模糊性，注重通过内部分工和对外合作实现区域资源的优化配置[③]；而行政区则是由政府机构利用行政权威管辖的一定空间范围，一般可归于计划区域，其特征表现为区域分割，从区域内部经济政策的适用范围上看具有明确的边界，一定程度上会因为地方保护主义而造成与其他地区市场的割裂和经济联系的弱化。其中，经济区对内资源的整合和对外联系的强化需要合理的行政区划的配合，而具有较强经济实力的行政区对周边地区的辐射又往往会促成经济区划的调整。鲁勇认为，经济区专业化生产建立在资源禀赋和经济传统的基础上，如果没有政府科学的引导，其整体产业布局的形成往往是一个漫长的过程[④]；同时，经济区产业布局一旦形成，不同专业化发展方向的经济区之间的经济交流与互补往往具有自发的稳定性，其合作过程不需要过多的行政干预，在这个阶段政府的主要作用应是对经济秩序的监控和维护，以保证经济区内部经济运转和外部经济合作的正常进行。

二、关系及协调

行政区划的根本意图在于推动行政区内经济持续发展和维持社会稳定，它是影响区域经

---

① 宋家泰,崔功豪,张同海.城市总体规划[M].北京:商务印书馆,1985.
② 同济大学.城市规划原理[M].北京:中国建筑工业出版社,1980.
③ 刘君德,周克瑜.中国行政区划的理论与实践[M].上海:华东师范大学出版社,1996.
④ 鲁勇.行政区域经济[M].北京:人民出版社,2002.

济发展的一个重要因子。区域经济发展战略又为行政区划体制的改革指明了方向。区域发展战略中的"区域"是一个多重概念,既有行政区划确定的行政区,又有以经济区划确定的经济区,还有以城市经济网络的覆盖面而划分的城市群地区。张德江认为,我国长期以来,以行政手段干预经济发展,政府与企业捆绑在一起,地方经济表现出较强的独立性,省区接壤区经济摩擦较为严重①。区域经济发展战略的贯彻与执行要求突破行政区界线的束缚,行政区划体制与行政管理体制的改革又需要区域经济社会发展战略的指导。但是,行政区的经济发展水平一度是考核地方政府政绩的首要因素,这主观上形成了地方政府发展经济的强大动力,但客观上却造成了地方政府在进行经济发展决策时,把经济发展的落脚点局限于行政区内部,仅以是否有利于提升行政区内部的经济水平为标准,而忽视区域经济合作的共赢效果,置经济区整体利益于不顾,甚至为了发展地方经济不惜以邻为壑。另一方面,周克瑜认为,现有的区域合作模式一般采取联席会议、论坛、项目及专题研究等方式,但普遍没有制度保障,缺乏统一的区域政策和执法标准,使区域合作容易流于形式,仅表现为地方政治精英的对话而缺少实质的内容②。此外,合作的地方政府之间大都是平级单位,彼此独立的行政决策使区域内部信息的交流和共享难以完全实现。在地方利益和区域利益的两难选择之下,由于刚性约束机制的缺位和信息的不完全,集体理性不得不让位于个体理性,大区域合作发展自然有名无实。

基于此,很多学者从经济区划的角度提出了传统三大地带划分的改进建议,魏后凯建议以沿海、沿边和内陆腹地这新三大经济地带作为今后我国制定全国性区域经济发展战略,统筹规划全国生产力布局的基本地域单元③。孙红玲根据集聚性把原三大地带改良为三大块,即把全国从横向上划分为泛珠三角区域、泛长三角区域、大环渤海区域④。刘勇等则延续了原三大地带沿纵向东中西划分的基本思想,将全国划分为东北部及东部沿海地带、中部及近西部地带、远西部地带⑤。有别于孙红玲、刘勇等学者从宏观经济格局对经济区划的研究,更多的学者从综合经济区的角度入手,根据区域内的同质性和区域间互补性,以劳动地域分工理论为基础,在全国大分工框架下提出了多种各具特点的经济区划方案。通览学术界提出的各种经济区划方案,虽然仁者见仁,智者见智,具体划分方法不尽一致,但每个方案都有其合理的内涵,并就经济区划原则达成了初步共识,即经济区划必须坚持同质性和异质性相结合,地区专业化和地区综合发展相结合,必须充分重视经济中心对周围地区的辐射作用等,为今后的经济区划研究奠定了理论基础。经济区与行政区的关系处理恰当与否,是涉及经济区划是否具有可行性、可操作性的关键。

---

① 张德江.加强行政区划宏观理论研究[N].人民日报,1989-03-31(006).
② 周克瑜.论行政区与经济区的关系及其协调[J].经济地理,1994,14(1):1-6.
③ 魏后凯.现代区域经济学[M].北京:经济管理出版社,2006.
④ 孙红玲.区域经济发展新思路:由"三大部"到"三大块"的划分[J].经济学动态,2005(3):53-57.
⑤ 刘勇,李仙.我国建设用地可持续发展战略研究[J].经济纵横,2013(9):24-31.

第二节 国内研究进展

国内已有相关研究基本是围绕国家政权建设、区域经济发展和行政管理等层面展开论证的。受到学科知识背景、认识角度等因素的影响，不同研究者的侧重点有所差异。

一、侧重于政权建设视角的相关研究

本节主要围绕如何缩省或分省而展开，将区域经济发展和政府管理因素作为改革的主要现实依据。虽然近年来行政区划研究的相关著述日渐丰富，从经济因素，特别是区域经济发展的视角探讨行政区划的变革之道。在田穗生等著的《中国行政区划概论》一书前言部分就明确指出主要特点在于"强调行政区划的政治性，认为行政区划安排是国家政治抉择的结果"。他们提出，政治性是地方行政建制的根本特性之一。正是因为地方行政建制对于维护政治统治的重要意义，决定了"国家在具体设置某类建制或某一具体建制单位时，必然要以维护和有利于政治统治为第一要求，从而使其他要求只有在不与这一要求相冲突的情况下才被考虑，否则只能被置于一边"[1]。范今朝提出，城市最本质的特性在于它是一定区域内公共权力的空间集聚，国家的政区体系就是其城市体系的客观反映。对于当代中国的行政区划改革来说，在权力配置方式导致城市与政区高度同构的状态下，行政区划变革对城市发展具有重大的影响，通过行政区划体制的改革，可以从上层建筑的角度打破城市化障碍的同时，在城市制度改革面临重重障碍而难以启动的状况下，可以尝试通过政区层面的改革来推动城市管理体制的创新和变迁[2]。张志红提出了通过对部分大城市的行政区划尤其是行政级别的调整，以发挥其政治平衡作用的观点。她认为，在当代中国，随着城市化进程的加快，迅速崛起的大型城市开始寻求经济发展与政治地位的同步推进。在这种时代背景下，通过对部分大城市的行政区划调整，可以达到将中央、省级和大型城市3个行为体之间的两种博弈合二为一的政策效果[3]。基于此，改革旧的行政区划，增设直辖市，增加大都市设置，建设不同类型的中心城市，等等，不仅将有效地突出大型城市的政治平衡作用，而且也将成为中国政府发展新的生长点。

二、侧重于行政区与经济区关系视角的相关研究

在"以经济建设为中心"的整体社会氛围下，40多年来中国社会科学研究的一个重要特点，就是很多学者都在自觉或不自觉地促使学术研究服务于经济建设，行政区划研究也未能例外[4]。特别是刘君德教授在20世纪90年代初提出"行政区经济"范畴及其分析范式以后，成为过去30年左右中国行政区划研究的核心范畴之一，而从区域经济发展的视角研究行政

---

[1] 田穗生,罗辉,曾伟.中国行政区划概论[M].北京:北京大学出版社,2005.
[2] 范今朝.权力的空间配置与组织的制度创新：从城市发展与政区演变的互动关系论中国现当代的行政区划改革[D].上海:华东师范大学,2004.
[3] 张志红.论大型城市在政府间关系中的政治平衡作用[J].南开学报(哲学社会科学版),2008(1):55-65.
[4] 舒庆.中国行政区经济与行政区划研究[M].北京:中国环境科学出版社,1995.

区划改革问题,已俨然成为主流。关于"行政区经济"的内涵、特征及存在的问题通常认为,"行政区经济"是指由于行政区划对区域经济的刚性约束而产生的一种特殊区域经济现象,是中国从传统计划经济体制向市场经济体制的转轨过程中,区域经济由纵向运行系统向横向运行系统转变时期出现的具有过渡性质的一种区域经济类型。在使用中,类似的概念还有"地方经济""行政区域经济"等。陶希东等将转型期"行政区经济"的特征阐释为4个方面:一是"行政区经济"的行政性。主要是指行政区政府在区域经济发展中起主导性甚至决定性的作用。二是"行政区经济"的封闭性。即地方政府大量的直接经济行为导致地方本位与地方保护主义严重,生产要素跨行政区流动困难。三是"行政区经济"的两面性。虽然"行政区经济"的消极影响十分明显,但在其运行的初期和中期,正是地方政府发展经济的动机,激活了区域内政治、经济、文化资源,大大推动了地方经济的快速发展。四是"行政区经济"的过渡性。即"行政区经济"是中国转型期特定体制环境下出现的一种过渡性质的区域经济[1]。

关于"行政区经济"对区域经济发展的影响,多数研究者持否定的态度。比如舒庆指出,"行政区经济"的盛行导致了政区边界的封锁,而边界的封锁又使得发育程度低下的边界市场进一步被分割,致使各个小区政府从狭隘的局部利益出发,各自为政,画地为牢,对内实行贸易保护主义,对外则排斥竞争,实行资源封锁,市场分割[2]。对于行政区划与区域经济发展的关联性,目前学术界主流的看法是两者存在着密切的关系,相互影响。大家普遍认为,行政区划对于区域经济的形成和发展、自然资源开发和城市生产力合理布局等方面都具有基础性的影响,因此行政区划的调整是"行政区经济"整合的重要手段之一。例如,戴均良等认为,行政区划应与经济发展水平相适应,本着有利于促进区域经济发展的原则[3]。

与上述学者的观点有所不同,刘君德等认为,虽然现存行政区划已成为诸侯经济存在和发展的动因与依托基础,尤以都市密集地区为甚。但是,深刻影响中国都市密集区区域管治的并非表层形态的行政区划,而是由其所引发的"行政区经济"[4]。"行政区经济"则是由于经济体制与政治体制相互作用在"行政区划"层面上的具体表征。因此,行政区划虽然不是影响区域管治的根本原因,但却是问题研究和解决的重要突破口。与刘君德的观点相对应,汪宇明等指出,改革开放以来,在中央和地方经济关系的变革中,各省区从中央所分得的权限最大,因此在中国区域经济运行出现的"行政区经济"现象中,省级政府主导推进、以省会城市为核心的省域"行政区经济"表现得最为突出。汪宇明等基于对上海大都市区行政区划体制的研究,认为建立诸如长三角地区城市联合政府的协调性政府机构,对于解决国际大都市的政区空间等问题具有积极意义[5]。

当前在对待行政区划改革的问题上,存在着忽视和夸大两种倾向。不可否认,调整行政区划是理顺体制、推进区域发展的一种重要而有效的手段,但绝不能夸大行政区划的作用,改

---

[1] 陶希东,刘君德.21世纪初期长江三角洲大都市圈空间整合研究[J].江苏社会科学,2003(5):190-193.
[2] 舒庆.中国行政区经济与行政区划研究[M].北京:中国环境科学出版社,1995.
[3] 戴均良,岳金仑,陶志良.特大城市郊县改区改市的利弊分析比较:对上海市区县体制的调查研究[J].中国民政,2000(9):41-43.
[4] 刘君德,汪宇明.制度与创新[M].南京:东南大学出版社,2000.
[5] 汪宇明,刘君德,戴均良.上海大都市区行政区划体制研究[J].人文地理,2000(6):5-8.

革的正确方向应当是转变政府职能,淡化"行政区经济",稳定行政区划格局,加强区域协调。此外,王健等也认为,虽然行政区划的调整有利于区域经济发展问题的表层解决,但行政区所处的环境和需求是不断变化的,频繁调整容易导致"发展—调整—再发展—再调整"的调整需求怪圈[1]。问题的根本解决还有待于"行政区经济"负面因素的消解,有赖于政治体制改革的推进、社会组织的发育与市场经济体制改革的深入,也即真正实现政府、企业等各方平等协商对话的"复合行政"治理机制。

三、关于县级市设立与市域经济发展的视角

20世纪80年代初以前,我国的城市设置主要采取传统的"切块设市"模式。就是把原来隶属某个县的一部分(往往是经济最发达的部分,如县或经济发展重镇)单独切出设市。改革开放以后,随着城乡经济的迅速发展和城乡矛盾的凸现,"整县改市"成为一种主导设市模式,逐步取代了传统的"切块设市"的模式。浦善新曾在分析两种设市模式的利弊得失时指出:"小城市的发展,要遵循有利于国家和地区经济建设,有利于新的区域经济中心的形成,有利于中小城市的长远发展和国家长治久安。因此,发展小城市还是整县设市好,一是减少了新设市与原有县之间的矛盾。二是使新设市有一块很大的腹地。三是余地较大,便于今后长期的发展,为今后形成城镇群创造了条件。"[2]刘君德也认为,切块设市时,如果切下的一块是县城,建市以后市和县往往同驻一地,造成市县同城现象,市县之间的矛盾与冲突非常突出;同时由于切下的一块往往是县域内经济和社会最发达或最有发展潜力的部分,切得多了,剩下的县域经济发展处境艰难。切得小了,市的发展又没有足够的腹地,严重影响城市的生长发育及功能发挥[3]。而推行"整县改市"模式不仅可以克服"切块设市"模式产生的城乡分割矛盾,在一定程度上有利于加强城乡统一规划,有利于促进城乡结合和城乡经济的一体化发展,而且可以保证新市有相对较大的发展腹地,特别是给地方工业布局留下了较大的空间,有利于促进中心城市的健康发展和乡村城市化的空间合理布局。从某种意义上讲,整县改市在较小的范围内达到城乡一体化的局面[4]。在县级市设立对市域经济发展的影响方面,戴均良在综合有关方面对东中部一些县改市后的调查情况后指出,设立县级市有利于培育新的经济增长点,是一种调动地方经济发展、拉动内需、加快工业化和城市建设的动力机制。

考虑经济较为发达的县域经济的逐步增强和县域内产业空间格局的变化,刘君德等提出了试行"县辖市"模式的建议[5]。认为可以在经济较发达的多中心、双中心的县,将其县域内的某些建制镇改设为市,仍由县管辖。这一模式有以下优点:①可以保留我国县的建制不变;②有利于小城市的发展,加速城市化进程;③在行政管理体制上不作大的变动,具有很强的操作性;④不存在城市概念的混淆,使城市与设市相统一;⑤在一个县域内可以使城镇体系规划、城市规划、产业布局规划等在县的统一领导下得到更好的协调。

---

[1] 王健,鲍静,刘小康,等."复合行政"的提出[J].中国行政管理,2004(3):44-48.
[2] 浦善新.中国设市模式探讨[J].城乡建设,2004(16):22-24.
[3] 刘君德.县下辖市:尝试一种新的政区制度[J].决策,2005(4):36-37.
[4] 刘君德,汪宇明.制度与创新[M].南京:东南大学出版社,2000.
[5] 刘君德,张玉枝.石狮设市模式剖析[J].经济地理,1996,16(4):46-50.

总的来看,广大学者和政府部门对行政区划与区域经济发展进行了广泛的研究,取得了许多有价值的研究成果,对行政区划改革和区域经济发展具有重要的参考价值与指导意义,但也存在一些尚待解决的问题,具体表现在:①行政区划与区域经济发展的基本关系有待深入研究。仍需进一步研究和总结行政区划与区域经济发展之间的循环互动关系,以求更好地寻找二者协调的有效方法和途径。②需要科学地评价现行行政区划对区域经济发展的作用。从现有文献来看,在看待行政区划对区域经济的作用时,多数带有批评性,过多地强调行政区划对区域经济的制约和影响。③已有的研究成果中,尽管个别文章从区域经济发展需要出发,但就如何实现行政区划功能和体系的转型方面的成果很少。

第三节 国外研究进展

国外对于行政区划的研究大多见诸于政治地理学、公共行政学、人文地理学、区域政治学等相关学科的研究中,并表现出两个明显的特点。首先,西方学者对于行政区划的研究多是围绕城市地区展开的,特别是大都市区的行政区划调整问题,近一个世纪以来一直是研究的中心。这主要是因为在西方国家,随着城市化进程的基本完成,城市型政区已取代传统的地域型政区,成为最主要的政区类型。再者,西方学者对于城市行政区划的研究通常与地方政府管理体制改革紧密相结合,具有较强的综合性与实用性,但关于行政区划研究的专门著作却并不多见,也没有形成完整的研究体系。

总体而言,国外关于行政区划改革的研究以美国最为发达。这种局面固然与美国社会科学研究的领先地位有关,但更为重要的原因则在于美国大都市区政府结构体系存在的种种弊病,特别是日益严重的"巴尔干化"现象。比较明显的表现就是,虽然研究者们具体的观点主张大相径庭,但引发争辩的中心问题却始终离不开大都市区地方政府的"巴尔干化"现象。所以,这里有必要首先作一定的交代。

一、美国大都市区地方政府的"巴尔干化"及其弊端

巴尔干化(Balkanization)是指地方政权等在诸多地方之间的分割,及其所产生的地方政府体制下的分裂,即"碎片化"。在美国的城市化进程中,兼并与合并一直是中心城市空间扩展的主要途径,也是保障中心城市人口和经济持续发展的一个重要手段。然而到了19世纪后期,中心城市兼并的阻力越来越大,郊区获取公共服务的方式越来越依赖于成立专区(Special District)。进入20世纪,特别是"二战"以后,由于郊区化的快速推进和社会中上阶层向郊区的大量迁移,中心城市与郊区的社会鸿沟越来越深,中心城市的兼并几乎变得不可能。在中心城市的兼并受到极大遏制的同时,郊区新的地方政府却在不断涌现,从而造成了大都市区地方政府数量的激增。到20世纪末,美国平均每个大都市区内就存在多个地方政府,相当于每万个居民就有一个地方政府。在美国的大都市区,地方政府数量之多、名目之繁杂,像一个迷宫,因此才有了诸如"零碎化""分散化""多中心""马赛克""银河"等之类的形容以及"玩具"政府、"花生"政府等颇有讽刺意味的称谓。在大都市区生活的居民,在多如牛毛的政府机构面前,对于究竟由哪个部门具体负责哪一类事务,向哪个机构缴费,他们的税收用于何

处,往往是一头雾水。更为不利的是,这些"叠床架屋"的政府单位类似于巴尔干半岛林立的小国一般,互不隶属,而且其发展趋势是逐年增长,几乎失控,"巴尔干化"现象严重。

二、传统改革派的主要观点

从大都市区展现雏形伊始,美国学术界就不断地提出创建大都市区政府、完善管理体制的主张。期间,各种改革理论相继问世,并逐步形成了传统改革派、公共选择学派和新区域主义3个主要的学派或者说观点倾向。传统改革派由于强调区域的整体性发展,主张在大都市区构建统一的大都市区政府,因此又被称为"区域主义"。Studenski 是传统改革派的主要代表人物之一。在其《美国的大都市区政府》一书中,他对早期大都市区改革的观点进行了系统的整理和综合,其主要结论在20世纪前半期被普遍肯定。Studenski 认为,美国大都市区的主要政治问题是地方政府的零碎化,而唯一符合逻辑的发展方向是合并为区域性的大都市区政府[1]。Wood 是传统改革派另一位代表人物,他以翔实的数据分析了大都市区的"巴尔干化"现象及其危害,指出郊区自治市的繁多及其如同"微型共和国"的稳固地位是导致"巴尔干化"的根源[2]。Gulick 的主要结论是,大都市区包括那些与政府结构相关的需要和问题,只有通过联邦、州和地方3个层次外延政府的协调合作,才能真正得以解决[3]。

传统改革派的长期呼吁对当局的认识产生了一定的影响。然而,具体的改革实践却远没有达到传统改革派的预期。这与传统区域主义一味强调构建大都市区政府,以及由此带来的规模经济效益却存在直接的关系。一方面,在美国这样一个以郊区居民为主且极度推崇地方自治和草根民主的社会里,很难想象这种带有集权色彩的动议会被轻易地理解和接受。事实也确实如此,多数居民都反对建立大都市区政府。另一方面,传统改革派的长期探索,毕竟已经引起了广泛的社会关注,也为研究的进一步深入积累了宝贵的经验。

三、公共选择理论的应用

由于传统改革派的政策建议收效甚微,进入20世纪60年代以后,相关研究一度陷入沉寂。在为数不多的研究中,研究中心也悄然发生了变化,很多人开始使用"大都市治道"取代"大都市区政府",即从探讨结构性改革转变为管理政策和措施方面的调整。这种变化,很大程度上是由于公共选择学派的推动。公共选择学派是西方经济学中以经济分析方法研究公共事务的一个重要理论流派,其地方政府方面的研究也是独树一帜。在此方面较早起步的是 Tiebout。Tiebout 通过对城市住房的研究发现,地方政府的数量越多,居民就会有更多的选择机会。理性的个体会选择最适合自己的税收与服务组合的地区居住,即所谓"用脚投票"。而假如全体居民都可以自由的迁徙,那么地区之间在公共服务和税收组合上的相互竞争客观上会导致相互模仿,并使整个社会的福利达到帕累托最优。同时,偏好相同的人会倾

---

[1] Paul Studenski. The Government of Mentropolitan Area in the United States[M]. New York: National Municipal League,1930.
[2] Robert C Wood. Suburbia: Its People and Their Politics[M]. Boston: Houghton Mifflin Company,1959.
[3] Luther Halsey Gulick. The Metropolitan Problem and American Ideas[M]. New York: Alfred A. Knopf,1962.

向于生活在同一个地区,相应的公共服务供给也将因规模效益而使成本降至最低[①]。Tiebout 之后,运用公共选择理论系统阐述地方政府理论的代表性人物是 Ostrom。Ostrom 认为,尽管从表面上看,相对于统一的大都市区政府,美国地方政府零碎、辖区分割且重复,仿佛是一团乱麻。但实际上,纷乱的表象背后却存在着秩序井然的运行机制,其特有的优势表现在:第一,相对于大一统的大都市区政府,所提供的公共服务成本低、针对性强,且与相应的经济规模成正比,更易于满足市民们对于公共服务的多样化要求,也有利于发挥规模经济效益。第二,在小规模社区中更有可能培养社区意识,为市民提供更多参与公共事务的机会。第三,由于地方政府间竞争的客观存在,从而促使其找到最有效的方法来提供公共服务,避免重复建设[②]。

公共选择学派的观点具有一定的合理性和说服力,因而赢得了部分学者的认同,但其观点的偏激和缺陷同样也是十分明显的。首先,公共选择学派的中心论点认为,大都市区大量存在的政府因为能够提供不同的公共服务组合和税收标准,从而为居民提供了迁移的多种可能选择。但在事实上,很多居民特别是穷人和弱势群体,即使获悉具有更诱人条件的居住地,也无法或不能轻易地自由迁移。在这种情况下,郊区事实上通过"隔离区"将穷人和少数民族排除在外。这些人在城市中心聚集得越多,郊区居民越倾向于让自己远离城市以及由城市所带来的各种社会问题。结果,分散的地方政府"基本上成为维持种族和社会隔离以及保护私有财产的一项制度"。其次,虽然一些研究的确表明在分散结构中,城市的公共服务人均成本更低。但是,正如 Keating 所指出的,仅仅因为规模小而成本更低,并不能表明更有效率,而且这也在一定程度上"反映出美国中产阶级回归更小、更同质社区的趋势,无需再面对因较多社会压力或中心地功能而造成的高成本,并且可以享受更高的私人服务"[③]。最后,分散的城市结构会维持甚至会加剧各个群体在收入、经济机会和生活质量等方面的不平等。颇具讽刺意味的是,中心城区的穷人事实上在不断地"资助"郊区的富人,因为他们所缴纳的税收被用于中心城区的重要基础设施投资,这些设施却同时也在被郊区居民使用。

四、新区域主义的主要观点

在公共选择学派的强力冲击下,传统改革派关于大都市区政府结构调整的讨论一度陷入消沉。但大都市区问题仍然存在,而且似乎已经到了积重难返的程度。公共选择学派虽颇有声势,但由于存在明显的缺陷,因此并未得到普遍的认可。进入 20 世纪 80 年代以后,区域规划、环境治理、社会平等、可持续发展等议题都需要在大都市区范围内统一筹划。而在欧洲,大都市区改革也成为热点课题,并对美国的相关研究产生了一定的影响。在上述多重因素的作用下,关于大都市区政府和治道的研究再次引起学术界的关注。为了与传统改革派相区别,这一时期的研究高潮一般被称为新区域主义。新区域主义的主要代表人物有戴维·腊斯

---

① Tiebout, Charles M. A Pure Theory of Local Expenditures[J]. Journal of Political Economy, 1956, 64(5): 416-424.
② Vincent Ostrom. The Intellectual Crisis in American Public Administration, 2d ed[M]. Tuscaloosa: University of Alabama Press, 1989.
③ Keating M. Size, Efficiency and Democracy: Consolidation, Fragmentation and Public Choice[J]. Theories of Urban Politics, 1995, 11: 117-134.

克、尼尔皮尔斯和亨利·西斯诺里斯等。罗思东评价 David Rusk 的专著《没有郊区的城市》是标志新区域主义兴起的代表性著作。他在书中指出,大都市日渐增多的经济、社会和种族隔离现象,已经到了非改不可的地步[①]。在一个地方政府高度分散的大都市区内,很难想象能够采取广泛的、一体化的发展战略,反过来说,关键的规划权力如果都集中在一个具有支配地位的政府手中,则有能力实施政策,以促进更大的种族和经济一体化。中心城市要保持繁荣或防止社会经济衰退,必须能够通过兼并周边郊区的办法扩展其地域空间。因此,拯救美国城市的任务并不在于联邦政府,而是主要在于城市的郊区。Cisneros 的主要贡献是从经济全球化的宏观角度讨论大都市区行政区划调整的必要性。他指出,经济全球化已经并将继续被大都市区间的竞争所左右,大都市区可被视为城市国家[②]。

对于新区域主义与传统改革派在基本理念上的差别,Savitch 等总结指出,传统改革派强调主要通过构建大都市区政府和减少政府层次与数量的方式提高效能,新区域主义则不再一味谴责地方政府的"巴尔干化"现象,而是承认差异的客观存在,强调地方的相互依存,并努力通过寻求一种机制把中心城市和郊区结合起来,以寻求共同发展[③]。也就是说,新区域主义重视中心城市的出发点,更多的是试图拯救中心城市,恢复其在大都市区的中心地位。因此,他们一再申明,中心城市和郊区是相互依存的,强有力的中心城市对于大都市区所有部分都有巨大影响,郊区则对中心城市存在某种依赖,郊区应该支持区域管理活动,以拯救和恢复中心城市。因此,这种理念和机制相对传统改革派更为现实,也更具有包容性,易于为社会所接受。向来与区域主义对垒的公共选择学派,也在一定程度上认可,甚至参与了新区域主义运动。

第四节 评价与展望

总结起来,国内主要有 3 个方向的研究。第一,研究行政区划与政权建设的相关关系,比较关注行政区划的政治功能,以定性研究为主。第二,研究行政区划调整与区域经济发展关系。与"经济建设"紧密结合,这是近 40 年来中国社会科学研究的一大特点,行政区划的相关研究也自觉或者不自觉地服务于经济发展。这方面的研究最早由华东师范大学的刘君德教授提出的"行政区经济"展开,从而以区域经济发展的视角进行行政区划改革研究已然成为学术界的主流。在研究方法方面,一种是以某个地区为例做实证研究,另一种是从大的方面阐述,研究行政区划调整产生的效应。主要是对城市化、郊区化产生的影响效应,通过运用因子分析法等对行政区划调整前后的城市发展水平进行比较。第三,研究行政区划调整与城市空间发展战略或城市空间扩张的关系,这就涉及行政层级的转变和行政区划的优化重组,其中县级市的设立发展是主要内容之一。通过对行政区划调整的论述,或者行政区划调整以后的

---

① 罗思东. 城市政策与大都市区政府的复兴:评戴维·腊斯克的《没有郊区的城市》[J]. 美国研究,2003(4):126-135.
② Henry G Cisneros (Sous la direction de). Interwoven Destinies:Cities and The Nation[M]. New York,Norton & company,1993.
③ Savitch H V, Vogel R K. Regional politics:America in a post-city age[M]. Regional politics:America in a post-city age. Sage Publications,1996.

规划发展研究,更好地对城市发展做出规划,并进行管理机制的创新。

国外对于行政区划与区域经济发展关系的研究较少,主要集中在美国、日本等国家,并且由于每个国家的体制不同,研究侧重点也各有差异。美国对于行政区划与区域经济发展关系的研究以大都市融合为主要内容,是经济学研究领域的延伸,而行政区划多为其中的一个切入点,在与城市经济发展相关的具体研究问题方面仍显不足。日本的行政区划与区域经济发展的关系研究随着不同时期的经济发展状况而有不同的表现,但整体研究比较零散,而且在行政区划与区域经济发展的关系研究方面也有欠缺。

在未来研究方面,应当做好行政区划与区域经济发展二者关系的协调,对具体行政区经济发展的问题展开针对性的研究。要坚持行政区划调整为经济区划服务的原则,在国家主体功能区建设逐步推进的背景下,通过科学规划和严谨论证,以经济区整体综合实力的提升和减小区际社会经济差距为落脚点,以审慎的态度对地区行政区划的调整提供合理性的意见建议,从而促进地区经济水平的提高与发展。

第六章　首都城市副中心建设前沿问题研究

本章以首都城市副中心建设为主题,对相关文献进行查找阅读,并从文献基本情况、城市副中心建设的相关研究、我国首都城市副中心建设的研究现状、国内外首都城市建设的经验研究等几个方面对所阅读的文献进行了梳理和总结。

第一节　文献基本情况

基于"中国知网"数据库,以"城市副中心建设"为关键词进行搜索(2019 年 4 月 22 检索),总共搜索到的文献有 187 篇。其中期刊论文 138 篇,会议报纸 27 篇,硕士学位论文 21 篇,博士学位论文 1 篇。以时间来看,所有的文献时间跨度为 2003—2018 年。2016 年以前的数量相对比较少,基本为个位数,2016 年的数量突增到 27 篇,2017 年则达到了 44 篇。笔者猜想其中的原因可能是随着城市的日益扩大,学者们对城市副中心的建设越来越关注,而 2017 年雄安新区的设立则带来了较大的反响,引起了对城市副中心建设的较大关注。

而以"首都城市副中心建设"为关键词进行搜索,只有 15 条结果,其中硕士论文 3 篇,期刊 12 篇,说明以该主题进行的专门研究目前还比较少。

第二节　城市副中心建设的相关研究

一、城市副中心的概念与内涵

20 世纪初,城市中的要素聚集过程加快,城市中心区由于具有最大的区位优势和交通可达性,逐渐成为城市商业、商务等功能的中心。1923 年,美国城市社会学家伯吉斯首次提出了中央商务区的概念,认为城市中心是商业零售业和服务业汇聚之处。

关于城市副中心的概念,目前国内对城市副中心的定义不明确,仅有少量学者对城市副中心的内容有所涉及,比如:

丁健对城市副中心有下列阐述,他认为城市副中心就是与城市中 CBD(中央商务区)在地域上保持一定的距离,聚集了相当的经济要素和集中部分经济活动,具有较大的服务半径,但功能单一,并且能级低于 CBD 的地域中心[①]。

陈瑛认为,城市副中心是特大城市核心 CBD 以外城市经济流的高效是集聚区,是城市中新兴第三产业的集中分布区,是城市空间结构分散化过程中核心 CBD 的外延部分,具有疏解

---

① 丁健.现代城市经济学[M].2 版.上海:同济大学出版社,2005.

或互补核心 CBD 的功能,与之共同构成城市 CBD 网络系统。他给出的定义为:"Sub-CBD 是特大城市核心 CBD 以外,城市经济流的高效集聚区,是城市中新兴第三产业的集中分布区,是城市空间结构分散化过程中核心 CBD 的外延部分,具有疏解或互补核心 CBD 的功能,并与之共同构成城市 CBD 网络系统。"①

城市副中心的定义类似,但由于世界各国的国情不同,因此命名也各有差异。欧美国家通常用 Sub-CBD,日本则称之为副都心,我国称为副中心。

二、国内外目前的主要研究视角

(一)国外研究视角

1. 基于城市空间结构理论的研究

伯吉斯(Burgess)从人文生态学角度于 1923 年创建了同心圆模式,他认为城市中心往外相应的功能区域依次为:CBD、过渡区、工人住宅区、中产阶级居住区、通勤者区②。霍伊特(Hoyt)以 1878—1928 年间美国 142 个城市的租金资料为基础,构建了扇形模式③。哈里斯(Harris)和乌尔曼(Ullman)则认为地价和房租对行业区位的作用推动城市地域空间结构分异,在城市中心之外,经济要素高度集聚的区域可能形成多个以商业职能为主的次级商业中心④。埃里克森(Erickson)将郊区次级中心的形成与演变分为外溢和专业化、扩散和多样化、填充和多中心化三个时期⑤。

2. 基于城市副中心形成原因的研究

世界大都市区的发展呈现出越来越明显的多中心化趋势。博拉辛顿(Brasingtondm)发现中小城市很难形成一个副中心,副中心的形成可能是市场经济内生的结果⑥。哈林顿(Harringtonjw)认为生产性服务业的空间扩散后再集聚是城市副中心形成的动力机制之一⑦。川上秀光对东京研究后发现,多种交通方式交汇有利于城市副中心的形成,临海副都心计划的研究表明,东亚城市副中心形成的过程中,除了市场经济的内生力量之外,政府的积极规划也起到了很大的作用⑧。

---

① 陈瑛. 特大城市系统的理论与实践:以重庆和西安为例[D]. 上海:华东师范大学,2002.

② Burgess E W. The growth of the city: An introduction to a research project[J]. Proceedings of the American Sociological Society,1923,18:57-85.

③ Hoyt H. The structure and growth of residential areas in American cities[M]. Federal Housing Administration, 1939.

④ Harris C D, Ullman E L. The Nature of Cities[J]. The ANNALS of the American Academy of Political and Social Science,1945,242(1):7-17.

⑤ Erickson R A. The evolution of the suburban space economy[J]. Urban Geography,1983, 4(2):95-121.

⑥ Brasingtondm. A model of urban growth with endogenous suburban production centers[J]. The Annals of Regional Science,2001,35(3):411-430.

⑦ Harringtonjw,Compelhs. The suburbanization of producer service employment [J]. Growth and Change,1997,28(3):335-359.

⑧ 川上秀光. 多中心城市结构论与东京的再开发[J]. 吕斌,译. 城市规划,1988(6):27-30.

3. 基于生产性服务业区位的研究

丹尼尔斯（Daniels）认为，出于减少办公成本，趋向于大都市区的边缘城市集聚，CBD 不仅在接近客户以及信息源上具有优势，还能够对其他客户产生"心理"以及商业上的影响，成为隐性知识频繁流动的高端生产性服务业的主要区位[1]。科菲（Coffey）等认为，生产性服务业离心发展趋势明显，但离心并不意味着无边际地扩散，集聚经济仍然发挥着巨大的作用，城市副中心内部生产性服务业企业高度集聚与关联[2]。

4. 基于城市副中心与 CBD 功能分工的研究

技术变化缩短了时间距离，同时加快了研究设计、商务服务业等生产性服务业向城市副中心集聚的速度。城市副中心从业人员总和超过了核心商业区，但核心商业区在功能等级上仍然高于城市副中心。

5. 基于多中心都市区空间规划角度的研究

阿尔贝认为，多中心的都市区各节点之间相互补充、配合能够提高总的竞争力，而多中心的规划与整合是一个难题[3]。昆斯曼认为，在美国和欧洲，空间规划对决定经济活动区位的市场力量没有太多影响，规划城市多中心的构想可能难以成为现实，并对城市区域规划提出相关建议[4]。

（二）国内研究视角

1. 基于城市副中心形成原因角度的研究

陈瑛认为，城市副中心是从 CBD 自身演变的产物[5]。张开琳认为城市副中心是与城市中央商务区（CBD）在空间上相呼应，功能上相补充，同时又有相对独立性的城市次级商业商务中心，是城市人口和生产要素在向外扩散的过程中形成的新的结节点，也是城市空间结构由单核向多核演变的结果[6]。董洁霜等认为，交通便利的区域，商务与商业活动集聚，演化成城市副中心，而轨道交通线路对城市副中心支撑作用尤为明显[7]。李伟等以东京为例论述了多

---

[1] Daniels Peter W. Producer services research in the United Kingdom[J]. Professional Geographer,1995,47:82-87
[2] Coffey W J, Shearmur R. Agglomeration and Dispersion of High-order Service Employment in the Montreal Metropolitan Region,1981—1996:[J]. Urban Studies,2002,39(3):359-378.
[3] 阿尔贝·卢多维克.从未实现的多中心城市区域：巴黎聚集区、巴黎盆地和法国的空间规划战略[J].高璟，译.国际城市规划,2008,23(1):52-57.
[4] 克劳兹·昆斯曼.多中心与空间规划[J].唐燕，译.国际城市规划,2008,23(1):89-90.
[5] 陈瑛.特大城市系统的理论与实践：以重庆和西安为例[D].上海：华东师范大学,2002.
[6] 张开琳.大城市副中心建设理论与实践[J].城市问题,2005(2):73-76.
[7] 董洁霜,范炳全,陈向平.大城市副中心反引力设计理论与方法探讨:以上海市五角场为例[J].上海城市规划,2003(4):27-30.

中心城市结构的形成[①];魏嵘论述了我国城市副中心发展演变规律及生成机制[②]。

2.基于城市副中心与CBD关系角度的研究

王如渊等通过对深圳的研究认为,必须寻求协调两个CBD的关系,以避免核心CBD急剧衰退[③]。周诗岩等以业态演进与空间转型探析了上海徐家汇和五角场都市副中心商圈建设[④]。郑伯红等以重庆为案例说明核心CBD与城市副中心之间存在着功能互补关系[⑤]。

三、城市副中心基本理论研究

关于城市副中心建设的基本理论,学者们都有着类似的看法,目前主要有以下3种基本理论。

1.现代区位理论

(1)规模经济。数量可观的企业集聚在一起形成了产业链条,造成了很大的规模经济,这种规模经济能最大限度地降低成本、提高效率,并形成相关产业的核心竞争优势。

(2)外部性。在区域中,先来的企业会给后到的企业创造基础设施、劳动力市场、中间产品、原材料的供应渠道、专业知识的扩散等正面的外部效益。

(3)向心力或离心力。正面的外部性产生对相关企业的吸引力,使产业集聚地点吸引更多的相关企业进入。进入的企业越多,规模经济就越大,效率就越高。

2.产业集群理论

产业集群理论是20世纪80年代出现的一种西方经济理论。在一个特定区域的一个特别领域,集聚着一组相互关联的公司、供应商、关联产业和专门化的制度与协会,通过这种区域集聚形成有效的市场竞争,构建出专业化生产要素优化集聚洼地,使企业共享区域公共设施、市场环境和外部经济,降低信息交流和物流成本,形成区域集聚效应、规模效应、外部效应和区域竞争力。

3.级差地租理论

级差地租是指不同土地或同一块土地上,由于土地肥力、相对位置及开发程度不同而形成的差别地租。参照城市土地级差地租的能级,城市的商业布局可以分为中心区、副中心区和边缘区等级别;在城市中心区域,具有最高级的商业活动,土地价格也最高,并按照门槛递减的顺序,在其周围依次环绕其他商业职能活动;任何商业中心的核心区,总是被那些能够显

---

① 李伟,朱嘉广.多中心城市结构的形成:以东京为例[J].北京规划建设,2003(6):23-25.
② 魏嵘.我国城市副中心发展演变规律及生成机制研究[D].西安:长安大学,2007.
③ 王如渊,李燕茹.深圳中心商务区的区位转移及其机制[J].经济地理,2002(2):169.
④ 周诗岩,张式煜.业态演进与空间转型:探析上海徐家汇和五角场都市副中心商圈建设[J].时代建筑,2005(2):41-44.
⑤ 郑伯红,陈瑛.重庆大都市区系统演变的机制和规律[J].经济地理,2004(1):49-51.

示该商业中心最高级别的职能部门所占据。

四、城市副中心的类型划分及形成机制研究

1. 类型划分

在目前已有的文献中,学者对城市副中心的分类有各种角度,总结归纳如下。

按副中心的功能划分:主导功能型副中心和综合功能型副中心。主导功能型副中心是指定位十分明确、有特定城市功能的副中心,它不会承担和疏解城市中心的全部功能,只需保证自己的功能定位得以实现即可。如北京的中关村科技园是典型的高新技术产业发展区,功能定位十分明确。综合功能型副中心是指具有完备的城市功能的副中心区域,它具备所有市中心的功能,甚至可以对市中心的人口、产业产生反吸引力。如东京的新宿副中心,实现了城市综合功能的集聚,使它成为一个综合型副中心。

按副中心的区位模式划分:交通枢纽型副中心、大型公共基础设施型副中心及城镇型副中心。交通枢纽型副中心的形成具有一定的自发性,是城市交通流集结的结果,在集结点即交通枢纽周围形成了具有城市功能的副中心。一般来说,城市中心一定是区域交通流的最重要的集结点,但是一个特大城市需要在城市外围设置更多的集结点以拦截过多的交通流,避免城市中心出现交通堵塞的问题。比如比较典型的东京模式,东京的新宿、池袋都是依靠交通枢纽的形成,最终被规划为城市副中心,后续东京的副中心基本都是按照此模式在建设,交通先行,建设交通枢纽以吸引人流和经济。除此之外,香港的筌湾、上海的徐家汇等都是这一类型的副中心。大型公共基础设施型副中心建设与城市兴建一些大型公共基础设施相关,比如各届奥运会场馆、世博会场馆等,通常在举办期间,其所在地会成为人流的主要聚集区,经济活动也比较频繁,但是后期人流减少,为避免公共基础设施闲置,造成资源浪费,政府会出台政策对周边进行开发,并对交通系统进行完善,使它发挥城市副中心的功能。汉城的奥运城、莫斯科西北区的会展中心、广州的天河副中心等即属于这种类型的城市副中心。城镇型副中心的形成是城市蔓延的结果。一些特大城市在发展过程中会不断地向外延伸,将原本处在外围的小城镇覆盖,使之成为城市的一部分,而这些小城镇也因此成为区域的核心,随着小城镇的发展,一些特别具有优势会在政府的规划下形成副中心。例如上海的真如、重庆的沙坪坝等。

2. 形成机制研究

城市副中心是由政府、企业和居民三方共同选择而形成的。一个具备形成城市基本要素的区域,都是在政府的规划指导下而走向规范化发展的,政府在建设城市发展新空间的时候,势必会完善区域的基础设施及相关配套,为企业发展提供便利,引导产业、人口向某一区位聚集来促成副中心的建设。比如在分析制订东京临海副都心计划时,其中中央政府、地方政府、商业团体就是在共同发挥作用。而在对首尔的研究中发现,只有在政府力量的不断推动下,才实现了首尔江南发展计划的目标,将汉江以北的人口顺利地引导至汉江以南,从而促进了

江南快速发展。

王岩认为,城市副中心的形成最根本的动力机制是中心城区的功能外溢。这种功能外溢表现为两个方面:一是随着城市的不断发展,土地价格也不断攀升,环境质量下降,治安环境也比较混乱,此时居民为追求更好的生活环境和生活质量,会出现主动郊区化现象,而企业为了降低土地成本,也会选择向环境良好、土地价格较低的郊区迁移,在相对远郊更有区位优势的城市边缘区出现了新的要素集聚点——城市副中心。二是随着经济全球化的深入,规模较大的城市会受到全球生产网络组织下劳动分工机制的影响,中心城区的产业更加趋向于高端生产性服务行业,同时会聚集大量的企业总部,其中央商务职能会不断强化,相应的原本中心城区所具有的零售、商业服务等职能会向城市副中心扩散,与城市副中心协调配合共同形成第三产业的发展网络,并且随着要素的集聚与扩散形成良好的分工局面[1],即中心城区具有中央商务职能,城市副中心提供满足商务职能的中心商业服务职能,以共同发挥服务、辐射与集散功能,带动城市经济协同发展。

埃瑞克森(Erickson)总结了自1920年以来形成的郊区次级中心的演变规律,并分为3个不同时期,分别为外溢和专业化时期、扩散和多样化时期、填充和多中心化时期[2]。在各时期,副中心都不同程度地受到城市中心功能外溢的影响,逐渐形成规模。

通过分析副中心的发展阶段,James等认为,城市副中心形成的最主要的动力机制就是来源于生产性服务业的空间扩散后再集聚。认为信息技术的发展、知识经济的需要、弹性生产方式的出现使得企业在空间区位的选择上变得灵活和松散,因而使得生产性服务业可以向边缘区域扩散[3]。

川上秀光通过对东京都城市副中心的成因研究,发现副中心形成的地段大多是多种交通方式交汇,并且向外延伸有广阔腹地和大规模建设空间,能够吸引周边的人口和产业等在此活动的区域,因此如果政府的轨道交通规划与副中心规划相匹配,就可以促进副中心的形成与发展[4]。

五、城市副中心的选址研究

宋培臣等认为,城市副中心选址离不开各自的历史、经济、地理基础和交通条件。城市副中心必须是一个多功能、高度复合的区域,在满足商务活动的同时,还具有商业、文化、娱乐、居住等其他功能。其次区域内的建设成功的城市副中心也要依赖于人车分离、发达的公共交通为主要特点的可持续发展交通体系以及建筑形式等[5]。

---

[1] 王岩.北京副中心选址决策研究[D].北京:北京交通大学,2015.
[2] Erickson R A. The evolution of suburban space economy[J]. Urban Geography,1984,4(2):97.
[3] James W , Harrington J R, Harrison S. Campbell. The Suburbanization of Producer Service Employment[J]. Growth and Change,1997(28):335-359.
[4] 川上秀光.多中心城市结构论与东京的再开发[J].吕斌,译.城市规划,1988(6):27-30.
[5] 宋培臣,林涛.上海轨道交通枢纽商业中心发展研究[C]//中国地理学会.中国地理学会百年庆典学术论文摘要集.中国地理学会百年庆典学术大会,2009.

王岩认为,城市副中心选址的影响因素可以分为两类:自然因素和社会经济因素。其中影响城市副中心选址的自然因素主要包括地形地貌、地理位置、生态环境及其他自然资源等,社会经济因素包括经济基础、交通条件、社会公共服务设施、人口、区域文化环境、自身规划等。此外,他还提到模糊综合评价在城市副中心选址中的应用,通过评价指标体系进行量化选址①。

张景秋等认为,区域发展的副中心要具有一定的规模,能与主中心形成优势互补,特别是要具有吸纳就业人口的能力,具备完备的居住、工作、游憩功能②。

第三节 我国首都城市副中心建设的研究现状

首都作为一个国家的最重要城市,它既有城市的普遍特点与类似的问题,又有着诸多的独特之处。目前对于首都城市副中心的专门研究并不多,笔者主要从以下几个方面进行了梳理。

一、首都城市功能的定位与非首都功能的疏解研究

要建设首都城市的副中心,必须要先找好首都自身的功能定位,让中心城市和副中心有较为明确的功能区分。

林坚认为首都功能定位首先需要处理好十大关系。一是国家首都与国际(世界)城市的关系。世界城市呈现出多中心重合的特征,北京所要建设的新型世界城市则应有以下特征:全球信息聚集地;国际事务协调中心;人性化与服务性城市;体验型、创意型经济;国际文化魅力之城;低碳、环保型社会;首位城市。二是中央国家机关与地方政府的关系。北京是中央国家机关所在地,其发展规划应该包含国家行政中心的规划。首都功能的实现,通过"首都体制"来保障。"首都体制"是指保障首都职能有效运行的城市管理机构、制度、机制和习惯意识的总称,是通过机构设置、制度建设、机制构建、意识强化和习惯培养等构建的体系。三是区域协调与行政区划调整的关系。区域中的任何城市都不是孤立的,城市之间的空间相互作用将彼此分离的城市结合为具有一定结构和功能的有机整体,由此形成了城市体系。四是历史文化名城与科技创新中心的关系。五是旧城改造与新城建设的关系。在城市空间趋于饱和的情况下,城市空间拓展成为城市发展的紧迫问题,应形成多中心的城市空间新格局。六是功能集中与分散的关系。作为首都,有的功能要集中,如中央国家机关行政功能;有的功能要分散,如文化艺术、教育、医疗等功能,要均衡配置相关资源。七是经济社会发展与环境保护的关系。八是人口、土地与建设容量的关系。首都规划应将调控对象集中到城市布局结构和土地及空间资源利用上,恢复人的城市主体地位,充分考虑人口、土地与建设容量的关系。九

---

① 王岩.北京副中心选址决策研究[D].北京:北京交通大学,2015.
② 张景秋,孟醒,齐英茜.世界首都区域发展经验对京津冀协同发展的启示[J].北京联合大学学报(人文社会科学版),2015(10):54-58.

是服务首都功能与自身发展的关系。十是核心功能与非核心功能疏解的关系[①]。

于涛方等指出,随着信息化进程及后工业时代的到来,产业结构在加剧向第三产业转变的同时,也推动着城市的职能发生改变,城市功能开始由生产服务业不断向服务性职能转变。北京在城市功能定位合理化方面就已开始着手"去工业化"和发展与信息产业相关的新兴产业,近年来北京城市功能特征主要表现在:一是北京一直倡导产业结构升级、发展高级服务业,近10年来去工业化态势明显,农业和制造业比重锐减,文化产业和金融服务业迅速崛起,北京正走向"后工业城市"和"创意城市";二是在北京去工业化进程中,北京的城市功能格局开始从"同心圈层"向分散化和均衡化的空间模式转变[②]。

而对于首都城市的非首都功能的疏解研究,其概念只有短短几年,国内相关研究处于起步阶段,已有研究相对较少,有待进一步丰富与完善。非首都功能并非单纯是首都功能定位外的其他所有城市功能,而是首都属性对城市功能产生的负面影响。部分学者对非首都功能疏解的方向展开讨论,结合内涵与外延分析,提出应以区分国有与非国有企事业单位,有针对性地制定疏解措施。已有学者针对制造业、医疗等产业或功能在非首都功能疏解过程中的具体疏解策略进行研究,但由于大量非首都功能有待疏解,因此对具体领域疏解的研究仍有待进一步完善。功能疏解过后,外移城市功能的疏解目标地同样引发学者关注,在京津冀协同发展的背景下,天津和河北地区成为疏解的首选目标地区。针对向外疏解功能的承接问题已经成为非首都功能疏解研究中普遍讨论的话题,但尚未形成较为权威的学术结论。

虽然学术、政府各界已经对非首都功能疏解问题展开积极讨论,但由于时间有限,已有学术研究成果较少,缺乏体系性的理论与实践研究,需要基于城市发展现状提出疏解策略。在已有经典城市理论、管理学理论和要素理论的支撑下,继续开展非首都功能疏解研究是必要的。

二、首都城市副中心应具备条件的研究

对于首都城市副中心应具备的条件,刘洁等认为,作为首都的副中心城市,如果要全面承担赋予其的各项功能,必须满足两个条件:第一,在形态上,与中心城区相对隔离且是组团式发展。这样副中心在一段时间内不会与中心城区蔓延相连且副中心各组团间有生态隔离带,既便于发挥首都的规模效益又避免过度集中而导致"城市病"。第二,城市经济发展和社会服务等功能相对完整,能够"自成中心",能够有效地分流和截留向中心城区集聚的人口,尤其是从中心城区周边相对集中的大规模居住地向中心城通勤的昼夜间流动人口[③]。

王岩则认为,应当综合考虑副中心的各类区位因素,结合首都自身功能定位进行综合考

[①] 林坚.首都功能定位需要处理好十大关系[J].中国流通经济,2015(4):71-74.
[②] 于涛方,陈修颖,吴泓.2000年以来北京城市功能格局与去工业化进程[J].城市规划学刊,2008(3):51-53.
[③] 刘洁,苏杨,段正.京津冀城市群一体化发展应成为国家战略[J].中国发展观察,2014(2):33-37.

虑,把功能分散这一主要任务做好①。

杨凯认为,首都副中心应当具备良好的基础设施条件、较强的综合经济实力以及相对完善的城市功能②。

赵弘认为,北京建设"城市副中心"需要考虑四大因素:一是从整体上要符合《北京城市总体规划(2004—2020年)》理念;二是要有利于解决现阶段北京城市发展中出现的区域不平衡矛盾,使北京城市空间整体上实现均衡发展;三是"城市副中心"所在区域本身具有较好的基础条件,包括交通、经济基础、人口规模、空间资源等,可以支撑副中心的健康快速发展;四是"城市副中心"周边有较广阔的辐射腹地,能对周边地区产生较大的辐射带动作用③。

三、我国目前首都副中心建设状况研究

目前针对我国首都的城市副中心,学者主要的研究对象是通州,而随着雄安新区的设立,它在一定程度上也被学者称为北京的副中心,由此也引发了学者对雄安新区的研究。

1. 通州

建设通州城市副中心是国家战略,同时也是北京市"十三五"时期的重点工作。2015年1月25日,北京市召开了市委十一届八次全会,审议通过了《中共北京市委关于制定北京市国民经济和社会发展第十三个五年规划的建议》和《中国共产党北京市第十一届委员会第八次全体会议决议》。建议里提到了非常多的内容并介绍了"十三五"时期北京经济社会发展,要有序地疏解非首都功能,着力优先提升首都核心功能,集中力量在通州建设市行政副中心,严格控制人口规模,加快缓解交通拥堵,加强城乡基础设施建设,提升精细化管理水平。在"十三五"期间,北京将要加强通州行政副中心及其他新城重大项目的建设,提升通州行政副中心和其他新城的承接服务能力。

赵弘从建设通州副中心的优势出发,认为通州、亦庄所在区域建设"城市副中心"优势明显。通州、亦庄地处京津冀交接地带,是北京东部人流、物流、交通流的汇聚地,在京津冀区域协调发展中承担桥梁纽带作用,具备建设"城市副中心"的区位条件④。在通州、亦庄所在区域建设"城市副中心"可以使通州和亦庄实现优势互补,最大限度地发挥各自潜能,对于疏散中心城区功能,缓解中心城区交通拥堵问题,都会发挥更大的积极作用。建设"通州-亦庄副中心"能带动大兴、平谷等区域发展,辐射半径大、力度强,同时还将成为北京融入京津冀的重要节点,对于北京加强与京津冀地区,特别是与京津城镇发展走廊及北京周边城市的协调,构筑面向区域综合发展的城市空间结构具有重要的推动作用。

---

① 王岩.北京副中心选址决策研究[D].北京:北京交通大学,2015.
② 杨凯.将通州建设成为北京城市副中心的战略思考[J].科技创新与生产力,2012(2):17-22.
③ 赵弘.论北京城市副中心建设[J].城市问题,2009(5):36-40.
④ 赵弘.区域一体化视角下的"首都经济圈"战略研究[J].北京市经济管理干部学院学报,2011,26(3):13-18.

张楠等从通州的经济优势与交通优势进行分析,以"地区生产总值年均增速"指标来看,2020年,通州区为7.5%,年均发展增速高于北京市的6.5%。一方面是因为在副中心建设初期经济发展动力旺盛,另一方面也得益于各项政策扶持推动带来的利好。交通因素中,通州"建成区路网密度"为9km/km²,远高于北京市的4.5km/km²。良好的交通条件是通州城市发展的基础,也是实现分担北京中心城市饱和资源外移的重要条件①。

杨凯认为,通州建设城市副中心的战略重点主要集中在4个方面:第一,提升城市综合功能(包括加快完善新城道路交通体系、推进公共服务设施建设等);第二,促进产业结构升级,依托宋庄文化创意产业集聚区浓厚的文化氛围以及运河等城市河流良好的生态环境,大力发展文化艺术等重点领域,并且可以发展都市农业,利用有限的土地资源创造更高的价值;第三,优化产业空间布局;第四,推进城市管理体制创新②。

2. 雄安新区

雄安新区已被国家确定为承接北京非首都功能疏解集中承载地,这个定位意味着雄安新区的诞生摆脱不了与北京的天然联系。

叶振宇认为,雄安新区作为京津冀区域新兴增长极和国家级新区,在城市建设、体制机制创新、产业发展、开发开放等方面,需要从天津滨海新区发展中取经。一方面,雄安新区发展离不开北京市非首都功能集中疏解,起步区建设应优先吸引中央企事业单位和企业总部入驻,同时也要引进北京优质医疗、教育等公共服务机构设立分院和分校等分支机构,以此奠定城市服务功能的基础条件,它的发展离不开北京高端高新产业和优质要素的注入与首都功能的支持。另一方面,雄安新区开发建设需要天津滨海新区的支持,尽管雄安新区与天津的关系并不容易把握,对天津的依赖也不是那么强,但随着京津冀城市群发育日益成熟,两地之间的相互依赖关系将会日趋显现③。

杨开忠认为,雄安新区是京津冀协同发展的重大引擎,其规划建设自然应当以内外空间一体化为方向,努力处理好与京津冀协同发展意义重要的"点、线、面"空间的功能定位关系,特别是与北京副中心的功能定位关系。此外,雄安新区规划建设必须努力处理好交通与土地利用的互动关系④。

魏后凯认为,作为雄安一个创新驱动发展的新引擎和疏解型反磁力中心,雄安新区与北京、天津共同构成了一个等边的"金三角",既可以有效地集中承载北京疏解的非首都功能,起到平衡京津的作用,又可以充分发挥其引领、标杆和示范作用,极大地带动了河北省尤其是冀

---

① 张楠,张露元,陈升.智慧城市理念下的城市副中心战略定位与路径选择:理论探索与通州案例[J].智慧城市评论,2017(1):38-40.
② 杨凯.将通州建设成为北京城市副中心的战略思考[J].科技创新与生产力,2012(2):17-22.
③ 叶振宇.雄安新区开发建设研究[J].河北师范大学学报(哲学社会科学版),2017,40(3):13-14.
④ 杨开忠.雄安新区规划建设要处理好的几个重要关系[J].经济学动态,2017(7):8-10.

中南地区的发展①。

常纪文认为,雄安新区在功能定位上,北京仍然是政治中心、文化中心、科技创新中心和对外交流中心,一些央企的总部或者分部可以迁入,一些高等学校的本科教学以及一些中央部委下属的非核心的研究机构、设计机构、规划机构也可以迁入,此外建设雄安新区,可以强制首都范围内体制内的部分企业迁入,鼓励部分体制内的企业迁入,还可吸引一部分企业迁入。雄安新区要建设绿色生态宜居新城,必须坚持走生态优先、绿色发展的新路子。一是要坚持"多规合一",制定生态保护和水环境保护的专项规划;二是要保障生态用水和生活用水;三是要在全域实行污水集中处理、垃圾分类收集处理;四是要在全域实行煤改气;五是要在全域推广电动出租车②。

陈剑在雄安新区疏散功能方面则认为疏解要有度,不能把非核心功能都疏解了,那样核心功能也难以充分实现,过多疏解可能会出现问题。特别是一些非核心功能与核心功能的实现关系密切,甚至是核心功能的重要支撑,并且核心功能和非核心功能能否得到很好的疏解,北京的态度至为关键。没有首都北京的支持,雄安要打造成首都副中心是不可想象的。陈剑认为雄安作为首都副中心,同时也应当是中国政治副中心。作为中国科技创新高地之外,也可以将中国的两会、全国人大和全国政协搬入雄安,使雄安不仅是中国科技创新高地,也同时成为中国议会中心,中国政治副中心,进而使其首都副中心更名副其实③。

第四节 国内外首都城市建设的经验研究

在所查到的文献中,大部分学者在引用国外经验时多次提到东京和巴黎这两座城市的副中心建设。东京和巴黎作为日本和法国的首都城市,同时也是世界上非常知名的特大城市。在城市发展过程中也经历过因城市无序发展所导致的中心城区拥堵不堪、城市绩效下降的阶段,也曾因同心圆发展模式使城市发展缓慢,二元结构问题产生,同时也因新城建设不力导致长期的职住分离、人口流动负担过重的局面。这两个大都市为了解决这些问题,都进行过不懈的探索与努力,由最初的限制城市用地规模到为城市发展寻求新的发展空间,实现了城市发展由单中心向多中心的转变。而且两个城市都选择在近郊建设城市副中心来缓解城市中心的压力,由此可以看出城市副中心是一种比较有效的城市分散方式。

一、东京与巴黎副中心建设状况

(1)东京:为解决东京中心城区人口与经济活动过度密集带来的城市问题,1956年,提出以东京为中心、在半径100km范围内构建"首都圈"的"首都圈整顿方案"。1958年,为了缓解市中心区过度拥挤而引发的地价、交通、环境等问题,东京提出了"首都圈整备计划",主要内

---

① 魏后凯.推进雄安新区建设的若干战略问题[J].经济学动态,2017(7):10.
② 常纪文.雄安新区的科学定位与绿色发展路径[J].党政研究,2017(3):24.
③ 陈剑.雄安新区建设应关注十大平衡[J].中国经济报告,2017(7):100-102.

容是建设新宿、池袋、涩谷3个副都心。1982年,东京为了进一步疏解市中心的商务功能和商务压力,提出了"东京都长期计划",建设大崎、上野-浅草、锦糸町-龟户3个副都心,将生活、周转功能、教育和研究设施向东京外围地区疏散。1987年,东京为了进一步扩展商务办公空间,满足不断增长的国际商务活动需求,制定了"临海副都心开发基本构想"。目前,东京共建有7个副都心(表6-1)。

表6-1 东京副都心建设状况

名称	主要功能定位
中心城	政治经济中心、国际金融中心
新宿	第一大副中心,带动东京发展的商务办公、娱乐中心
池袋	第二大副中心,商业购物、娱乐中心
涩谷	交通枢纽、信息中心、商务办公、文化娱乐中心
上野-浅草	传统文化旅游中心
大崎	高新技术研发中心
锦糸町-龟户	商务、文化娱乐中心
临海副都心	面向未来的国际文化、技术、信息交流中心

资料来源:张景秋、孟醒、齐英茜的《世界首都区域发展经验对京津冀协同发展的启示》。

(2)巴黎:1965年,巴黎在国际上首次提出新城概念和卫星城计划,并都已付诸实施。至20世纪后期,巴黎城区人口在一系列区域开发项目的驱动下,开始向近郊和远郊扩散;与此同时,伴随着城市化进程的加快,乡村人口向城市集聚区和周边市镇快速汇集,形成了方约 2 500 km^2、人口约880万人的跨越城市行政边界的城市化郊区,即近郊重点发展的9座副中心——德方斯、圣德纳、博尔加、博比尼、罗士尼、凡尔赛、弗利泽、伦吉和克雷特伊,这些副中心对维持巴黎的生存和繁荣发挥着重要的作用。

二、经验借鉴

关于东京和巴黎等国外首都城市副中心建设的启示,张景秋等认为应当厘清综合性首都的城市职能与首都职能在区域发展中的作用,在区域发展战略中,我国首都要想发挥带动作用,主要不是依靠其首都功能,而更应该强化的是其作为区域中心城市的城市综合职能,就像巴黎和东京一样,首先是城市自身综合实力和全球经济影响力的增强,进而推动城市扩展带动区域整体发展,并且认为首都城市副中心是承担一定职能的区域发展副中心[1]。

马海涛等从东京新宿的建设中得出应当依据全面客观数据,科学编制发展规划的结论,并且要重视轨道交通联系,积极依托地方优势,合理确定功能定位。此外,他们认为在借鉴经验时一定要结合国情,与城市实际相联系[2]。

陆小成认为,应当借鉴日本、韩国,建立副中心建设的高层领导机构和相关协调机制,加

---

[1] 张景秋,孟醒,齐英茜.世界首都区域发展经验对京津冀协同发展的启示[J].北京联合大学学报(人文社会科学版),2015,13(4):33-40.
[2] 马海涛,罗奎,孙威,等.东京新宿建设城市副中心的经验与启示[J].世界地理研究,2014(3):104-106.

强副中心建设规划,重视城市复合功能设计,并且引导中心城区机构和企业搬迁,加强副中心产业空间优化,加强公共服务均等化供给和均衡化布局,实现职住平衡。此外,他还认为应当提升城市品质,严控城市边界,优化公共服务,消除搬迁忧虑[①]。

张开琳认为,城市副中心应当建设特色地标,营造良好的景观文化,环境成功的地标建设往往会提升副中心的城市品位。如连接东京海岸和临海副都心的彩虹大桥,全长798m,已成为临海最具特色的旅游景点和新标志[②]。

苏雪串通过借鉴一些世界性城市建设新城的经验,对于北京建设新城需要注意以下两个方面:一方面,新城要与母城隔离,使新城以独立的主体形式存在。如果新城与母城没有在空间上实现分离,那么新城又将与母城的发展在空间上连接到了一起,新城就失去了建设的意义所在。比如东京、伦敦在周边建设的新城都是在城市周围设置绿化带与新城隔开。另一方面,新城要与母城实现功能定位上的差异化。北京在考虑新城功能定位时,要注意新城居民的就业与生活的均衡,保证工作地点与居住地点之间的易达性和便利性,这样才能有效疏散城市的人口和产业;母城的职能分工要与新城协调发展,如果新城的产业职能过少,导致人们在母城居住、在新城上班,会大大增加通勤成本,建设新城也失去了意义[③]。

刘洁等认为,应该将发展北京城市副中心融入国家战略中。缓解北京"城市病",促进北京健康发展,不仅需要立足北京市域、加快城市副中心建设,实现城市功能在市域内的合理布局,还需要与京津冀城市群联动发展,实现人口、产业和公共服务资源等在城市群中的较均衡配置。此外,还要加强副中心建设用地指标保障,加强资金财税政策支持,并且引进高端公共服务人才[④]。

第五节 评述与总结

基于上述文献总结,我国现在对城市副中心的理论研究相对较少。国内学者的研究主要集中在CBD以及城市副中心的规划建设上,对处于衰退状态的城市中心功能拓展的相关研究成果比较少。相关研究人员针对首都城市副中心的研究也比较少,城市副中心的专著微乎其微,仅有部分学者根据实际项目或者建设现状,总结出若干建设与规划方法。当前首都城市副中心的研究仍然处在初始阶段,在理论、方法等基础层面上缺乏系统研究。国外相关学者、专家基于不同视角对于城市副中心进行了研究,其中对城市副中心产业、形态与功能的研究成果较少。

城市副中心作为缓解中心城区的压力,使之成为城市多心化的一种有效途径,在国际上已经得到了很好的印证,但是在我国相关的理论研究还不十分充分,对副中心的选址问题也处在以经验为主的阶段,特别是有关于北京建设城市副中心的问题的研究还十分不足。

---

① 陆小成.国外首都城市副中心建设的经验与教训[J].前线,2017(2):104-105.
② 张开琳.巴黎拉德芳斯城市副中心建设启示录[J].上海经济,2004(5):58-60.
③ 苏雪串.基于世界城市功能定位的北京城市空间结构优化[C]//北京市社会科学界联合会.世界城市北京发展新目标:2010首都论坛论文集,2010.
④ 刘洁,苏杨,段正.京津冀城市群一体化发展应成为国家战略[J].中国发展观察,2014(2):3-37.

随着雄安新区的设立,笔者认为对于城市副中心的研究应当更加深入,尤其是对于首都这样非常重要城市的特殊性研究应当更多。目前在这方面的文献还比较少,主要还是结合通州的情况进行了分析,结合雄安新区的相关文献屈指可数,在最近几年应当加强在这方面的研究。对于首都城市副中心的建设比起其他城市更要慎重,在发展城市副中心规划初期,一定要综合地考虑城市的经济、文化、政治等各项因素,全面发展城市副中心的各项区位职能,并在保证"不偏科"的基础上,发展其标志性的区域职能,使其具有独特的吸引力。在实际建设过程中,也应根据实际发展需要,及时调整各项区位职能的比重,避免"木桶效应"的出现,使规划的实施能够满足城市发展的实际需要,为首都的发展开辟一条长远的、可持续的发展方向。

由于时间有限,阅读的文献还有遗漏的地方,本章对于相关部分的梳理也存在总结不完全的情况。

第七章　东北资源型城市振兴前沿问题研究

2003年,中共中央、国务院下发《关于实施东北地区等老工业基地振兴战略的若干意见》,明确提出对东北地区资源型城市转型的推动支持,自此拉开了东北老工业基地振兴的大幕。2007年公布的《东北老工业基地振兴规划》中,提出把加快推进资源枯竭型城市转型作为促进东北振兴的重大举措之一。党的十七大报告明确指出要帮助资源枯竭地区实现经济转型。2012年3月,国务院批复了关于东北振兴"十二五"规划,提出要解决制约东北振兴的体制性、机制性、结构性矛盾,加快东北老工业基地改造,改善民生,加强生态建设和环境保护等。2014年国务院印发《关于近期支持东北振兴若干重大政策举措的意见》,要求抓紧实施一批重大政策举措,巩固扩大东北地区振兴发展成果、努力破解发展难题、依靠内生发展推动东北经济提质增效升级。2016年中共中央、国务院《关于全面振兴东北地区等老工业基地的若干意见》正式下发,表明为适应把握引领经济发展新常态,贯彻落实发展新理念,要加快东北地区等老工业基地的全面振兴。

国务院印发的《全国资源型城市可持续发展规划(2013—2020年)》(以下简称《规划》)中表明资源型城市是以本地区矿产、森林等自然资源开采和加工为主导产业的城市(包括地级市、地区等地级行政区和县级市、县等县级行政区)。《规划》确定的262个资源型城市中,东北地区[①]有37个(表7-1),约占全国的14%,是我国资源型城市密集区之一,其中67个衰退型城市中,东北三省有19个,约占全国的28%,老工业基地辉煌不在。党的十八大以来,全面振兴东北已进入关键时期,但是近几年来,东北三省国民经济发展速度持续走低(表7-2),引发了社会各界对"新东北现象"[②]的高度关注和担忧。东北地区是我国最早的重工业区,在计划经济体制和重工业化优先发展的背景下,依托丰富的农、林、矿等资源,为我国的经济建设做出了历史性的贡献。在高强度、高速度的发展背景下,东北地区城市形成了"资源高度依赖性"的经济结构,加上计划经济体制退出晚、市场化和对外开放程度低等条件,严重制约了城市的转型和可持续发展[③][④]。

---

① 本书特指辽宁省、吉林省和黑龙江省。
② 张占斌.经济新常态下的"新东北现象"辨析[J].人民论坛,2015(24):12-17.
③ 李汝资,宋玉祥,李雨停,等.吉林省资源型城市转型阶段识别及其特征成因分析[J].地理科学,2016,36(1):90-98.
④ 安树伟,魏后凯.东北资源型城市的产业结构转型[J].经济管理,2006(3):6-9.

表 7-1 东北三省资源型城市分布表

所在省 (区、市)	地级行政区	县级市	县(自治县、林区)	市辖区(开发区、管理区)
辽宁(15)	阜新市、抚顺市、本溪市、鞍山市、盘锦市、葫芦岛市	北票市、调兵山市、凤城市、大石桥市	宽甸满族自治县、义县	弓长岭区、南票区、杨家杖子开发区
吉林(11)	松原市、吉林市、辽源市、通化市、白山市、延边朝鲜族自治州	九台市、舒兰市、敦化市	汪清县	二道江区
黑龙江(11)	黑河市、大庆市、伊春市、鹤岗市、双鸭山市、七台河市、鸡西市、牡丹江市、大兴安岭地区	尚志市、五大连池市		

表 7-2 2013—2017 年东北三省生产总值增速及排名情况

年份	辽宁省		吉林省		黑龙江省		全国生产总值增速(%)
	生产总值增速(%)	生产总值增速排名	生产总值增速(%)	生产总值增速排名	生产总值增速(%)	生产总值增速排名	
2013	8.7	23	8.3	25	8.0	28	7.7
2014	5.8	29	6.5	28	5.6	30	7.4
2015	3.0	31	6.3	28	5.77	29	6.9
2016	-2.5	31	6.9	25	6.1	29	6.7
2017	4.2	28	5.3	27	6.4	29	6.9

10多年的发展证明,振兴东北老工业基地的战略决策是及时的、正确的,但是仍旧存在的体制性、结构性等深层次矛盾有待进一步解决,已取得的成果有待进一步巩固。东北资源型城市的相关研究已成为一个困扰政府和学术界的难题。本章对国内学者的相关研究进行归纳分析,梳理东北资源型城市发展存在的问题,探寻东北资源型城市振兴的对策以及今后的研究方向,为东北资源型城市振兴的后续研究提供参考。

第七章 东北资源型城市振兴前沿问题研究

第一节 东北资源型城市研究阶段划分

东北资源型城市的研究一直有着深刻的国家政策烙印,研究方向不仅与资源型城市自身的发展状况有关,更与国家宏观经济态势和出台的对东北地区的政策有密切联系。按照时间划分,东北资源型城市的研究大致有3个阶段。

第一阶段,1949年至20世纪80年代中期,主要围绕生产力布局和资源生产基地展开。1949年之后,国家推行重工业优先的战略,东北三省蕴含丰富的资源,建立了我国最早的重工业区。受苏联地域生产综合体理论的影响,期间对东北资源型城市的研究主要集中在国家宏观生产力布局,探讨生产力配置和工业基地的建设。"文革"结束后,建设了大庆、七台河、伊春、大兴安岭等多个以资源开发为基础的重工业基地。周恩来视察大庆市时提出的"城乡结合、工农结合、有利生产、方便生活"的十六字方针成为广大工业基地所遵循的发展和建设方针,大庆油田也被认为"创造出一条我国工业发展的道路"[①]。李文彦开创性地探讨了我国煤矿城市在工业发展与城市规划方面的若干共性问题,鹤岗、双鸭山、七台河、鸡西、辽源、阜新、沈阳、抚顺、浑江是其中的研究对象[②]。

第二阶段,20世纪80年代中期至90年代中期,主要围绕工矿城市的相关问题。这一阶段是我国由计划经济向市场经济过渡的阶段,对资源型城市的研究跳出了工业基地的范畴,开始出现工矿城市及其发展的概念。1990年江泽民视察大庆市时提出"未雨绸缪,考虑长远的发展问题",同年由中国科学院等单位历时4年研究的《大庆发展的战略目标、战略思想和战略措施的研究》提出大庆必须进行3个战略转变,即由单一产业向多元产业的转变,由高度指令性产品经济向计划经济与市场调节相结合的经济转变,由半封闭式的内向型经济向开放式的内外向相结合经济转变,提出了建设石油、石化、高新技术产业三足鼎立的区域性中心城市的构想[③]。其后《大庆区域经济调整规划研究》[④]进一步完善这一发展思路,其基本思想至今仍具有现实指导意义。樊杰对鸡西、双鸭山等多座煤矿城市进行研究,归纳了煤城产业经济发展和产业结构转换的一般规律[⑤]。

第三阶段,20世纪90年代中期至今,期间"资源型城市"逐渐替代"矿业城市""工矿城市"等概念,成为应用最广泛的概念;对资源型城市的研究进一步深化,研究领域进一步扩展,主要围绕资源型城市转型及其经济的发展与转型、城市社会发展问题、制度转型问题、资源型区域城镇化与城市空间发展问题以及可持续发展等方面展开,涉及经济学、管理学、社会学、地理学、城乡规划学、生态学等学科。在这一阶段,我国市场经济体制逐步完善,可持续发展理念逐渐深入人心,但是资源型城市发展中的"四矿"(矿城、矿业、矿山、矿工)问题越来越突出,引起国家高度关注。随着国家振兴东北老工业基地和推进资源型城市转型发展的一系列政

[①] 大庆市地方志编撰委员会办公室.大庆市志[M].南京:南京出版社,1988.
[②] 李文彦.煤矿城市的工业发展与城市规划问题[J].地理学报,1978,33(1):64-77.
[③] 朱云彩,等.大庆市城市规划史[D]//汤士安.东北城市规划史.沈阳:辽宁大学出版社,1995.
[④] 李秀果,郑德刚,等.大庆区域经济调整规划研究[M].北京:中国社会科学出版社,1995.
[⑤] 樊杰.我国煤矿城市产业结构转换问题研究[J].地理学报,1993,48(3):218-226.

策的实施,东北资源型城市的研究逐渐成为热点之一。

第二节 东北资源型城市转型发展研究

资源型城市衰退的根本原因是经济结构单一,以资源型产业为发展动力。因此,东北资源型城市振兴发展的基本途径是进行产业转型,通过产业结构的优化升级向综合型城市转变,逐渐摆脱资源的依赖,实现可持续发展。学术界对东北资源型城市的研究近九成涉及城市的产业转型。

一、东北资源型城市转型发展趋势和影响因素

陈妍等学者多次进行了定量分析,第一,采用产业结构熵、泰尔指数和偏移分享模型等相关经济学方法,对2000—2013年东北资源型城市转型期间产业结构升级变化进行定量评价,发现东北资源型城市转型过程中产业结构发展的波动性和阶段性深受国家经济体制机制的影响[1]。第二,借助H-P滤波和面板数据回归模型分析2000—2014年东北资源型城市转型以来经济发展的趋势特征和影响因素,发现东北资源型城市经济总量保持上升趋势,但存在明显波动,与国家振兴老工业基地政策和城市产业结构调整历程相吻合;第三产业发展和市场化进程对经济增长的促进作用逐渐增强,而技术进步、对外开放程度等因素作用强度仍然较弱;东北资源型城市转型发展可划分为试验阶段、全面启动阶段和深化阶段,经济转型深化过程中应加强实践探索,激励体制机制创新,构建有利于衡量测度的指标体系[2]。第三,借鉴协调发展相关理论,构建了综合评价资源型城市社会、经济和环境转型的指标体系,并利用面板数据回归模型测算了2000—2014年系统内各要素对资源型城市协调转型的作用,对东北地区资源型城市转型以来协调发展的时空格局进行了分析,发现:一是东北资源型城市转型协调水平呈现波动时缓慢上升的走势,空间上差异性先减弱、后加剧;二是东北地区资源型城市协调转型发展总体水平不高;三是第三产业发展、教育、技术、非国营经济、生产生活环境等因素对协调转型的促进作用显著,但历史遗留问题、产业结构升级等仍待进一步解决,同时也对实践创新、体制机制改革提出了高要求[3]。李汝资等从人地关系视角对东北地区资源型城市发展路径及演化机理进行了研究。结果表明,东北地区资源型城市发展路径演化经历了4个阶段,由恶化逐渐趋于缓和;城市产业结构、职能、城市空间布局等方面呈现明显的空间分异特征;历史基础、技术与制度变迁、空间区位以及资源禀赋差异等综合作用机制对东北地区资源型城市发展路径演化产生了重要影响[4]。

---

[1] 陈妍,梅林,胡宇娜.东北资源型城市转型过程中产业结构升级演变研究[J].干旱区资源与环境,2016,30(12):20-27.
[2] 陈妍,梅林.东北地区资源型城市经济转型发展波动特征与影响因素:基于面板数据模型的分析[J].地理科学,2017,37(7):1 080-1 086.
[3] 陈妍,梅林.东北地区资源型城市转型过程中社会—经济—环境协调演化特征[J].地理研究,2018,27(2):307-318.
[4] 李汝资,宋玉祥.东北地区资源型城市发展路径及其演化机理研究:基于人地关系视角[J]东北师范大学报(自然科学版),2014,46(1):150-156.

二、东北资源型城市可持续发展的模式

宋玉祥等提出了东北资源型城市发展的4种模式：综合性发展模式、主导产业转型模式、培育接续产业模式、资源带动发展模式，并对资源型城市实现经济结构转型和可持续发展所必须破解的产业结构调整、劳动力就业和生态环境整治三大难题提出了相应的对策和建议①。李博等对东北地区煤炭城市2000年和2005年统计的数据进行脆弱性的定量分析，提出了综合型发展模式、期待型培育模式、接续型发展模式、创建和谐社会模式4种模式②。

三、东北资源型城市发展思路与方向

东北资源型城市在新一轮振兴战略的机遇期，应该与"一带一路"、创新驱动、军民融合等国家重大战略相互衔接，这一系列战略的实施为东北资源型城市的振兴提供了良好的外在条件，还需要通过体制机制改革调整经济结构、着力科技创新、发挥资源优势等来释放经济增长的内生动力。内外优势应该形成合力，共同助力解决东北资源型城市大展动力不足的问题。

"十三五"时期，是东北资源型城市振兴的关键时期，要从过去的"人口红利"和"土地红利"转向"创新红利"和深化改革带来的"制度红利"，实现增长动力的转换。创新发展是城市转型的动力源，只有在技术与制度领域皆有突破，才能实现资源型城市的转型③。汤吉军认为，东北地区资源型城市经济转型的阻碍因素是沉淀成本，包括东北地区资源型城市经济性沉淀成本、市场经济体制不完善导致经济性沉淀成本和社会保障体制不健全形成的社会性沉淀成本。补偿或降低这些沉淀成本是东北地区资源型城市经济转型的根本方向，而这也是制度创新的根本原则，为此，需要大力完善产品市场和生产要素市场，降低市场交易成本，尊重其余额和保护产权，打破地区或行政垄断；允许资源型城市大中型企业进行技术改造，或一部分产权换资金、换技术的方式向外商开放，或以租赁方式向外商提供闲置厂房、设备和土地等生产要素，有条件情况下实施企业重组；设立产业调整援助基金或补偿基金；建立职工社会保障制度；实施再就业政策；中央政府需要制定整体区域规划，确立科学发展观，形成稳定的体制环境④。

为更好地促进东北老工业基地新一轮振兴，叶振宇提出了8条对策：一是支持优势传统产业对外输出产能，延续产业竞争优势；二是承接国内外产业转移，带动产业结构调整升级；三是围绕"一带一路"倡议，建设区域性战略支撑带；四是实施"大众创业、万众创新"行动计划，激发市场活力、动力；五是加快科技协同创新，形成创新驱动合力；六是以体制创新带动国企脱困，助力优势传统产业振兴；七是培育壮大新兴产业，增强产业结构转换能力；八是构建对外开放的创新平台，开创国际合作新格局⑤。周韧提出了5条对策：一是政府简政放权，加

---

① 宋玉祥，满强. 东北地区资源型城市经济结构转型研究[J]. 世界地理研究，2008，17(4):91-97.
② 李博，佟连军，韩增林. 东北地区煤炭城市脆弱性与可持续发展模式[J]. 地理研究，2010，29(2):361-372.
③ 孙荣，彭超. 东北地区煤炭类资源型城市转型的路径探索：基于地方政府主导的视角[J]. 行政论坛，2016(5):113-116.
④ 汤吉军. 东北地区资源型城市经济转型障碍与制度创新[J]. 党政干部学刊，2008(12):32-35.
⑤ 叶振宇. 东北地区经济发展态势与新一轮振兴[J]. 区域经济评论，2015(6):61-67.

快供给侧改革;二是保持投资规模,优化投资结构;三是加强民生保障,优化创业氛围;四是建立人才激励机制,促进科技创新能力提升;五是争取国家优惠性政策支持,谋求自身良性发展①。周民良认为,东北地区资源型城市在"再振兴"战略机遇期,未来转型发展的方向与重点是实施规划先行战略;政策配套战略;提振产业、融合发展战略;以人为本,就业优先战略。同时,应实现政府扶持与市场机制有效结合,不断完善对东北地区资源型城市转型发展的政策支持②。

黄德林等从构建东北老工业基地内生经济发展动力机制入手,借鉴国内相关城市行政区划优化改革的经验,提出鹤岗市行政区划优化的具体路径:一是合并中心城区,拓展区域发展空间;二是利用林业资源与旅游资源成立新区,摒弃多头管理;三是打破郊区包围城区格局,统筹区域发展③。张逸昕以黑龙江七台河市为例,在分析其创新要素协同驱动现状的前提下,提出运用数据包络分析的方法,测度协同创新对产业转型的驱动效度,进而针对现存薄弱点从技术创新、制度创新和管理创新协同联动的视角提出转型策略④。王若菊等以我国最大的石油城市大庆市为例,通过定性和定量相结合的方法,阐述和论证了大庆市突破行政区划界限建立区域城市联盟的必要性、可行性以及联盟模式,探索解决东北老工业基地资源型城市转型发展的新路径⑤。

四、东北资源型城市产业转型

资源型城市竞争力重塑与提升的系统工程有三大支柱,即经济发展、社会转型、环境改造,其中产业转型是该系统工程的原始动力⑥。东北资源型城市产业转型的对策建议,众多学者给出了各自的看法。宋冬林认为,东北老工业基地资源型城市转型需要借鉴国外成功经验,但又不能照搬国外的做法,必须纳入区域经济振兴视野,并从制度创新、区域资源整合、人力资源开发和产业调整等多角度全方位考虑,多管齐下,综合治理⑦。姜四清等在全面评估东北老工业基地振兴战略实施成效的基础上,科学分析了国内外经济格局调整为东北地区振兴带来的新机遇和新挑战,并提出全面推进东北老工业基地振兴的战略:由"单项突破"转向为"全面振兴","效率"与"公平"兼顾下的区域经济均衡发展战略,"基本社会服务均等化"的区域社会发展战略以及"问题区域"的可持续发展战略⑧。孟芳等通过对东北三省资源型城市产业发展中的资本构成分析,提出调整产业结构、劳动力就业和再就业、政治社会环境的建议⑨。

---

① 周韧."一带一路"背景下东北地区经济发展研究[J].经济视野,2017(22):180-181.
② 周民良.东北地区"再振兴"战略下资源型城市转型发展研究[J].经济纵横,2015(8):58-63.
③ 黄德林,张佳琪.国家资源型城市行政区划优化研究:以黑龙江省鹤岗市为例[J].中国国土资源经济,2017(6):44-48.
④ 张逸昕.协同创新驱动下黑龙江省煤炭资源城市产业转型研究[J].煤炭经济研究,2016,36(9):10-13.
⑤ 王若菊,王士君.东北地区资源型城市转型的城市联盟制度探索:以大庆为例[J].城市发展研究,2009,16(9):1-4.
⑥ 吴奇修.资源型城市产业转型研究[J].求索,2005(6):49-53.
⑦ 宋冬林.东北老工业基地资源型城市发展接续产业的理论认识[J].求是学刊,2004,31(4):50-54.
⑧ 姜四清,王姣娥,金凤君.全面推进东北地区等老工业基地振兴的战略思路研究[J].经济地理,2010,30(4):558-562.
⑨ 孟芳,邱丽娟,李振甲.基于东北三省资源型城市的产业结构研究[J].财务与金融,2011(6):35-38.

李雨停等从生态功能约束、地理区位障碍、工业化城市化空间缺乏、社会发展成本高昂和体制机制约束5个方面分析了东北地区国有林业资源枯竭型城市转型发展面临的问题与困境。针对转型面临的困境与障碍,从4个方面提出了转型发展的思路建议:建立林区资源开发利益共享机制、构建区域生态补偿机制、发展实体工业经济和优化林区人口布局[①]。徐卓顺等提出,为推动东北地区资源型城市的转型发展,可引入精明增长理念,科学制定城市总体规划和各项具体措施,合理布局城市空间功能,引导资源型城市产业的高级化、合理化和生态化发展[②]。对于基本实现了产业结构升级和经济可持续发展的成功典例,周慧对辽宁省盘锦市进行研究,总结了盘锦市改变单一资源产业结构成功转型的诀窍是:及时把握转型时机,明确城市定位,科学选择产业转型模式,处理好原有产业与新接续、替代产业之间的关系,善于借助外力帮助产业转型,充分发挥政府和市场的主动性,尤其是加强政府的引导作用[③]。杨宇等针对东北地区资源型产业持续发展提出了针对不同资源型产业实施差异化的产业调整方案,加快技术创新体系建设提高资源型产业附加值,以产业区为空间支点推动资源型产业政策精准化,以大型企业集团为抓手推动资源型产业空间优化配置和利用境内境外两种资源的对策建议[④]。

五、东北资源型城市接替产业

东北地区城镇化的动力和源泉是发展战略性新兴产业。李旭红等认为,东北煤炭资源枯竭型城市转型需要制定煤炭资源枯竭型城市产业转型的总体规划;加强勘探工作,寻找新的资源开采地或加强资源的深部开发,延长矿山的服务期限;用高新技术培育接续产业;完善区域技术创新体系,促进科技工业园区和现代农业科技园区的发展;建立一套完善的人才引进机制,营造良好的人才使用环境;发挥科技教育的先导作用,重视技术进步和人才培养[⑤]。刘非结合东北老工业基地城市的特点,制定了5条转型方案:一是加大补勘找煤工作力度,增强危矿保障能力;二是壮大机械装备制造工业;三是发展现代生态农业;四是扩大对外开放力度,增强经济活力;五是改善自然生态环境,建设资源节约型城市[⑥]。祝滨滨等从保护生态、提高环境可承载能力的研究视角出发,以东北地区资源与地理区位特点为支撑,以生态学、区域经济学和产业经济学为理论基础,从资源整合、强化生态意识、增强科技创新、加强人才培养、利用税收激励杠杆、完善法规、推动政府职能改革、加快新能源研发替代等方面探讨了东北地区战略性新兴产业的发展路径[⑦]。

---

① 李雨停,张友祥.东北地区国有林业资源枯竭型城市发展问题及转型思路研究[J].东北师大学报(哲学社会科学版),2014(3):118-122.
② 徐卓顺,张家瑞.基于精明增长的东北地区资源型城市转型发展研究[J].经济纵横,2018(5):68-75.
③ 周慧.经济新常态下东北地区城市产业转型问题研究:以资源型城市辽宁省盘锦市为例[J].环渤海经济瞭望,2016(8):41-45.
④ 杨宇,董雯,刘毅,等.东北地区资源型产业发展特征及对策建议[J].地理科学,2016,36(9):1 359-1 370.
⑤ 李旭红,安树伟.东北煤炭资源枯竭型城市产业转型的科技支撑[J].中国科技论坛,2005(4):21-25.
⑥ 刘非.东北老工业基地资源枯竭型城市产业结构转型[J].沈阳师范大学学报(社会科学版),2012,36(6):85-87.
⑦ 祝滨滨,吴明东.基于生态视角下东北地区战略性新兴产业发展路径选择[J].东北师大学报(哲学社会科学版),2016(2):125-128.

资源型城市在确定发展接替主导产业的同时也应大力发展高附加值的现代服务业。随着旅游业的蓬勃发展，东北地区资源型城市也积极开发旅游经济。东北地区工业遗产资源丰富，底蕴深厚，具有很高的旅游开发价值。而且东北地区各地人文亲和，风俗习惯、文化传承、社会生活非常相似，区域内各城市之间既有差异性、特质性、多样性，更有互补性、丰富性、关联性，这些正好契合了旅游产业"内合外放"的基本要求，从而使得东北地区具备了增强区域旅游合作、建立紧密的大东北旅游圈的优势基础。而从大东北旅游圈的视角来审视，东北地区资源型城市旅游业的发展具有了特殊机遇，势头已经扬起，具备"大有所为"的基础和空间①。韩福文等将东北地区工业遗产旅游资源划分为五大类：工业文物、工业建筑、工业遗迹、工业城市与工业区、非物质工业遗产，提出工业遗产旅游资源开发的基本策略是保护性旅游开发、整体性旅游开发、系统性旅游开发、综合性旅游开发②。

东北地区资源型城市如何才能发展好旅游业？马立敏等从开展工业遗产普查、整合多重旅游资源、联动发展生产游和遗产游、发挥政府主导作用4个方面提出开展工业遗产旅游的构想③。耿建忠等认为，东北地区资源型城市发展旅游产业应该制定资源型城市旅游业发展转型扶持政策，设立资源型城市旅游发展专项基金，编制旅游业发展专项规划，理性选择旅游产业能否作为接续产业，积极开发区域内部客源市场④。

东北资源型城市发展旅游业，也需要加强区域旅游合作。耿建忠等以东北老工业基地的16个地级资源型城市为例，通过旅游产业区位熵、弹性系数和集中系数等相关指标，揭示旅游产业发展潜力和存在的问题，对其旅游产业发展提出如下建议：第一，制定资源型城市旅游业发展转型扶持政策；第二，编制东北资源型城市旅游业发展专项规划；第三，设立资源型城市旅游发展专项基金；第四，理性选择资源型城市旅游发展试点，实现有限开发；第五，积极开发区域内部客源市场；第六，贯穿循环经济理念，实现经济、社会和环境共赢；第七，积极融入区域旅游网络⑤。黄德林等结合鹤岗市行政区划与旅游资源分布实际，借鉴国内相关旅游城市行政区划格局调整的实践经验，提出了一条适合鹤岗市发展全域旅游的行政区划优化路径：首先合并中心城区发展矿山文化旅游；其次成立黑龙江沿江经济技术开发区，发展沿江生态旅游；再次注重宣传推广，最终实现资源型城市的产业转型与振兴发展⑥。金雨针对国内不断兴起的地区旅游合作模式（如旅游联合体），以大连（加入旅游联合体的非资源型城市）、鞍山（加入旅游联合体的资源型城市）和本溪（未加入旅游联合体的资源型城市）为研究对象，通过构建以"旅游发展基础条件、旅游市场需求和旅游发展经济状况"为主体的城市旅游综合评价指标体系，运用熵权TOPSIS法对3个城市旅游综合发展进行评价并依据熵值法确定的权重对旅游发展影响因素的重要程度加以分析，结果发现：旅游联合体模式对资源型城市旅游业

---

① 周琳,潘石.大东北旅游圈框架下资源型城市旅游业发展研究[J].学习与探索,2010(2):155-157.
② 韩福文,佟玉权,王伟伟.东北地区工业遗产旅游资源系统开发探讨[J].改革与战略,2010(11):122-126.
③ 马立敏,李友俊,孙菲.东北地区资源衰退型城市工业遗产旅游开发研究[J].黑龙江八一农垦大学学报,2017,29(4):125-127.
④⑤ 耿建忠,吴殿廷,赵小芳.东北老工业基地资源型城市旅游发展研究[J].城市发展研究,2010,17(4):95-101.
⑥ 黄德林,张佳琪.全域旅游视角下国家资源型城市行政区划优化研究：以黑龙江省鹤岗市为例[J].资源与产业,2018,20(3):1-7.

发展具有一定的促进效应;资源型城市在旅游基础条件、市场需求以及旅游发展经济状况上的不均衡发展是制约其旅游综合发展的关键因素;旅游联合体资源型城市相较于非旅游联合体资源型在旅游基础发展条件方面有所改善。东北地区资源型城市发展旅游业,需要积极加入区域旅游联盟,构建城市旅游发展的区域网络;按需增设旅行社数量,提高城市旅游基础条件建设;开发与整合旅游资源,打造东北地区旅游带①。

六、国外资源型城市发展经验借鉴

对国外资源型城市发展的研究,拓展了对东北资源型城市研究的视野和思路。有学者对国外资源型城市进行研究,为东北资源型城市的发展提供思考和借鉴。李俊江等总结欧洲发达国家改造老工业基地的措施和经验,主要包括以下几个方面:第一,积极促进产业结构调整。法、德等欧洲发达国家都采取了一系列调整产业结构的措施,包括拓展产业领域,改变单一的产业结构;对一些资源已经枯竭的资源密集型产业逐渐削减产量直至最后停产;加快旅游、金融等第三产业的发展。第二,加大老工业基地改造中资金和技术的投入。欧盟从成立之初,目标之一就是对煤炭钢铁部门实行扶持保护政策并为此建立了相应的发展基金,如地区结构基金、欧洲复兴基金等。第三,加快环境的治理、改造和开发利用。德、法、瑞等国通过法律手段明确政府和企业在资源开发方面的权力与义务。第四,加强法律法规等制度建设。具体措施:引导原有的劣势企业合理破产、兼并或重组;引导资源和技术流向;扶植新兴产业;完善社会保障制度。第五,积极解决转型期的失业问题。英国采取政府引资帮就业的措施,法国采取补贴企业保就业的措施,德国采取多维改革促就业的措施②。张秀娥等认为,东北地区资源型城市实现经济转型,可以借鉴德国鲁尔工业区振兴的经验,以科学发展观为指导,以优化资源利用方式为核心,调整原有产业结构,发展高新技术产业;依托产业集聚,实现资源型城市经济发展;积极发展现代服务业,提升第三产业比例;提高全民创业,促进中小企业发展③。

第三节 东北资源型城市振兴发展的政策研究

东北资源型城市振兴发展离不开政府的支持。刘建伟等认为,推动东北资源型城市地方政府职能转变是实现城市可持续发展的一个重要前提,第一,要加强理论研究,借鉴国内外经验科学界定政府职能;第二,抓住地方职能转变的重点,理顺政企、政事、政社关系;第三,在整体配套推进改革中,促进地方政府职能的规范化;第四,促进政府职能协调发展;第五,加强政府自身建设,促进政府系统内部职能的合理配置④。王福君等认为,东北三省资源型城市都肩

---

① 金雨.东北老工业衰退背景下旅游联合体城市旅游发展评价研究:以资源型城市为例[J].国土与自然资源研究,2018(3):76-81.
② 李俊江,范硕.欧洲资源型城市复兴的经验借鉴:对振兴我国东北老工业基地的启示[J].吉林大学社会科学学报,2007,47(6):86-92.
③ 张秀娥,孙建军.从鲁尔区振兴看东北地区资源型城市经济转型[J].学习与探索,2009(3):151-153.
④ 刘建伟,赵闯,李飞.略论东北地区资源型城市政府职能转变[J].党政干部学刊,2006(12):20-21.

负着振兴和转型两副重担,需要政府制定产业组织培育政策、技术支持政策、财税援助政策、金融援助政策和企业退出扶持政策,积极支持资源型企业发展接续产业和替代产业[①]。《改革》服务中央决策系列选题研究小组认为,要实施新一轮东北振兴战略,应创新国企体制机制、投融资导向机制、产业园区构建机制、产能转换重建机制、域外资源开发机制、反向梯度倾斜机制;构建以"联合园区"模式为主的区域合作机制,做好成本分担和收益分配工作;结合市场需求进行城市转型定位,对资源型城市加大转移支付资金扶持力度,实施差异化的政策[②]。周民良认为,为把握新一轮东北振兴的重大机遇,需要进行结构性的改革,采取深化东北地区体制改革、振兴东北制造业、推动地区技术创新、深化国有企业改革、推动资源型城市转型发展、推动东北地区与京津冀协同发展、推动东北地区与内蒙古东部一体化发展、推动东北地区对外开放等措施[③]。

税收政策是促进东北地区经济发展的重要支持政策之一。李绍平等认为,实施振兴东北战略的前提是东北老工业基地应尽快实现增值税转型和企业所得税制并轨,扩大资源税和城镇土地使用税征税范围,调整税收优惠政策,使其充分发挥政策导向功能。并且在改革中应注意加强东北地区投资环境建设和区域内税收政策协调管理,建议开征协调发展税,以缓解国家因区域税收倾斜而造成的财政压力[④]。安体富等认为,在实施振兴东北老工业基地的过程中,在财政支出政策的选择上,可以通过发行长期建设国债以及财政参股、财政贴息、财政投融资等方式加大政府投资的力度,也可以通过加大中央财政转移支付力度,兼顾效率与公平。在税收政策选择上,第一,在继续推进增值税转型的同时,适当扩大增值税进项税额的抵扣范围;第二,降低企业所得税税负,促进民间资本的流入;第三,加快取消农业税的步伐,充分发挥东北地区"大粮仓"的作用;第四,加大对出口退税的支持力度,提高东北地区出口产品的竞争力;第五,充分发挥税收优惠政策的积极效应,促进东北地区经济的协调发展[⑤]。王曙光等认为,振兴东北老工业基地的财政措施有:调整和完善税收制度,调整税收优惠政策的取向,逐步加大中央财政一般性转移支付的规模[⑥]。刘洋等运用博弈论的分析原理,探索加快东北资源型城市转型的财政支持建议,从中央层面上看,可从以下几个主要方面进行改革:首先是加大中央财政转移支付力度,助推东北资源型城市转型;其次是增发地方债券,为转型提供资金保障;最后是制定监督机制,提高转型资金使用效率[⑦]。

---

① 王福君,申崇女.东北三省资源型城市转型过程中的问题及政府扶持政策建议[J].工业技术经济,2007,26(7):17-18.
② 《改革》服务中央决策系列选题研究小组.新一轮东北振兴的体制机制、区域合作与资源型城市转型[J].改革,2016(9):59-67.
③ 周民良.以结构性改革推进东北持续振兴的八大关键措施[J].经济纵横,2017(8):45-49.
④ 李绍平,王甲山.振兴东北老工业基地的税收问题及对策研究[J].东北大学学报(社会科学版),2004,6(4):256-259.
⑤ 安体富,王海勇.振兴东北老工业基地的财政政策取向[J].中央财经大学学报,2004(6):9-14.
⑥ 王曙光,周丽俭,刘彬.振兴东北老工业基地税收政策模型及政策研究[J].学术交流,2007(8):104-106.
⑦ 刘洋,陈亮.基于博弈论的东北资源型城市财政支持建议[J].中国管理信息化,2011,14(8):26-27.

第四节　东北资源型城市社会发展研究

东北资源型城市的发展困境诱发了诸多社会问题,其中最主要的是失业问题和社会保障问题。大批下岗工人形成新的贫困群体,就业的结构性矛盾十分突出。为解决失业问题,李雨潼提出,积极提高劳动力资源素质;积极创造就业岗位,增加劳动力吸纳能力;合理配置现有岗位,减少在职闲暇;解决好最低生活保障和再就业之间的矛盾4条对策[1]。郑文升等通过总结资源型城市沉陷安置区社区建设、居民就业、社会保障、接续产业发展等诸多问题,讨论了在棚户区的改造方式与安置位置选择、政府的贫困救助能力,以及城市经济转型中存在的不利于城市反贫困的主要障碍,并提出应通过采用灵活适用的改造模式、改善安置住房的区位条件、扩大救助贫困居民的地区援助、支持资源型城市自生能力增强等措施,促进棚户区长效改造、克服城市贫困[2]。

高素质人才的培养,是东北资源型城市振兴的智力保障。刘惠林认为,振兴东北老工业基地要求实现高等教育资源的合理配置。要建立以市场调节为基础的高等教育资源配置的运行机制,推进投资多元化,实现东北地区高等教育在科类、层次、布局上的优化配置[3]。王庆玲等从吉林老工业基地振兴与区域高等教育一体化关系角度,研究发现吉林省高等教育从高等教育一体化为地区经济服务、实施培养人才计划、实施科技创新计划和区域高等教育一体化等方面实践作为振兴东北老工业基地服务的历史使命[4]。

第五节　评价与总结

东北资源型城市的振兴发展是一个国家性的难题,对它的研究具有明显的阶段性,以第三阶段最为突出。目前,国内关于东北资源型城市的文献有数百篇,相关成果渗透到其发展的各个领域。①从学科角度来看,经济学、管理学、地理学、社会学、生态学等学科的专家和学者纷纷开展相关研究,从不同的研究背景、研究视角和研究方法着手,提出了各具特色的研究观点。②从研究内容上看,相关研究成果主要集中在经济发展领域,对资源型城市发展思路与方向、产业转型的对策、体制机制改革等涉及较多,对资源型城市发展产生的社会问题研究较少。③从研究方法上看,描述性和定性研究占多数,动态分析少,缺乏对资源型城市发展的长时间研究;规范性和定量研究较少,理论支撑薄弱;个案研究较少,可复制性较差。

东北资源型城市振兴发展是一项涉及面广、周期性长的系统性的工作。现有的研究成果虽然丰富,但也有一定的局限性。在未来的研究过程中,需要运用综合学科的知识,在以下方面创新发展:①研究内容拓宽。东北资源型城市转型涉及政府、企业、产业和个人的方方面

---

[1] 李雨潼.东北地区资源型城市就业问题与对策分析[J].人口学刊,2007(2):54-58.
[2] 郑文升,丁四保,王晓芳,等.中国东北地区资源型城市棚户区改造与反贫困研究[J].地理科学,2008,28(2):156-161.
[3] 刘惠林.振兴东北老工业基地与高等教育资源配置[J].黑龙江高教研究,2004(10):1-3.
[4] 王庆玲,王庆书.吉林老工业基地振兴与区域高等教育一体化关系研究[J].现代教育管理,2010(4):30-34.

面,应该将宏观的政府职能转变、体制机制改革,中观的企业改革、产业转型,微观的职工就业、社会保障等结合起来。②研究方法多样。将定性与定量研究相结合,理论与实证研究相结合,个案与共性研究相结合,运用科学的方法揭示东北资源型城市振兴发展的一般规律和趋势。

第八章 经济技术开发区管理体制前沿问题研究

开发区是经济发展的强大引擎和对外开放的重要载体[1]。开发区是依托明显的区位优势进行必要的基础设施建设,通过高效率的运行管理机制,同时给予相应的扶植和优惠待遇,以兴办外商投资企业、资金密集型企业和高新技术产业为主的经济区域。开发区按其规模等级,可以分为国家级开发区、省级开发区和市级开发区[2][3]。经济技术开发是我国最先建立的开发区类型,具有数量多、分布广、影响力深等特点。

管理体制是指管理系统的结构和组成方式。具体地说,管理体制是规范体制内各个系统之间的权限职责、管理范围、利益及其相互关系的准则[4]。它的核心是管理体制内各个子系统的关系协调,这种关系协调的强弱直接影响到效率和效能,对整个管理体制系统起着决定性作用。开发区是城市建设的有机组成部分,也是我国改革开放战略的重要内容。总结开发区发展研究成果和经验教训,对下一步社会发展和经济结构调整具有重要意义。

本章研究主要包括国内外关于经济技术开发区管理体制研究的文献和国内对于政府管理体制改革相关文献。通过分析目前国内外专家学者对经济技术开发区管理体制研究的总体概况,梳理、总结了相关文献,评述了国内外研究现状和存在的问题及其可能的原因,并提出了未来研究可以发展的方向。

第一节 国外相关研究进展

经济技术开发区在国外又称为经济自由区,是国家或地区为了吸引外部生产要素,利用自身在土地、财税等方面的优惠政策划出一定区域,以促进经济的发展。目前对经济开发区的研究主要集中在经济和贸易方面,综合起来,国外对经济开发区研究的内容如下。

一、关于经济开发区的形成机理研究

20 世纪 30 年代,有学者从开发区对于促进当地城市发展的要素进行对比研究。经济学家凯恩斯在其经典代表作《就业、利息和货币通论》一书中指出,促进城市经济增长的动力主要来源是外界对城市生产的某些产品的需求,这一理论也被用于解释经济开发区,特别是强化经济开发区基础设施建设的原因[5]。

---

[1] 张俊.改革创新行政体制机制再造开发区发展新优势[J].中国行政管理,2016(1):150-152.
[2] 何为.瑶海经济开发区的融资策略研究[D].兰州:兰州大学,2008.
[3] 项江霞.慈溪滨海经济开发区招商引资项目管理研究[D].上海:上海大学,2015.
[4] 许宁.中国经济开发区发展研究[D].成都:西南财经大学,2007.
[5] 李淼.困境和出路:转型期中国开发区发展研究[M].北京:中国财政经济出版社,2008.

二、关于开发区管理模式的研究

莱恩在《新公共管理》中指出：不同地区和国家因为在经济实力、文化传统、社会制度等领域具有明显差异性，同时开发园区发展阶段不同，在园区管理体制与模式上也存在差异。所以他按照"三元参与理论"将开发区管理模式分为四大类，内容包括转会管理型、科研机构与大学管理型、公司管理型、政府管理型等管理体制[1]。

任职于美国加州大学伯克利分校的卡斯特尔和霍尔教授根据不同的管理模式将目前国际范围内的开发区与相似园区依据不同管理主体及模式分为4种，即行政部门管理体制的政府管理型、研究机构管理体制的大学管理型、企业管理机制的公司型以及社会组织管理机制的协会型[2]，并分别分析了4种体制下的区内主管机构的管理职责和权限问题。根据不同的类型，开发区所拥有的经济社会管理权限不同，但是在整体上表现出自主独立、权限充分、法律保障的态势。

三、关于开发区管理理念的研究

自主理念：鲍克在其发表的《中国开发区研究：入世后开发区微观体制设计》中提出开发区所配备的管理体制从属于内部结构方面的相关理念，并根据此理论分析现实中开发区管理体制的设计框架及构成要素。通过分析案例对理论进行验证，研究现实中开发区体制的发展。他认为开发区的管理体制应与当前经济发展趋势相一致，如全球经济一体化等，只有这样开发区才能够具有国际水平，其才能够符合公平、参与、透明、理性、可预测的现代体制要求，另外还要体现出可持续发展、载体提升、服务质量好、综合成本低、交易快速等特征[3]。

创新理念：约瑟夫·熊比特在《经济发展论》一文中阐述开发区创新理念；戴维斯与道格拉斯·诺斯在《制度变化与美国的经济增长》一文中，通过观察美国经济、分析美国制度，全面分析制度创新理论；盖伊·彼得斯在《政府未来的治理模式》一文中阐述，硅谷并非政府命令而形成的，是各种条件相结合而建立起来的。

四、经济学上有关产业、经济增长等方面的理论

国外开发区理论研究中将国外各种理论研究归类为增长极理论、产业集群理论和区域不平衡发展理论等几大类[4]。

"增长极"理论由法国的经济学家弗朗索瓦·佩鲁提出，他认为开发区现象可用"增长极"理论进行解读。"增长极"理论的主要观点是，增长中心的发展与增长是带动区域工业全面增长极为重要的因素。将"增长极"理论投射到开发区的发展与区域内的经济增长实践中，可得到较为一致的结论，即开发区作为某一区域内的增长中心，它的产业发展促进了区域内全面

---

[1] J.E.莱恩.新公共管理[M].赵成根,等译.北京:中国青年出版社,2004.
[2] M.卡斯特尔,P.霍尔.世界的高技术园区[M].李鹏飞,范琼英等,译.北京:北京理工大学出版社,1998.
[3] 鲍克.中国开发区研究:入世后开发区微观体制设计[M].北京:人民出版社,2002.
[4] 闫国庆.开发区治理[M].北京:中国社会科学出版社,2006.

的工业增长。经济学理论认为所有的资源都不是无限的,区域的发展也无法达到理想的均衡,如何将有效的资源提高至最大化的发展效率,则必须把资源集中起来使用①。

美国学者弗里德曼提出了"核心—边缘扩散"理论。这一理论与上文的"增长极"理论相似的观点是认为应集中资源,以推动整体的发展。他将某个相对确定的空间地域依据发展情况划分为两种,"核心区"和"边缘区",其中占有重要地位的是核心区的资源,核心区的资源最大化的有效配置,与边缘区的综合发展联系密切。核心区之所以发展迅速,除了经济发展的各项资源优势之外,还有一个极其重要的原因,即核心区所拥有的权力,使得边缘区服从、依附于核心区。在边缘区不断地接受核心区的发展辐射之下,也会形成自己新的核心区。

地区创造性理论也被认为是开发区的相关理论,它由美国学者安德逊(Anderson)提出②。他认为地区创造性是一种社会现象,最初只出现于具有高度竞争性的、具有良好内部和外部通信网络的地区。而良好的通信网络、高度的竞争性是可通过后期政府的政策与扶持不断发展可优化的,开发区正是这样一个建立区域内良好内外部环境的良好方式。

巴顿在《城市经济学:理论与政策》中讨论了企业群落与创新的关系,认为企业群落对创新有利,地理上的集中能给企业很大的刺激去进行改革③。保罗·克鲁格曼(Paul Krugman)在《递增收益与经济地理》中也同意巴顿的观点④。Alfred Marshall 著有《经济学原理》,他是第一个比较系统研究企业空间集群现象的经济学家,并且注意到了技术这一因素在集群过程中发挥的作用和集群带来的技术外溢⑤。阿尔弗雷德·韦伯(Alfred Weber)在《工业区位论》中,从工业区位理论的角度阐释了产业集群现象⑥。迈克尔·波特在《国家竞争优势》中把产业集群理论推向高峰,他从技术创新的角度探讨了集群经济的竞争优势,认为集群对培养国家和区域竞争优势具有十分重要的意义⑦。这些成果都推进了对开发区的研究。

区域不平衡发展理论是由 Myrdal 和 Kaldor 等经济学家和地理学家提出的,他们认为,平衡是相对的,投资只能有选择地在若干具备全面增长条件的部门或区域进行。

五、关于开发区的管理体制问题和政府的服务性研究

鲍克在《中国开发区研究:入世后开发区微观体制设计》一文中对经济开发区管理体制进行了研究,首先提出了"超自主结构"的概念,并设计框架,探讨体制在现实中的发展⑧。

体制理论的代表人物 North 在《西方世界的兴起》中说:制度因素是经济增长的关键,一种能够对个人提供有效激励的制度是保证经济增长的决定性因素,其中产权最重要。体制的

---

① 许学强,周一星.城市地理学[M].北京:高等教育出版社,1997.
② Anderson J E, Wassmer R W. The decision to 'bid for business': Municipal behavior in granting property tax abatements[J]. Regional Science & Urban Economics,1995,25(6):739-757.
③ 巴顿.城市经济学:理论和政策[M].上海社会科学院部门经济研究所城市经济研究室,译.北京:商务印书馆,1984.
④ Paul Krugman. Development, Geography and Economic Theory [M]. Cambridge, MA: MIT Press,1996.
⑤ Alfred Marshall. Principles of Economics [M]. London: Macmillan,1920.
⑥ 阿尔弗雷德·韦伯.工业区位论[M].李刚剑,陈志人,张英保,译.北京:商务印书馆,1997.
⑦ 迈克尔·波特.国家竞争优势[M].李明轩,邱如美,译.北京:华夏出版社,2002.
⑧ 鲍克.中国开发区研究:入世后开发区微观体制设计[M].北京:人民出版社,2002.

主要作用有两方面:一是提高政策的确定性,二是通过固有的方式降低成本[①]。

在政府服务研究方面,公共选择论的宗旨是把人类行为的两个方面重新纳入单一的模式,认为承担政府决定结果的人就是选择决策的人。新公共管理理论核心理念是"公民",强调政府要为全社会"公民"服务,强调政府治理上必须"效率与公平"相统一,要求政府从"治理"走向"善治"[②]。

诺贝尔经济学奖获得者科斯认为:"传统主流经济学在解释和分析落后国家政策方面,往往是失败的。原因是基于假定发达国家的基本经济体制已经在发展中国家普遍存在,如严密的法律、完善的组织安排以及与之相适应的文化和政治基础。"[③]

第二节 国内相关研究进展

在国内,开发区的形式主要有高新技术产业开发区、工业园区、农业园区、经济技术开发区、保税区等[④]。国内学者对开发区的研究起步比较晚,但随着改革开放的进程,国内学术界和政策研究部门对我国开发区理论的研究逐步增多,涌现了一批研究成果,这对于我国开发区理论发展具有极大的推动作用。

一、关于开发区的基本概念和总体理论的研究

在开发区的基本概念和总体理论上,国内学者分别从区域、管理范围上加以确定。何兴刚提出,开发区是以城市为依托,通过设置经济技术开发区扩大对外开放,扩大对外贸易和增加信息量服务,从而加强城市原有的功能[⑤]。唐慎认为,经济开发区是主要由政府主导或引导而建设起来的、相对独立的经济区域或行政区域[⑥]。

二、关于开发区管理模式的研究

开发区治理模式的研究也是学术界对于开发区相关理论研究的热点。开发区的管理模式,也就是其管理体制,是其发展中最为关键的部分。从开发区的角度来讲,其发展离不开政府政策的支持,所以开发区的管理模式应与政策相结合。部分学者研究了开发区管理体制或管理模式的变迁情况,主要集中探讨管理体制或模式的类型、优缺点以及适应性等问题。

朱永新等在《中国开发区组织管理体制与地方行政机构改革》中,总结相关经验,认为:政府完善设置开发区管委会及管理机构;逐步健全与开发区发展有密切关系的政策、法律、制度,让管理更加规范化与法治化;逐步转变成大社会、小政府的管理模式,构建起高效、精简的管理部门;逐步实现服务管理与宏观调控,明确政府与企业的关系;不断健全人事管理制度,

---

① Douglass C North. Institutions[J]. The Journal of Economic Perspectives,1991,5(1):97-112.
② James,Buchanan. The Theory of Public Choice [M]. The University of Michigan Press,1972.
③ 马丽娟.治理理论研究及其价值述评[J].辽宁行政学院学报,2012,14(10):77-80.
④ 刘厚俊,沈剑平,孙焰.开发区发展的理论基础与战略选择[J].科技与经济,2003,16(1):28-32.
⑤ 何兴刚.城市开发区的理论与实践[D].上海:华东师范大学,1995.
⑥ 唐慎.经济全球化中的跨国公司[M].上海:上海远东出版社,1999.

增强管理工作者的综合素质①。其中朱永新等对开发区的行政管理模式进行了分类:以行政职能为主的体制、公司职能为主的体制及两者兼具的混合型。他认为这3种模式各有特色,各个地区的开发区应结合实际情况选择合理的模式,就当前的应用状况来看,行政职能为主的体制被应用的范围最广。按照国外开发区管理主体的不同,把其管理体制加以分类,具体包括政府管理型、大学及科研机构管理型、公司管理型与协会管理型②。

赵文彦等在《新兴产业的摇篮:高新技术开发区研究》一书中,对我国开发区的行政管理体制进行了划分,指出其当前主要有如下3种:第一种是以监督与服务为主要内容,第二种是带有行政特色的企业管理体制,第三种是行政特色与企业特色兼具的管理体制,具有混合型的特点。他还指出,这几种体制都存在一定的优劣势,难以直接评判好坏,要结合具体的实际情况来进行。从开发区的角度来讲,其必须要在整个运行机制良好的前提下来选择合适的管理体制模式③。

唐礼智在推出的《硅谷模式的模仿与创新:以新竹和班加罗尔为例》一文中,将中国台湾新竹科学工业园及班加罗尔软件技术园在借鉴美国硅谷的管理体制下所构建的管理体制展开区别性研究,指出在不同的经济环境与社会条件下,管理体制应符合实际需求④。

雷霞认为,我国开发区管理体制经过20多年的演变,形成了3种比较稳定的类型:政府主导型、企业主导型、政企混合型。这3种类型的管理体制都在不同程度上促进了我国开发区的建设与发展,同时也面临着越来越多的困难与挑战。应从理顺开发区管委会与企业的关系等方面入手进行改革,不断完善开发区管理体制⑤。

徐向峰指出,中国很多开发区已经从最初的纯经济功能区演变为一级政府或准政府,并以中国3个典型国家级开发区(广州开发区、苏州工业园区、大连开发区)为例,对中国开发区管理体制演变历程进行梳理,提出深化管理体制改革已经势在必行,并指出了中国开发区管理体制改革的基本路径⑥。

赵晓冬等按管理的主体、形式、权限差异,将开发区管理体制划分为"政府主导型""政府参与型"和"政府服务型",通过对全国200个国家开发区的调查分析,得出我国四大经济区内都出现了国家开发区管理体制由传统的"政府主导型"向"政府参与型"过渡并向"政府服务型"转变的发展态势⑦。

肖新明认为,我国开发区发展过程中,形成了多种形式的管理体制。目前,学术界一般将其归纳为3种类型:政府主导型、企业主导型和混合型。并指出必须充分发挥开发区各个主体的作用,加强合作,才能保证开发区管理体制的良性运行⑧。

---

① 朱永新,等.中国开发区组织管理体制与地方行政机构改革[M].天津:天津人民出版社,2001.
② 杨明瑞.国外高新区管理模式与体制研究[J].沿海企业与科技,2006(2):184-185.
③ 赵文彦,陈益升,李国光.新兴产业的摇篮:高技术开发区研究[M].北京:科学技术文献出版社,1990.
④ 唐礼智.硅谷模式的模仿与创新:以新竹和班加罗尔为例[J].城市问题,2007(10):93-97.
⑤ 雷霞.关于我国开发区管理体制的类型及其改革的思考[J].齐鲁学刊,2007(6):154-157.
⑥ 徐向峰.中国开发区管理体制演变规律和创新路径[J].石家庄经济学院学报,2011,34(5)36-38.
⑦ 赵晓冬,王伟伟,吕爱国.国家级经济技术开发区管理体制类型研究[J].中国行政管理,2013(12):56-59.
⑧ 肖新明.我国开发区管理体制研究[D].武汉:华中师范大学,2015.

三、关于开发区社会管理权限的研究

部分学者在分析管理体制时对权限问题有所论述,现有研究文献的讨论主要集中于以下两点:

一是普遍认为目前开发区经济社会管理权限下放不足,被相关政府部门截留。

公维才认为,开发区存在的问题究其原因,首先是法律问题[①]。开发区管理机构没有明确的法律地位使得开发区管理机构的权威受到质疑,从而影响到日常的管理与服务。法律问题的另一个表现是对管理机构的职责权能界定不清晰,授权不够充分。

张志胜认为,开发区管理机构的法律地位不明确导致在行使职权时遭遇尴尬局面,并且开发区在新时期面临新旧体制的碰撞,导致开发区拥有的一些管理权限不能得到有效落实[②]。

孙国茂分析了开发区目前存在的经济社会管理权限的现状与现实困境:新时期伴随开发区的拓展以及城市化的推进,开发区面临日益复杂繁重的社会管理任务。另外开发区管理机构与所在区域的行政机构之间职能职责有交叉,在公共服务供给方面市场出现错位与缺位现象[③]。

徐向峰通过对苏州工业园区、大连开发区、广州开发区3个具有典型意义的开发区的分析,指出开发区的经济社会领域的管理权限不足[④]。

二是开展了对经济社会管理权力下放的一些制度和法律层面的讨论。

牟宝柱通过对发达国家和地区的开发区的管理体制中可供参考的有益经验的总结,认为我国的开发区社会治理可以通过制度创新和立法保障两方面进行。首先通过完善立法,赋予开发区管理机构法定权限与主体地位,其次是在市场化原则、科学化原则等指导原则下对开发区的管理进行制度化创新。具体可以通过精简机构、阶段性开放和过渡、政企分开、引进人才等方面进行[⑤]。

赵伟国也对开发区体制创新进行了探讨,认为开发区的治理创新应从领导机制、管理机制、减事放权机制、激励机制以及监管机制5个维度开展[⑥]。

张志胜对开发区创新路径作了详尽的探讨与分析,认为需要从法律体系建设、管理体制改革、构建制度竞争3个维度共同发力。同时加强管理队伍的建设,以及充分重视社会组织的积极作用[⑦]。

张治国等指出,当前开发区所面临的法律地位不明确、管理权限模糊、与所在的行政区体制关系不顺、设置司法机关法律依据不充分等现阶段开发区管理机构在法律层面存在的问题,进而从法律的角度对开发区的发展提出了几点设想:一是开发区管委会不宜升格为一级

[①] 公维才.谈我国开发区管理体制的法律缺失及法制建设[J].商业时代,2010(11):96-97.
[②⑦] 张志胜.国内开发区管理体制:困顿及创新[J].经济问题探索,2009(4):123-126.
[③] 孙国茂.开发区管理体制改革的现状、问题及对策:以宁波市为例[J].中国机构改革与管理,2014(4):36-39.
[④] 徐向峰.中国开发区管理体制演变规律和创新路径[J].河北地质大学学报,2011,34(5):36-38.
[⑤] 牟宝柱.中国高新技术产业开发区理论与实践[M].北京:中国物价出版社,1999.
[⑥] 赵伟国.办开发区就是要扬弃旧体制,建立新体制:关于开发区管理体制创新的若干思考[J].广东经济,2001(4):16-17.

政府;二是将开发区管委会定为政府的派出机关;三是开发公司从事开发区管理作为法律法规授权的组织①。以此通过完善开发区相关法律的健全与完善,加快开发区经济社会管理职能有效落实的进程。

四、从开发区管理方向、全国各区域的开发区实例进行论证的研究

对于开发区来说,确定其行政管理体制的发展方向关系重大。关于开发区创新体制改革方面,钱振明等分析了当前江苏省在行政管理体制方面存在的不足之处,并就促进其行政管理改革提出了几点建议②。

任敬喜就当前开发区行政管理体制普遍存在的问题展开探讨,也就是政府的规模、角色与行为等方面,提出政府在设置相关机构的时候,应从综合性与高效性考虑,使得整个高新技术开发区得以在多个方面大胆进行创新,如劳动人事、经济运行、投资及社会保障方面等③。

张克俊就如何提升开发区公共服务质量展开深入探讨,要求其应杜绝管理部门效率低下、机构臃肿问题的管理模式④。

费洪平等谈及开发区管委会的重要性,认为应该将高效作为基本原则,强化自身的行政管理职能,有效地驾驭开发区的整体规划⑤。

张靖以蛇口工业区为例,探索了开发区管理体制演进的阶段性及其模式:由集权到分权,由政企合一到政企分开,通过内部与外部动力因素,共同推动了开发区管理体制的演进⑥。

王科等指出,武汉东湖高新技术开发区建立以来成效显著,但管委会也面临法律缺失、示范效应不突出、行政体制运作不畅、政企不分等问题,这是立法缺乏顶层设计、行政职能越位错位、社会中介组织不发达等造成的。提出应加强开发区法治建设、转变政府职能、强化示范效应、培育社会中介组织、处理好与同级政府职能分工等⑦。

冯冬以北京经济技术开发区为例,指出北京经济技术开发区与其行政区管理人员交叉任用时出现人员职能模糊,开发区自身机构设置逐渐膨胀,开发区与行政区经济和社会职能分工不明确,开发区在决策和监管过程中由于管理层级的复杂重叠而降低行政效率等。提出了改革的核心是以政府职能分配为导向,开发区大力发展经济职能,将社会职能放权给北京大兴区政府⑧。

郑小勇以成都经济技术开发区为例,认为由于经济技术开发区相关法律的缺失、"大部制"改革落实不到位等原因,存在开发区管委会"条块关系"不顺、干部人事管理体制不健全等问题。提出强化开发区管委会管理权限、优化开发区管委会机构设置、改革管委会领导体制

---

① 张治国,李巍.经济开发区管理机构法律地位问题探析[J].红河学院学报,2014(4):43-46.
② 钱振明,钱玉英.江苏开发区行政管理体制改革建议[J].唯实,2016(1):80-81.
③ 任敬喜.中国开发区导论[M].济南:山东大学出版社,2000.
④ 张克俊.高新区和经济技术开发区发展比较研究[J].现代经济探讨,2006(3):22-26.
⑤ 费洪平,戴公兴.经济开发区产业规划与管理[M].北京:科学出版社,2000.
⑥ 张靖.开发区管理体制演进模式及启示[J].商业时代,2012(32):128-129.
⑦ 王科,李华胤.武汉东湖新技术开发区行政体制与职能问题研究[J]江苏商论,2013(2):67-70.
⑧ 冯冬.北京经济技术开发区管理体制改革研究[D].北京:首都经济贸易大学,2014.

和工作机制等手段深化管理体制改革[①]。

邓春玉在《我国开发区管理体制创新趋势分析:兼论广东湛江国家级经济技术开发区东海岛新区管理体制》一文中就开发区管理体制展开了细化而具体的分析[②]。

魏源等对创新城市治理模式提出了一些路径选择,对于城市化不断推进的开发区同样有参考意义。他们认为可从以下几个方面着手:第一,始终坚持民生的价值导向;第二,重视公民社会的培育;第三,加快配套的软硬件设施建设[③]。

周宇梳理了省级经济开发区的发展沿革,并以山东青岛经济开发区、浙江宁波大谢开发区、湖南长沙经济开发区、江西小蓝经济开发区为例,分析了以上4个典型开发区所选取的不同的治理模式,认为开发区应结合自身特色以及区位条件、定位目标等因素创新治理模式[④]。

第三节 研究评述与展望

关于国内外研究现状:①国内外研究开发区管理模式的本质是分析其管理体制。国外很多文献从经济学层面去分析、探索,对运行模式与管理体制的研究较少,直接研究管理权限的成果相对较少,且以劳动资源转变、资本流动、高技术理论为主;②我国建立的经济开发区,因为开发主体和地方政府有较大联系,所以开发区的发展与政府环境具有密切关系;③我国在研究开发区时重视微观分析,对其管理体制提出意见与建议,以及怎样设计管理体制才能推动与保障经济开发区的持续、高效发展;④开发区在发展的过程中会受到多方面因素的影响,如政治、法律、历史及当地风俗等;⑤针对开发区管理体制、治理模式的研究较为丰富,为研究向开发区下放经济社会管理权限也提供了一定的参考。

国内外研究存在的问题:①国外很多文献从经济学层面去分析、探索,对运行模式与管理体制的研究较少,直接研究管理权限的成果相对较少,且以劳动资源转变、资本流动、高技术理论为主;②国内学术界关于开发区内社会治理职责权能方面的研究比较少,以"管理权力(权限)""经济社会管理权力(权限)"为关键词搜索文章主题的数据较为零星;③国内关于开发区的研究多停留在对国外相关理论的诠释和国内外发展模式的总结上,结合我国开发区发展中的现实困境,全面研究开发区承接社会治理职能与权限问题的成果较少;④国内学者对经济开发区的研究无论是从局部区域还是实例研究,都可以提供不少的参考,但系统性的研究还比较缺乏。

未来可以研究的方向:①可从经济技术开发区的管理权限角度研究。针对开发区管理体制、治理模式的研究较为丰富,为研究向开发区下放经济社会管理权限也提供了一定的参考。②开发区在发展的过程中会受到多方面因素的影响,如政治、法律、历史及当地风俗等。就我

---

① 郑小勇.成都经济技术开发区深化管理体制改革专题研究[D].成都:电子科技大学,2015.
② 邓春玉.我国开发区管理体制创新趋势分析:兼论广东湛江国家级经济技术开发区东海岛新区管理体制[J].城市发展研究,2007,14(1):111-118,126.
③ 魏源,赵晖.社会管理创新视角下的网格化治理模式研究[J].湖北民族学院学报(哲学社会科学版),2013,31(6):64-66.
④ 周宇.省级经济开发区管理模式的发展沿革与创新路径[J].商业经济研究,2012(15):135-136.

国目前的行政状况来看,其与欧美等国存在很大的出入,所以在进行体制改革的过程中应侧重于公共管理导向方面,采用各种路径综合的办法,强化服务理念,促进自身发展[①]。③在开发区管理体制和运作模式研究方面,多偏重高技术理论、资本流动和劳动力转移等,日后可关注到开发区日益凸显的社会治理需求并从这个角度进行研究。④国内学者对经济开发区的研究较多,无论是从局部区域还是实例研究,都可以提供不少的参考,但系统性的研究还比较缺乏,经济技术开发区的产生和发展是伴随着我国经济体制改革的发展大方向与大环境而不断深化改变的,经济技术开发区的管理体制改革也与我国政府机构改革和职能转变机构调整的过程紧密相连[②]。这就要求经济技术开发区的管理体制必须能顺应市场经济发展的浪潮,确定自身定位,制定一套符合自身发展的管理体制和管理模式,为社会提供公平的产品和满意的公共服务。

---

① 陈建.政府管理创新与经济发展的互动关系分析[J].改革与战略,2008,24(12):12-14.
② 王亚伟.新公共管理理论对我国公共管理的启示[J].中共郑州市委党校学报,2011(6):61-63.

第九章 农村基层治理前沿问题研究

第一节 研究目的和意义

党的第十八届三中全会首次提出推进国家治理体系和治理能力现代化,"治理"的理念从学术层面向公共政策层面转换。中国的农村不但地方大,而且经济社会发展很不平衡。从1949年中华人民共和国成立到十八届三中全会,乡村治理实现了从革命到发展、从集权到分权、从人治到法治、从专政到民主和从国家到社会等方面的历史转变。尤其是改革开放以来,随着农村基层民主的增强,经济社会发展的非均衡性更为突出。在2000年左右的时间里,大量以农民负担沉重、乡村债务恶化、乡村干部腐败、干群关系紧张、农民群体上访剧增为表征的问题,在乡村社会层出不穷,给乡村治理带来了严重的困境,进而影响到整个基层政权的合法性问题。农村发展历来是影响国家发展的重要因素,乡村社会治理得到了党和国家的重点关注。在2014年中央一号文件中特别指出,"要不断推进农村基层民主政治建设,提高农村社会管理科学化水平,建立健全符合国情、规范有序、充满活力的乡村治理机制"。十九大报告中明确了全面深化改革总目标是完善和发展中国特色社会主义制度,推进国家治理体系和治理能力现代化,加强和创新社会治理,维护社会和谐稳定,确保国家长治久安、人民安居乐业,提出今后的发展战略要实施乡村振兴战略,不断加强农村基层工作,健全自治、法治、德治相结合的乡村治理体系建设。在当前我国的农村基层管理工作中,乡村治理作为一个重要的管理内容,在农村基层工作中发挥着十分重要的作用。当前我国的乡村治理工作还存在很多的不足,这些问题严重影响了我国农村基层管理工作的顺利开展。

中国几十年的新农村建设改变了农村疾贫落后的状况,农村在基础建设等硬件方面有了很大的改善,但是对比于社会整体现代化和民主化的步伐,农村治理仍然显现出乏力和低效。农村在近几年的治理中几乎没有新的突破,农村发展似乎出现了停滞的现象。这说明目前农村的治理存在问题,找准问题并给出解决对策则是农村治理研究的主要目的。

本选题研究意义在于:

第一,关注民生,能否顺利解决"三农"问题已经成为影响我国社会进步和发展的关键。随着国家财政在农村投入的加大,农村公共产品的确得到了丰富,但是农民市民化的精神要求却不仅仅局限于硬件设施的提高,更要求做好农村的村落治理工作。村落治理的研究就是适应农村社会现实需求,改善基层民主,提高公共服务质量,增强农民幸福感,缩小城乡差距。

第二,力求通过研究,最大限度地反映出目前的农村基层治理状况,分析各种农村基层治理困境,总结其存在的原因,因地制宜地制定治理解决方案,为乡镇振兴战略的有效实施提供科学参考。

第三,从系统的角度观察整个农村社会,综合治理系统和治理主体关系结构的变化,构建治理系统的方式解决治理遇到的问题,可能会对国内农村治理理论的发展,为我国农村的治理更有成效提供一些借鉴。

第二节 国内研究进展

一、关于农村基层治理的研究

党的十九大以来,党中央着眼于全面建成小康社会,把扶贫开发工作纳入"四个全面"战略布局,大力实施精准扶贫,推动贫困地区和贫困群众加快脱贫致富奔小康的步伐。精准扶贫在提高农村贫困人口收入的同时,也改变了乡村的治理结构。以前,贫困地区普遍存在着乡村治理问题,上级政府的农村工作没有抓手;村级组织软、散;村民缺少有效的参与机制。精准扶贫在推进贫困村治理的同时,也给农村的社会治理提供了借鉴和思路。在精准扶贫中形成的一些乡村治理理念,如低收入农民优先受益,严格的政府监管、公开和民主的乡村治理机制,不仅是精准扶贫的重要保障,也是我国农村治理所应遵循的普遍原则。从这个意义上来说,精准扶贫改善了贫困村的治理结构,也为中国农村治理提供了经验。十九大报告提出健全自治、法治、德治相结合的乡村治理体系。乡村要振兴必须壮大集体经济,加强农村基层工作,要培养造就一支懂农业、爱农村、爱农民的"三农"工作队伍。十九大报告提出实施乡村振兴战略,很好地继承了党对"三农"问题一贯的重视并进行了创新发展,有利于形成村镇化与城镇化双轮驱动。

但是,当前国内学者关于农村村落治理的相关研究较少,大部分研究集中于农村基层治理方面。国内外学者关于农村治理的研究兴起于 20 世纪 80 年代,与这一时期的农村改革特别是村民自治的实施息息相关。目前学术界关于农村治理的研究在借鉴西方国家社区治理理论与研究方法的基础上,结合国内农村发展的实际情况,发展与完善农村治理研究的相关内容。目前学术界有关农村基层治理的研究成果日益丰富,在研究当前农村基层治理中存在问题的同时也揭露了其根源,并从自身的视角出发提出了有针对性的对策。本节将论述目前学者对农村基层治理的实施现状、取得的效果进行总结与评价。主要分为农村公共物品供给、土地争端、农村空心化治理以及农村治理主体多元化等领域。目前我国农村基层治理经过 30 多年的发展,取得了较大的成就,但也存在一定的问题。首先,为农民提供高质量、多样化的公共物品是我国农村治理的重要目的。目前我国农村地区存在公共物品供给不足、供给结构失衡等问题[①],因此,为更好解决这一问题,不少学者从不同的角度出发进行了研究,对公共物品供给不足的原因、解决这一问题的对策进行深入研究,提出了很多有前瞻性与实用性的对策。

对于农村基层治理的研究可以追溯至 20 世纪,梁漱溟从宏观角度看待乡土重建,以社会

---

① 李明. 中国农村政治发展与农村社会治理研究[M]. 北京:知识产权出版社,2011.

为本位探索乡村建设①。费孝通从经济社会转型的角度探究中国社会变迁的内在动力,在《乡土中国》等著作中指出"从基层看去中国社会是乡土性的"②。Lin Yifu 以博弈论解析了3年自然灾害,深刻剖析了人民公社集体化时期的乡村治理③。产业化的急剧发展,经济社会的转型发展,加之,乡村社会各项改革的渐次深入,农村社会正在或已经迈向全面发展和激剧发展的新时代。这些变化在给乡村发展带来巨大活力的同时,也造成乡村治理的新矛盾以及新挑战。正如李勇在《进城走了十八年:一个70后的乡村记忆》一书中从乡村记忆视角,展现了乡村社会的巨变,指出70后正经历着告别"乡土中国",走进"城市中国"的过程④。改革开放以来,基层治理的研究发展达到了一个新的高度。其中涌现的代表性学者有:张厚安、徐勇、项继权、党国英、温铁军、赵树凯、曹锦清、贺雪峰、肖唐镖等。徐勇探讨了中国农村政治稳定和发展与中国现代化进程的内在关联,剖析了村民自治作为一项制度的基本构架以及权力运作的具体过程⑤。温铁军从经济发展的视角说明了"三农"问题与制度变迁⑥。项继权立足于农村社区及共同体的变迁与发展的考察,探讨在开放社会下乡村共同体的重建问题⑦。围绕乡镇这一公共组织,赵树凯论述了农业税取消后的基层政府的制度环境与行为逻辑⑧。贺雪峰从乡土本色、村治格局、制度下乡、村庄秩序、乡村治理等方面呈现了当前中国农村转型期的全景图⑨。

20世纪80年代末,曹锦清等通过对浙北一个村庄的调查写出了《当代浙北乡村的社会变化变迁》⑩,此后曹锦清又通过对河南农村进行了广泛的调查后写出了《黄河边的中国》⑪,两本书实现了从对浙北一个村庄到对河南农村社区的研究,从某个层面上来说,完成了由个案到区域农村社区的研究。

俞可平认为,治理要讲究主体的多元化,政府、市场、社会等多个主体要互动与合作。因此,一个完整的农村社区治理体系应该包括社区治理的目标、社区治理的条件、社区治理的机制、社区治理的主体、社区治理的实际效果等⑫。甘信奎认为,应该以集中居住取代分散居住,社区自治取代村民自治,以社团取代家族,培养新的社区文化从而取代传统观念,努力建设服务型社区⑬。张铭认为,农村社区治理模式要破除民主选举的神话,因为民主政治作为一种社会治理模式有着较高的前提:如特殊的文化传统,社区自治的实践及传统以及公民意识的存

---

① 梁濑溟.乡村建设理论[M].上海:上海人民出版社,2006.
② 费孝通.乡土中国[M].北京:北京大学出版社,1998.
③ Lin Yifu J. Collectivization and China's Agricultural Crisis in 1959-1961[J]. Journal of Political Economy,1990,98(6):1 228-1 252.
④ 李勇.进城走了十八年:一个70后的乡村记忆[M].太原:山西人民出版社,2011.
⑤ 徐勇.中国农村村民自治[M].武汉:华中师范大学出版社,1997.
⑥ 温铁军.中国农村基本经济制度研究[M].北京:中国经济出版社,2000.
⑦ 项继权.中国农村社区及共同体的转型与重建[J].华中师范大学学报(人文社会科学版),2009,48(3):2-9.
⑧ 赵树凯.乡镇治理与政府制度化[M].北京:商务印书馆,2010.
⑨ 贺雪峰.新乡土中国[M].北京:北京大学出版社,2013.
⑩ 曹锦清,张乐天,陈中亚.当代浙北乡村的社会文化变迁[M].上海:上海远东出版社,2001.
⑪ 曹锦清.黄河边的中国[M].上海:上海文艺出版社,2013.
⑫ 俞可平.治理和善治:一种新的政治分析框架[J].南京社会科学,2001(9):40-44.
⑬ 甘信奎.中国当代新农村社区建设的现实条件及路径选择[J].理论导刊,2007(1):57-59.

在①。蔺雪春认为,在农村社区治理过程中务必要考虑这些因素:成本-收益分析,权力-权利,传统-现代的逻辑②。

李明在研究中指出,目前我国农村地区存在公共物品供给不足、供给结构失衡等问题③。随着农村选举的引入和推行,村委会用于农村公共物品的开支逐渐增加。陈潭等学者通过调研发现税费改革之后,"一事一议"制度是目前农村公共物品供给的主要方式,由于该制度自身的缺陷导致农村公共物品供给陷入困境④。因此,为更好地解决农村公共物品供给不足问题,张举国从治理主体多元化角度出发,主张将政府、农民、社会及市场等主体纳入供给中,从而构建多元供给模式满足农民需求⑤。

农村土地争端日益成为引起农村矛盾纠纷的重要原因。为更好地解决农村土地争端、化解农村社会矛盾,一方面陈丹等学者探究了农村土地纠纷产生的根源与原因⑥;另一方面何国长等学者通过调研,认为成立合作社或股份合作社,规范土地流转是解决土地争端的有效方式⑦。除此之外,白呈明指出通过深化改革、加强制度建设、完善法律、合理界定利益边界,构建和整合纠纷解决机制有助于土地纠纷得到及时解决⑧。

农村空心化日益成为我国农村基层治理所面临的巨大挑战,为更好地解决这一问题,我国学术界进行了大量探讨。王伟勤认为空心化意味着乡村社会组织日益解散,乡村社会逐步进入个体化时代⑨。张志胜⑩、陈家喜等⑪认为空心化会造成农村社会出现公共服务空心化、基层民主空心化等严重后果,同时指出市场化、工业化及城市化是农村空心化出现的根源。为解农村"空心化"之痛,王国华在研究中指出,韩日两国通过注重农村统筹城乡发展、提高农民组织化程度以及引导农民积极参与农村治理等措施促进农村社会可持续发展⑫。皮坤乾等认为,我国贵州省通过加快工业化、城镇化步伐,建设美丽乡村,形成了农村"空心化"治理的贵州模式⑬。以上举措可以为我国中西部地区解决农村空心化问题提供借鉴。陈家喜等认为通过明确农村社区建设的重心和方向,加快农业生产、农村公共服务、农村基层民主和农村社会文化等领域的政策革新,有助于促进农村空心化问题解决⑭。

郭丽兰在研究中指出,随着农村社会的发展,农村基层之中主体多元化日益成为农村基层治理的新特征。针对农村治理主体日益多元这一现状,一些学者认为多元主体的参与和合

---

① 张铭.乡土精英治理:当下农村基层社区治理的可行模式[J].理论参考,2009,36(4):41-44.
② 蔺雪春.新型农民组织发展对乡村治理的影响:山东个案评估[J].中国农村观察,2012(1):89-96.
③ 李明.中国农村政治发展与农村社会治理研究[M].北京:知识产权出版社,2011.
④ 陈潭,刘建义.集体行动、利益博弈与村庄公共物品供给:岳村公共物品供给困境及其实践逻辑[J].公共管理学报,2010,7(3):1-9.
⑤ 张举国."一核多元":元治理视阈下农村养老服务供给侧结构性改革[J].求实,2016(11):80-88.
⑥ 陈丹,陈柳钦.新时期农村土地纠纷的类型、根源及其治理[J].河北经贸大学学报,2011,32(6):71-78.
⑦ 何国长,刘转玲,王国兴.新农村建设背景下甘肃农村文化产业发展问题研究[J].社科纵横,2016(10):56-61.
⑧ 白呈明.农村土地纠纷的社会基础及其治理思路[J].中国土地科学,2007,21(6):35-40.
⑨ 王伟勤.农村空心化治理问题研究:基于韩国的经验[J].西安财经学院学报,2014(5):85-89.
⑩ 张志胜.土地流转视域下的"空心村"治理[J].新视野,2009(2):30-32.
⑪⑭ 陈家喜,刘王裔.我国农村空心化的生成形态与治理路径[J].中州学刊,2012(5):103-106.
⑫ 王国华.日本农村空心化治理特征分析[J].世界农业,2015(9):53-57.
⑬ 皮坤乾,杨凤雷.农村"空心化"治理的贵州模式[J].人民论坛,2014(14):209-211.

作是解决农村问题的有效尝试①。例如,为更好地实现农村环境治理,朱俊瑞等主张通过加强政府、NGO、企业及农民等主体的联系与合作,以此更好地实现农村环境治理。随着治理主体的多元,各主体在治理过程中形成了领导与被领导、非对称性互依、消长型及互促型4种权力关系②。袁金辉认为,目前我国农村治理模式仍然是以政府为核心的"单中心"治理,治理主体、方式较为单一,农民组织化程度不高,从而使多元治理主体在农村基层治理中尚未发挥应有的作用③。曾芳芳指出,出现这一困境的原因在于乡镇政府运行偏差、村委会角色错位、两委关系协调困境、精英阶层行为偏差、普通农民的失语等方面④。针对这一问题,李增元等指出应加快制定相关法律以此保障多元主体的平等地位,同时政府应转变职能,理顺村两委关系,提高农民的组织化水平,发挥农村社会组织的作用⑤。

二、关于农村基层治理模式的研究

进入21世纪后,学术界有关农村治理模式的研究日益兴盛,根据研究内容的侧重点,主要包括现有农村基层治理模式研究、农村基层治理模式创新研究等内容。

1.现有治理模式——村民自治模式

1949年以来我国农村治理模式经历了较大的变化,针对这一问题,学术界根据不同的标准有不同的划分。高广景依据年代将1949年以来我国农村治理模式划分为乡政并立、政社合一和乡政村治3个阶段⑥。韩小凤以治理主体为依据,将我国村级治理模式划分为人民公社体制下的一元治理模式、村民自治制度下乡政村治模式及初具雏形的村级多元治理模式⑦。

张兴权认为,随着农村人民公社体制的解体,我国乡村社会逐渐形成"乡政村治"的治理模式,即乡镇一级设政权与乡镇以下村实行村民自治。农村基层逐渐形成了村民自治模式⑧。徐勇等通过对村民自治的实施过程进行分析,认为村民自治经历了自生自发、规范规制、内生外动3个阶段。村民自治制度作为我国农村治理机制,既包括如何获取权力也涉及权力如何行使,涉及民主选举、民主决策、民主管理以及民主监督等领域⑨。涉及民主选举问题时,赵寿星认为,当前我国农村选举存在海选、两票制、预选、三上三下三公布4种选举模式⑩。

章荣君指出,目前我国农村村民自治制度存在较大的问题,首先,村民自治存在精英主政、治理主体单一等现象,致使村民自治陷入困境①;其次,4个民主发展不协调,过于重视民

---

① 郭丽兰.农村基层治理的主体变迁与机制创新:对广东省珠三角地区的考察与分析[J].中州学刊,2016(11):6-11.
② 朱俊瑞,赵宬斐.农村多元主体生态治理研究[J].浙江学刊,2016(6):109-114.
③ 袁金辉.中国乡村治理的回顾与展望[J].云南行政学院学报,2016(1):112-117.
④ 曾芳芳.农村治理主体多元化的制度构建与实践路径:基于农村治理主体结构困境的解析[J].四川行政学院学报,2008,24(5):65-68.
⑤ 李增元,李洪强.农村社区化治理:现状、问题及对策[J].中州学刊,2016,232(4):66-72.
⑥ 高广景.新中国农村治理模式变迁论[J].党政研究,2011(1):34-36.
⑦ 韩小凤.从一元到多元:建国以来我国村级治理模式的变迁研究[J].中国行政管理,2014(3):53-57.
⑧ 张兴权.乡政村治模式的困境与出路[J].党政研究,2013(5):102-105.
⑨ 徐勇,赵德健.找回自治:对村民自治有效实现形式的探索[J].华中师范大学学报(人文社会科学版),2014,53(4):1-8.
⑩ 赵寿星.选举模式与制度选择:中国农村村民自治选举评估[J].中国社会科学院研究生院学报,2000(3):53-58.

主选举,对后选举时代权力如何运用关注较少;再次,常安认为,农村空心化使得农村治理面临人才危机,从而造成农村治理陷入困境[②];最后,李明认为,乡村关系尚未理顺,两委矛盾较为突出。以上缺陷与不足致使村民自治制度在农村基层治理尚未真正实现自治,也使其在面临农村社会出现的新问题时难以为继[③]。韦开蕾通过研究认为,来自外部乡镇政府权力和村内部自治共同体个人或者集体滥用权力的双重挤压是导致村民自治不能真正实现的最大原因[④]。

2. 农村基层治理模式创新研究

随着我国农村社会经济的发展,农村基层治理面临越来越多的挑战,而现有治理模式由于自身面临的困境在应对农村基层治理出现的新问题与新挑战时难以为继,显得力不从心。因此对现有治理模式进行创新以此来更好地解决农村基层社会治理中存在的问题显得日益紧迫。

就创新农村基层治理模式而言,章荣君[⑤]及付翠莲[⑥]所提出的加强村民自治的民主协商、扩大村民自治的实施范围以及重塑乡村精英的"新乡贤治理"等模式都是在现有村民自治模式的基础上,寻求完善村民自治的路径,没有适应当前农村基层社会的发展,将农村基层治理中所涉及的所有主体都纳入其中,也没有能摆脱现有治理模式的框架。

一些学者从治理等理论汲取灵感,将治理主体多元化、方式多样化与农村治理实际相结合,以此在村民自治的基础上创建全新的治理模式。史兴静提出,当前我国农村应努力从依托行政权力、个人能力或个人暴力的力治向善治治理形式转型,以此实现农村社会治理模式的转型[⑦]。游祥斌主张将治理理论引入到村民自治模式的改革中,从而构建以村民委员会民主选举制度为核心,以村务公开为制度保障的新型治理模式[⑧]。特别值得肯定的是,一些学者针对当前我国农村基层治理主体日益多元的新特征,认为未来我国农村基层治理模式应是各主体的参与和合作。例如,陈思等提出了农村参与式治理模式,通过扩展农民及农村社会组织参与的范围,将多元治理主体纳入到参与治理农村公共事务的范畴中来,发挥农民在农村治理过程中的作用[⑨]。吴光芸主张将多中心治理理论引入到农村治理中,构建由政府、市场、民间组织、农民等多方主体所组成的多中心治理模式,通过相互协商合作来实现农村社会的有效治理[⑩]。还有学者将协同治理理论引入到新农村建设中来,构建了农村协同治理模式,以

---

① ⑤ 章荣君,2015.从精英主政到协商治理:村民自治转型的路径选择[J].中国行政管理(5):74-77.
② 常安,2015.改革时代的村民自治变迁历程:缘起、挑战与未来[J].学术交流(3):94-98.
③ 李明,2011.中国农村政治发展与农村社会治理研究[M].北京:知识产权出版社.
④ 韦开蕾,2013.对村民自治实践困境的审视:基于村民自治内外部制约因素的考察[J].湖北社会科学(9):17-20.
⑥ 付翠莲,2016.我国乡村治理模式的变迁、困境与内生权威嵌入的新乡贤治理[J].地方治理研究,69(1):67-73.
⑦ 史兴静,2007.从力治到善治:农村治理形式研究:以山东省潍坊市某县Y村为例[D].武汉:华中师范大学.
⑧ 游祥斌,2012.试论我国农村新型治理结构的重构[J].中国行政管理(1):39-43.
⑨ 陈思,凌新,2014.参与式治理视阈下农村治理模式创新研究[J].理论月刊(9):168-171.
⑩ 吴光芸.多中心治理:新农村的治理模式[J].调研世界,2007(10):3-5.

此为实现农村有效治理提供新的思路。

3. 关于乡村治理的研究

从乡村治理的相关研究来看,近代在国内从事乡村治理研究的学者颇多,其中最为著名的代表人物有梁漱溟、晏阳初和费孝通。梁漱溟由于受当时"泰州学派"的影响,曾经在国内发起过乡村建设运动,并出版著作《乡村建设理论》[1],王振耀的《中国村民自治理论与实践探索》等学术成果也从理论上对我国的村民自治进行了深入的探讨,为推动我国乡村治理的研究起到积极的作用[2]。

近些年来,乡村治理研究领域人才辈出,成果颇丰:如徐勇的《中国农村村民自治》,从理论上对中国村民民主自治的发展进程、制度体系、组织形式、活动内容、运作模式、影响因素、运作难度、未来走向分别进行了综合论述,该研究是在扎实的实地调查的基础上进行的理论综述,是研究中国农村村民自治较为系统的研究专著[3];彭勃以研究国家在乡村社会发展中的地位和真实意图为核心,充分分析了国家和乡村地方社会力量是如何相互作用的,提出了国家介入和地方治理的观念,并在地方治理的框架中研究国家推动的乡村民主,从农村治理结构和国家地方关系的角度加深对村民自治的进一步认识[4];贺雪峰对村民自治进行了全面的研究,以农村社会结构为基础,从农村实际出发,探索乡村治理的有效路径[5];仝志辉等主要是围绕权力的结构,通过对体制精英、非体制精英、普通村民三方权力主体的分析,阐释了权力在乡村治理过程中存在的问题[6];曹海林认为应以乡村公共权力为村民自治研究的切入点,摆脱传统的国家与社会的关系架构的研究思路,吸收治理理论等相关理论成果来推进乡村治理的深入研究[7];于建嵘以岳村为研究对象,通过对岳村一个多世纪以来的政治关系、政治控制、政治参与和政治文化的变迁过程进行客观的描述和分析,试图从政治社会学和政治人类学的角度,剖析转型期中国乡村政治发展的过程和特征[8];陈浙闽的《村民自治的理论与实践》等学术成果也从理论上对我国的村民自治进行了深入理论的探讨,为推动我国乡村治理的研究起到了积极的作用[9]。

从关于村落治理的相关研究来看,邹万平等在研究中指出,在村落社区建设的过程中,既有的村委会组织并不能作为主要的依靠力量,因为它们难以协调不同村落之间的利益,致使社区建设的意图和目标难以实现。因此,需要建立一个新的替代村委会的组织形式来推动村

---

[1] 梁漱溟.乡村建设理论[M].上海:上海人民出版社,2006.
[2] 王振耀.中国村民自治理论与实践探索[M].北京:宗教文化出版社,2000.
[3] 徐勇.中国农村村民自治[M].武汉:华中师范大学出版社,1997.
[4] 彭勃.乡村治理:国家介入与体制选择[M].北京:中国社会出版社,2002.
[5] 贺雪峰.乡村治理的社会基础[M].北京:中国社会科学出版社,2003.
[6] 仝志辉,贺雪峰.村庄权力结构的三层分析:兼论选举后村级权力的合法性[J].中国社会科学,2002(1):158-167.
[7] 曹海林.村庄公共权力:村治研究的切入视角及其解说模式[J].社会科学,2006(12):78-88.
[8] 于建嵘.岳村政治:转型期中国乡村政治结构的变迁[M].北京:商务印书馆,2001.
[9] 陈浙闽.村民自治的理论与实践[M].天津:天津人民出版社,2000.

落内部社区事务的开展。于是,村落社区志愿者协会应运而生①。

王江成等指出,村落治理是村落政治的主要内容,同时也是村落政治整合的内在要求,而要实现村落社会的善治和村落政治在国家制度范围内的合理发展,完善村治结构是其关键。通过对农村村落治理现状的考察发现:家族势力等自生秩序对村落治理影响较深,特别是能控制村治机构的产生,已经威胁到现代国家治理体系在村落的构建。这就需要强化国家权力的主导作用,整顿并整合村落家族势力:一要提升村落社会的自治能力;二要实现村落权力主体间良性互动;三要帮扶落后村落搞好经济建设;四要引导村落建立现代政治文化②。

杨莉芸认为"在后税费改革时代,农村市民社会已经有所发展,乡镇、村级、村民和各种民间组织完全可以形成多元共治结构",以更灵活有力的方式进行乡村治理③。尹焕三等从更高的角度分析了农村治理的架构,认为目前的县级、镇级和村级三级治理架构存在缺憾,如何协调三者之间的政策和职能执行问题,如何实现地方财政对农村的反哺问题,是新的农村治理所要解决的关键④。蔡为茂对以林业为主的农村加以研究,得出新的治理结构:"在林业地域管理角度来看,村一级民主的管理,即对分散开来的林业经营活动,增强村委会的管理能力;梳理基层组织与农协、林场等新经济组织的关系,促进多方之间的共同合作。"⑤游祥斌则单纯从村级组织入手,认为治理结构的完善,就是要"通过培育乡村自治组织促进村级治理主体的多元化;经由民主选举重塑村级权威合法性;通过村务公开构建村级权力行使的制度化保障"⑥。

关于我国村落治理的研究十分少,且研究得不够深入及具体。传统的村落社会不断地发生变化,改革开放之后受市场经济的现代化冲击,当下中国村落治理的品格变化、国家权力如何以一种新的治理方式与其实现互动和合作等问题,还需要学者们进行更加深入的研究。

第三节 国外研究进展

一、关于社区自治的研究

由于村落治理是我国城市化进程推进下的特色产物,在这种类型的治理研究方面,国外的研究不多,相关文献也很少,但国外学者们在社区自治方面做了大量的研究。

从社区概念研究来看,关于社区的定义,国外学者见解不一。社区一词最早由德国社会学家滕尼斯(Tönnies)提出,他认为社区是特定领域内的相互关联的社会群体,其强调社区作为共同体的特征。滕尼斯在1887年出版了《社区与社会》,其中他对"社区"进行了深入的阐

---

① 邹万平,余小芳,徐晓明.村落治理:新乡绅回归的未来与迷途[J].领导科学,2013(35):22-23.
② 王江成,李怡婷.家族势力影响下的村落治理研究[J].郑州轻工业学院学报(社会科学版),2014(2):21-23.
③ 杨莉芸.新型农村治理结构的重塑[J].四川理工学院学报(社会科学版),2011(6):1-4.
④ 尹焕三,李永春,高洪涛.我国农村治理架构运行中的偏差与矫正[J].青岛农业大学学报(社会科学版),2006,18(1):6-11.
⑤ 蔡为茂.农村改革与农村治理结构重构:永安农村建设的探索[J].探索与争鸣,2006(1):33-35.
⑥ 游祥斌.试论我国农村新型治理结构的重构[J].中国行政管理,2012(1):39-43.

释与思考,并将其与"社会"从概念、特征到本质进行了深入的分析,以期通过对比将二者从本质上区别开来。他认为社区和社会是两个不同的概念,社会关系的变化是社会的变迁所引起的,传统农村转变为现代都市,社会结构的两种理想形式便是"社区"与"社会"。滕尼斯所提出的社区概念为之后学者们对社区自治与治理的研究打下了基础[1]。法国社会学家埃米尔·杜尔凯姆(Émile Durkheim)的《社会分工理论》,通过对社会进行分工研究,总结了两种社区治理思路:一种是机械组合,另一种是有机组合[2]。芝加哥学派的帕克(Park)在《城市:对都市环境研究的提议》中,认为社区的基本特点可以概括为:一是在一定的地域内共同生活的有组织的人群;二是这些人口不同程度地与他们赖以生存的土地有着密切的联系;三是这些生活在社区中的人们都有一种依赖的互动关系,即"社区的根本特征包括按地域组织起来的人口;这些人不同程度地完全扎根于他们赖以生息的土地;社区中每个人都处于相互联系和依赖的关系中"[3]。关于社区自治,很多学者进行了研究,詹姆斯(James)认为社区自治的关键在于进行自我治理,若社区内的居民养成了自我治理的习惯,社区居民便会产生一种强烈的责任感和主人翁意识,也就更能促进塑造有公共精神和责任心的居民共同体,促进提升政府的责任意识及服务意识[4]。埃莉诺·奥斯特罗姆(Elinor Ostrom)则指出了自治规则,强调了制度的重要性,提出政府应当在制度规定的范围内实施民主和法治,同时应对政府自身进行规范,主张多中心治理模式,指出进行社区治理除了需要政府也需要其他多方治理主体的协作[5]。

二、关于中国乡村治理的研究

同时,外国学者对中国乡村治理的研究应该追溯到对近代中国农村的研究,美国社会学家葛学溥(Kulp)是最早以田野调查法为方法,以社会学、人类学为视角对中国村落进行研究的外国学者。在1918—1919年期间,在上海沪江大学任教的他带领学生对广东凤凰村进行较为彻底的家庭社会学调查,并出版了英文著作《华南的乡村生活:广东凤凰村家族主义社会学研究》[6]。他认为,要真正了解中国农村,不能仅仅依靠抽象的资料,而是要深入农村去研究这一群体或地区,这样才能深入群体,揭示中国农村的功能、过程和趋势。杜赞奇在其著作《文化、权力与国家:1900—1942的华北农村》中,以1900—1942年的华北农村为背景,描述了20世纪前半期国家对农村社会的极度控制,以及国家权力扩张背景下对华北乡村社会权力结构的影响。"国家政权建设"和"权力的文化网络"是两个核心概念。杜赞奇认为清末以来的

---

[1] Ferdinand Tönnies. Community and Civil Society[M]. Cambridge: Cambridge University Press, 2001.
[2] Émile Durkheim. The Division of Labor in Society[M]. New York: Free Press, 1997.
[3] Robert Ezra Park. The City: Suggestions for the Investigation of Human Behavior in the City Environment [M]. Chicago: Chicago University Press, 1925.
[4] James N. Rosenau. Governance in the Twenty-first Century [J]. Global Governance, 1995: 29-31.
[5] Elinor Ostrom. Governing the Commons: The Evolution of Institutions for Collective Action [M]. Cambridge: Cambridge University Press, 1990.
[6] Kulp Daniel Harrison, 周大鸣. 华南的乡村生活:广东凤凰村的家族主义社会学研究[M]. 北京:知识产权出版社, 2006.

国家政权建设导致"国家政权"①。弗里曼(Friedman)等的著作《中国乡村,社会主义国家》,从"权力的文化网络"和"庇护—依附体制"的双重视角分析了中国乡村存在的问题:农村是被村干部所控制而并非国家②;韦伯认为宗族为基础的自治组织在中国农村影响巨大,宗族势力在乡村治理中有着举足轻重的作用③。姜振华等的《华南的代理人和受害者:乡村革命的协从》对于乡村精英的研究成果颇丰④。

20世纪80年代,随着区域经济学的发展,研究者开始把目光转向"区域农村社区"的研究上,他们试图从区域的角度来寻找我国农村社区治理的方法。这些研究者中,以黄宗智、施坚雅、杜赞奇的成果最为显著。施坚雅把基层市场作为研究我国农村社区的基础,在他的研究中,成都平原的基层市场成为了研究对象。他根据对成都平原的基层市场的调查研究,系统阐释了对我国社会结构的看法,在他理论中,我国应该划分为若干个相对独立的基本市场区域,并以此作为研究我国农村社区治理的基础⑤。

Oi指出:国家、生产队和农民之间的权力关系及其利益斗争,是围绕剩余农产品的支配权而展开的。失去土地的农民,在农业生产、流通都高度集体化的体制中不可能支配农业剩余的,根本原因是他们不能自由支配自己。由此导致了农民对代表国家权力的地方干部的制度性依附⑥。

三、中国的治理体制及其解释理论前沿问题研究

美国俄亥俄州立大学博士李连江(Lianjiang Li)认为村民选举有助于提升村委会在村民群众心目中的权威地位。村干部要想获得村民支持并获得连任就要积极维护村民的利益,真正为村民谋福利,而村民也更愿意支持能够维护自身利益的村干部,也就是说,村民选举能够促进村委会干部与村民之间的双赢并建立彼此间积极的关系,同时也在一定程度上约束和督促了村干部的行为⑦。

国外研究中国农村问题比较有影响力的学者主要有欧博文(O'Brien)、罗伦斯(Lawrence)、何包钢(Baogang He)、史天健(Tianjian Shi)、戴慕珍(Jean Oi)、李连江(Lianjiang Li)和郑永年(Yongnian Zheng)等。从目前的资料来源来看,他们的研究成果主要是围绕着村民自治和村委会选举展开的。

关于村民选举与农村社会经济发展关系的研究。加州大学伯克利分校教授欧博文⑧认为

---

① 杜赞奇.文化、权力与国家:1900—1942年的华北农村[M].南京:江苏人民出版社,2003.
② Friedman,Edward,Pickowicz,et al.中国乡村,社会主义国家[M].北京:社会科学文献出版社,2002.
③ 马克斯·韦伯.社会学的基本概念[M].顾中华,译.桂林:广西师范大学出版社,2011.
④ 姜振华,萧凤霞.华南的代理人和受害者:乡村革命的协从[J].中国学术,2001(1):349-352.
⑤ 施坚雅.中国农村的市场和社会结构[M].北京:中国社会科学出版社,1998.
⑥ Oi J C. Fiscal Reform and the Economic Foundations of Local State Corporatism in China [J]. World Politics,1992,45(1):99-126.
⑦ Lianjiang Li. Elections and Popular Resistance in Rural China[J]. China Information,2001,15(2):1-19.
⑧ O'Brien. Implementing Political Reform in China's Villages[J]. Australian Journal of Chinese Affairs,1994(32):33-60.

集体经济的发展与村民自治的开展有着直接的联系,集体经济越发达,不仅能够为村民带来更多的益处,同时也提升了村民对村干部的信任和支持,更有利于规范选举的开展,增强权力运行的合法性。罗伦斯通过在河北农村的实地调研发现政治的发展更大程度上取决于农村地区的制度创新程度,而与经济发展水平"弱相关"[①]。澳大利亚大学教授何包钢等[②]通过在浙江农村的调查得出了不同的观点:经济发展水平对于村民选举是"强相关"因素,而反过来民主选举对于经济发展则属于"弱相关"因素。美国杜克大学政治学系副教授史天健[③]通过对村委会进行的问卷调查发现,经济发展水平的高低对于村民选举影响较大,在经济发展较初步的村庄,选举的过程可能不够完善,处于半竞争状态;而对于经济发展基础较好的村庄更能开展公开完善的选举活动;而对于处在极好或极差两端的农村,往往出现忽略选举的现象,出现能人大户或个别村干部垄断选举,毫无民主选举可言。关于村民自治与公民权利意识的研究,美国俄亥俄州立大学博士李连江[④]通过对江西某县20个村的调查发现:村民选举的有效开展能够在一定程度上激发、调动农民的权利意识和民主参与意识,认识到随意选举村干部所带来的严重后果和对自身利益的侵害,他们更加注重选举的自由和公正,不仅对自己的投票负责,同时也对其他村民的行为进行监督,共同抵制一心想要谋官而不为民的干部以及不为农村办实事违背中央政策的干部。这就说明村民选举能够提高村民的政治效能感,有助于村民政治参与的拓展和维护自身权利及利益意识的提高。

第四节 国内外研究述评

中国农村研究受到一些国家、国际组织和研究机构的重视,当前涉及中国农村研究且拥有较大影响力的研究机构多达30家。长期以来,我国学者从不同角度对农村基层治理进行了较为深入的研究,尽管收获颇丰,对我国推进乡村治理建设奠定了坚实的理论基础,但是目前,由于研究者有着不同的地域和文化背景,这些研究多是一些"客体"研究,我国农村基层治理仍然存在诸多薄弱环节。主要存在理论层面的研究较多,存在理论交叉重复的情况,大多集中于对乡村治理客体的研究,对治理本身关注较少,对本土化的创新较少,存在研究得不够深入或者部分观点相似的情况;对农村基层治理的研究视角单一,影响了对农村基层治理的全面分析;对于东部地区和沿海地区的治理模式研究较多,但是对于西部欠发达地区或贫困地区的治理模式研究较少。这就要求我们必须看到理论的普适性与实践背景的特殊性,在研究我国乡村治理方面,要立足中国乡村的特殊国情,要创新视角,从公共服务、城乡一体化等

---

① Susan Lawrence. Village Representative Assemblies:Democracy,China style[J]. Australian Journal of Chinese Affairs,1994(32):61-68.
② 何包钢,郎友兴. 寻找民主与权威的平衡[M]. 武汉:华中师范大学出版社,2002.
③ Tianjian Shi. Village Committee Elections in China:Institutional Tactics for Democracy[J]. World Politics, 1999(52):385-412.
④ Lianjiang Li. The Politics of Introducing Township Elections in Rural China[J]. The China Quarterly,2002(171):11-30.

多个角度全方位地拓展研究空间。在研究乡村治理时,应以本地区的实情为基准,结合本地经济、社会发展的实际情况开展研究,注重理论与实践的结合,借鉴适合其发展的经验与成果,不断加强对农村基层治理的研究创新,充分挖掘不同地区农村治理所依赖的地方性资源,总结出农村治理的共性及规律,提出建设性对策。

第十章 精准扶贫前沿问题研究

随着扶贫工作的具体展开,政府在具体实践操作过程中还存在着许多问题值得总结探讨。本章对学者们具有代表性的观点进行整理和归纳,为推动精准扶贫顺利进行提供借鉴。

第一节 精准扶贫的背景

"精准扶贫"重要思想的最早提出是在 2013 年 11 月,习近平总书记在湖南提出了"实事求是、因地制宜、分类指导、精准扶贫"的思想。2014 年 1 月,中共中央办公厅制定了精准扶贫的工作模式。2014 年 3 月,习近平总书记在参加两会时,进一步说明了精准扶贫的理念。2015 年 1 月,习近平总书记在云南时强调,民族地区的经济发展,同年 6 月,再次在贵州强调"十三五"期间的扶贫开发工作,确保在 2020 年如期脱贫。"精准扶贫"成为社会各界的关键词。精准扶贫是我国政府扶贫工作方法的一项重要创新。

我国对精准扶贫研究较晚,真正以精准扶贫为对象进行全方位的研究也是近几年才开始的。关于精准扶贫,目前,我国学术界主要研究重点:精准扶贫的主要含义和作用,精准扶贫的问题,经济新常态对精准扶贫的影响,精准扶贫的研究方法,创新精准扶贫的工作机制,等等。

大力实施教育精准扶贫,对贫困户家庭的孩子紧抓教育,重视知识,才能更好地防治贫困的代际传递。很多贫困户因贫困而忽略了孩子的教育问题,从而使孩子得不到应有的教育,以至于在未来的发展过程中会受到教育局限的影响。所以,在精准帮扶的过程中,还应该紧抓教育问题,重视对贫困户孩子的教育资助。同时也应该促使贫困户自身重视教育问题。加强贫困户子女技能教育,从实际情况出发,促使贫困户子女顺利就业。

加快基础设施和公共设施建设,结合我国的具体国情可知,我国大部分贫困村、贫困户都处于我国的偏远地区。那里交通不发达,基础设施建设落后。很多贫困地区,本身可以利用自身的天然优势发展旅游业、农业等,但是由于受到自身基础设施条件的限制,从而导致好东西运不出、别人难进来等现实问题。积极探索投资主体多元化的路子,着力解决贫困地的基础设施建设、加快改善贫困地区生产生活条件、制约发展的瓶颈问题。

精准扶贫是粗放扶贫的对称,是指针对不同贫困区域环境、不同贫困农户状况,运用科学有效程序对扶贫对象实施精确识别、精确帮扶、精确管理的治贫方式。一般来说,精准扶贫主要是就贫困居民而言的,谁贫困就扶持谁。

因此,客观分析精准扶贫工作中存在的问题与难点,提出相应的对策和改进措施,是我们打赢这场扶贫攻坚战的重要基础。但是,随着我国经济建设的进一步完善,以及整个国家经济环境的变化,20 世纪的贫困区域开发为主的扶贫开发已经出现不再适应我国目前经济环境的趋势。所以,在新的经济背景下,新的扶贫形式就显得尤为重要。

第二节 国内外研究现状

一、国内研究现状

(一)精准扶贫的内涵研究

1. 精准扶贫的概念

莫光辉认为,精准扶贫的概念界定:中国特色社会主义扶贫开发体系建设组成部分①。汪三贵等认为,精准扶贫的定义是扶贫政策和措施要面向真正的贫困户,通过对贫困户目标精确的扶贫,从而消除导致贫困的原因,以达到脱贫目标②。王国勇等认为,精准扶贫是一种扶贫方法上的创新③。周军认为,精准扶贫扶是一种由"大水漫灌"向"精确滴管"转变④。王思斌认为,精准扶贫是一种实践瞄准,需要实践精确⑤。王思铁认为,精准扶贫就是根据具体的贫困地点、具体的贫困户,根据其具体贫困原因进行有针对性的精确识别、精确帮扶、精确管理,具体而言就是谁贫困就扶持谁⑥。黄承伟等认为,精准扶贫是通过具体措施将贫困户识别出来,分析其具体贫困原因,并对贫困户进行具体有针对性的帮扶⑦。庄天慧等认为,精准扶贫是"粗放漫灌"为"精确滴灌"⑧。根据不同贫困目标、不同贫困情况,根据具体对象为参照基础,运用合理的资源配置,对扶贫对象进行扶持,以达到治理贫困。

综上所述,关于精准扶贫的概念内涵我国还没有一个统一的界定。学者们针对这些问题也进行了具体的分析,现在流行的精准扶贫的概念与内涵研究主要从我国各界人士对精准扶贫概念内涵的解读,学术界对精准扶贫的研究,以及政府文件、领导讲话等方面着手。

2. 精准扶贫的主要内容

大部分学者认为精准扶贫主要内容归结为以下几点:精准识别、精准帮扶、精准考核、精准管理。

第一,精准识别。精准识别也是存在着很多的难度:一是精准识别中精准统计农户的收入是一件十分复杂的事情,成本也非常高。二是对技术要求也十分苛刻,很多地方由于扶贫

---

① 莫光辉.大数据在精准扶贫过程中的应用及实践创新[J].求实,2016(10):87-96.
② 汪三贵,郭子豪.论中国的精准扶贫[J].贵州社会科学,2015(5):44-44.
③ 王国勇,邢溦.我国精准扶贫工作机制问题探析[J].农村经济,2015(9):46-50.
④ 周军.农村资金互助合作组织的金融扶贫作用:基于宜昌试点的分析[J].武汉金融,2009(4):69-70.
⑤ 王思斌.精准扶贫的社会工作参与:兼论实践型精准扶贫[J].社会工作,2016(3):3-9.
⑥ 王思铁.精准扶贫:改"漫灌"为"滴灌"[J].四川党的建设(农村版),2014(4):14-15.
⑦ 黄承伟,覃志敏.论精准扶贫与国家扶贫治理体系建构[J].中国延安干部学院学报,2015,8(1):131-136.
⑧ 庄天慧,张军.民族地区扶贫开发研究:基于致贫因子与孕灾环境契合的视角[J].农业经济问题,2012(8):50-55.

配套设施不完备、资金缺乏、工作人员素质等原因导致技术跟不上等情况。三是由于一些农户的刻意隐瞒,这也增大了调查的难度。四是还有一些地区,为了获得国家政策和财政上的支持,也会在贫困数据上弄虚作假,故意夸大贫困人口。五是识别标准还需进一步规划完善。需要考虑到被评议贫困户健康状况、家里人口数量、教育经费、家庭负担等多种情况,是否有被归纳进贫困人口划分标准之中。

第二,精准帮扶。精准帮扶在实际操作中也存在很多困境:一是资金问题。在精准帮扶的过程中,资金的不足也是严重困扰精准扶贫的一个重要原因。目前,我国的扶贫资金主要来自上级财政和当地资金,从来源就可以看出,扶贫资金来源十分单薄,渠道十分狭窄;同时,资金的分配不均问题也十分严峻,很多时候由于平均分配,反而导致分配资金无法集中解决贫困问题,但是若是不平均分配,又容易引起贫困户的不满。二是项目管理的问题。很多地方由于扶贫项目还存在许多不科学、不因地制宜的情况,导致项目在实施的过程中存在诸多困难,如与当地发展相违背、项目实施过程中缺乏有效的管理等问题。

第三,精准管理。找准精准管理中存在的问题就显得尤为重要:一是由于政府各自为政,横向、纵向缺乏有效的沟通与交流,从而导致扶贫工作无法有效的展开。二是基层管理人员由于自身素质的原因,缺乏科学的管理技巧,致使扶贫工作没有落实到位。三是驻村干部扶贫积极性不高、无法全身心投入到扶贫工作中去等都是目前我国精准管理中存在的主要问题。四是资金的管理也是现阶段我们需要重视的。扶贫资金的来源渠道比较单一,存在扶贫资金分配不均等问题;同时,扶贫资金使用分配制度上规定较死,无法灵活使用,也导致扶贫资金无法最大限度地被利用。其次是扶贫资金还需要更透明化,以免一部分贫困户对于扶贫资金的分配存在疑虑,导致贫困户的不满。五是管理过程中由于信息管理不科学,导致各部门信息接收受阻,故而增加扶贫难度。

第四,精准考核。精准考核是考察精准扶贫过程中的公平、效率等问题。所以建立起科学的考核机制,尤其是在考核中引入第三方机制是十分重要的;同时我们应该明白,考核不仅仅是政府内部的监督,也需要人民群众、社会各界的一起监督。在精准扶贫过程中,由于精准识别存在误差,所以在精准扶贫过程中有一部分是非贫困对象,而没有得到扶持的农户中,又有一部分是贫困对象。在这种情况下,对于精准考核仍然面临着种种困难。

(二)精准扶贫实践中存在的问题研究

王国勇等认为,精准扶贫在其具体实施中存在的主要问题是识别机制不精准。政府在识别机制上还是有其具体存在的问题,如贫困群众具体数量不明、具体贫困情况不清楚、对于贫困具体原因不明确、扶贫资金配置不清晰、驻村干部扶贫机制不完整等。在大多数贫困地区,虽然有扶贫工作组已入村,但是相应的管理和保障并没有跟进,从而导致扶贫积极性不高,资源配置需优化[①]。周红民认为,我国目前精准扶贫存在的问题主要是,驻村管理机制需要更加

---

① 王国勇,邢溦.我国精准扶贫工作机制问题探析[J].农村经济,2015(9):46-50.

完整;识别机制需要更加科学;资源配置需更加完善①。王姣玥等认为,在当今社会,由于社会意识等诸多原因,对于贫困群体存在一定的社会排斥。尤其是对农村、农业的政策问题上,歧视现象是屡见不鲜的。比如,由于我国的户籍制度原因,农村和城市人口在养老、医疗等社会福利待遇上就存在较大的差异②。王春华主要以县为主思考我国在精准扶贫实践中遇到的问题。如贫困县扶贫资金使用产生纰漏、扶贫项目选择上与扶贫目标不一致等③。汪三贵等认为,精准扶贫主要存在的具体实践困难是精准识别、精准扶持、精准考核3个方面④。赵晓峰等认为,目前我国精准扶贫面临的最大问题是贫困村和贫困户的精准识别问题。国家的扶贫资金很大程度上被分配给当地的富裕农户,而真正的贫困农户并没有获得相应的资源;同时,精准扶贫还面临着一定的排斥现象和在市场大环境下的扶贫模式开发不完全等现象⑤。

综上所述,我们基本可以了解到,在精准扶贫开展过程中遇到的困境主要还是来源于实践过程之中。这些问题如何影响精准扶贫发工作开展、影响到什么程度等都还是需要我们继续进行研究和分析。

(三)精准扶贫的个案研究

目前国内对精准扶贫的研究集中在政策层面,对于具体贫困地区、贫困户的个案研究相对较少,并且从目前可查阅的文献来看,发现对与具体贫困地区精准扶贫现状研究相关的成果少之又少。关于精准扶贫的具体地区,特别是农村调查数据的缺乏,能够亲自入户调查,与当地贫困户深入访谈,了解更加全面,研究其具有可靠的现实意义。

沈茂英针对四川藏区精准扶贫进行调查研究发现,受制于主体生态功能定位影响,生态资源利用受到严格限制。四川藏区农村人口既面临着灾害威胁又面临着自然生产力较低的现实困境。藏区社会网络封闭,在一定程度上限制了藏区扶贫对象的能力提升和观念转变。四川藏区人口文化素质与科学素养偏低,对科学知识的接受能力偏低。四川藏区人口居住分散,扶贫成本高⑥。万国威等通过对西部民族地区精准扶贫机制研究得出,贫困现象仍然在西部民族地区广泛存在⑦。赵晓峰等基于宁夏银川两个村庄的调查,发现扶贫产业项目的整体效果并不理想,扶贫实践困境重重。其主要原因:一是因为农民外出打工;二是精准扶贫的相关信息被垄断或是封闭了的。一些农民就会采取上访行动,不但扰乱了扶贫资源的正常配置秩序,同时也扭曲了扶贫资源的外在形象。驻村扶贫干部积极性不高⑧。唐丽霞等通过对宁夏、甘肃、广西、江西、陕西5个省(区)的实地调研,发现面临着精准扶贫机制中贫困农户识

---

① 周红民.试论我国精准扶贫工作机制的构建[J].新西部,2016(11):69-69.
② 王姣玥,王林雪.我国精准扶贫风险识别与模式选择机制研究[J].农村经济,2017(8):40-44.
③ 王春华.农村扶贫资金投向及实施项目的效果和影响的实证分析[D].北京:中国农业大学,2005.
④ 汪三贵,郭子豪.论中国的精准扶贫[J].党政视野,2016(7):44-44.
⑤⑧ 赵晓峰,邢成举,2016.农民合作社与精准扶贫协同发展机制构建:理论逻辑与实践路径[J].农业经济问题(4):23-29.
⑥ 沈茂英.四川藏区精准扶贫面临的多维约束与化解策略[J].农村经济,2015(6):62-66.
⑦ 万国威,唐思思,王子琦.西部民族地区精准扶贫机制研究:来自甘肃的实证调查[J].甘肃行政学院学报,2016(2):103-114.

别、乡村治理现状、贫困农户的思想观念、扶贫政策本身的制度缺陷[①]。左停等通过对江西等省份的调研发现，精准扶贫面临规模排斥，乡村内平均主义思想，市场化背景下扶贫开发有效手段不足，不同村庄的贫困户实际识别标准差异等问题[②]。

综合上述个案所述，在贫困地区，由于受到地理位置、生态环境、人口数量、思想观念、受教育水平、扶贫资金管理运用、信息接收、人文环境、驻村干部素质、扶贫条件等原因的影响，都大大制约着精准扶贫工作的顺利开展。因此可以清晰地了解到，在目前阶段，我们扶贫工作还面临着非常大的困难。不论是内部还是外部，都需要我们在后期进一步解决。

（四）精准扶贫的解决路径与对策建议

1. 精准扶贫的解决路径

现阶段我国对于精准扶贫的解决路径主要还是集中在文化、教育、旅游等领域。

文化对于扶贫有着至关重要的作用，在精准扶贫的个案研究中我们不难得出，很多贫困地区的贫困户，大多数文化程度较低，这一方面是使他们致贫的原因，另一方面也会间接导致贫困户的思想观点落后。王尧通过对图书馆文化扶贫精准识别构建了图书馆文化扶贫精准识别路线图，结合多维层次分析模型与日志记录法对目标人群进行识别，提出了精准扶贫的对策与创新[③]。李媛媛则是从处理好文化扶贫与经济扶贫之间的关系；处理好政府投入与社会介入之间的关系；处理好文化传承与文化创新之间的关系；处理好软任务与硬指标之间的关系4个方面分析了实现文化精准扶贫的关键路径。李海燕则是从充分发挥社会工作的资源链接功能；三社联动：实现社区、非政府组织和社工的联合；增能赋权：发挥农民自身的主体能动性；文化改造：巧除农村愚昧文化氛围4个方面来阐述如何将社会工作介入文化扶贫[④]。

要防止贫困的代际传递，教育是关键。很多贫困地区不仅仅是穷在经济，很大程度上是因为穷在教育。张诗雨通过对职业教育的深入研究，并结合广西职业学校的相关数据，对区内4所中等职业学校进行实际调查分析，提出完善中等职业教育经费投入；优化实施政策的环境，树立正确的职业教育观念；强化对中等职业教育精准服务体系本身的管理；健全贫困地区精准扶贫计划的贫困学生培养模式等建议[⑤]。贺煦以国家扶贫工作重点县Y县为案例，分析该县教育扶贫现状，并从导致贫困代际传递的因素入手，从多角度探索如何开展教育扶贫工作，从教育层面阻断贫困代际传递现象，力求教育在地方扶贫工作中对促进片区人民群众脱贫致富的作用得到充分发挥[⑥]。李可然对我国目前精准扶贫现状进行了分析，从精准扶贫方案提出的背景和意义入手进行分析，得出需要改善贫困地区的教育环境；协调教育扶贫过

[①] 唐丽霞，罗江月，李小云.精准扶贫机制实施的政策和实践困境[J].贵州社会科学，2015(5)：151-156.
[②] 左停，杨雨鑫，钟玲.精准扶贫：技术靶向、理论解析和现实挑战[J].贵州社会科学，2015(8)：156-162.
[③] 王尧.基于精准扶贫视角的图书馆文化扶贫精准识别研究[J].图书馆工作与研究，2016,1(5)：38-42.
[④] 李海燕.社会工作介入文化扶贫：农村精准扶贫的路径探索[D].合肥：安徽大学，2017.
[⑤] 张诗雨.广西中等职业教育精准扶贫的问题与对策研究[D].桂林：广西师范大学，2017.
[⑥] 贺煦.基于贫困代际传递理论下教育扶贫探索：以江西省Y县为例[D].南昌：南昌大学，2017.

程中政府主导作用与帮扶对象主体作用之间的关系;完善精准扶贫中对教育的监管机制①。钟丽主要从新时代实施乡村振兴战略与教育精准扶贫的关系及意义出发,分析了现阶段我国农村教育存在教育资源投入偏差、主体参与偏差、课程设置偏差、教育目标偏差等问题,并提出建立和完善城乡教师"轮岗制"制度、构建政府引导、多方协同的互动模式、构建以市场需求为导向的课程设置体系、加强对贫困人群的心理健康和精神教育等建议②。

世界旅游业的快速发展,旅游在带动地区经济发展及贫困人口脱贫方面的作用日益凸显,已成为世界反贫困的重要形式之一。吴琦针对丽水开发社会参与旅游扶贫项目进行可行性分析,在此基础上提出如何构建其社区参与旅游扶贫模式的整体框架,并通过对丽水市贫困现状分析可得其存在社会发展水平低、人均土地面积少,且农村发展落后、农业产业化水平低及环境承载能力十分有限等贫困问题;随即根据"RHB"战略分析法提出丽水市通过社区参与模式将旅游和扶贫有机结合的可行性③。李祥以国家级贫困县安徽金寨为例,对金寨进行了5天的实地调研,对金寨县普通居民进行问卷调查,对旅游经营者、乡村干部、旅游局人员进行深度访谈,理论研究上采用了定性分析法;在实证研究上分别采用描述性统计、因子分析、验证性因子分析、回归分析和德尔菲法进行分析④。胡柳认为实现乡村旅游精准扶贫有八大路径:鼓励城-乡流动激发乡村内生性发展动力、创新创业创意驱动乡村旅游经济提质提速发展、构建外部多元扶贫与内部自我脱贫的互动机制、农民增权提升贫困人口旅游发展获利能力实现精准扶贫、异地扶贫搬迁与旅游小城镇建设相结合的集聚发展模式、打造"互联网+乡村旅游+社会扶贫"模式、推动乡村全域旅游实现乡村旅游精准扶贫、借鉴日本的故乡纳税税制解决乡村旅游扶贫资金问题⑤。

2.精准扶贫的对策建议

完善科学明确的识别机制。只有精准识别出贫困对象,才能真正做到高效率扶贫。精准识别是精准扶贫的前提和关键。张笑芸等认为,首先要细化精准扶贫、建立瞄准机制,精准确定扶贫对象;采用靶项疗法,设计精准扶贫路径;健全制度体系,加强精准扶贫管理⑥。沈茂英通过对四川藏区的调查提出:扶贫尺度定位要精准;扶贫产业选择要精准;扶贫资金定位要精准⑦。邓维杰根据在四川省开展贫困村分类研究提出如下建议:实行贫困村分类机制化;确定贫困人口的规模,采取正确的识别方法;实施有效的扶贫模式⑧。王国勇等则认为,建立干部驻村机制;建立产业扶贫机制;建立金融机制⑨。汪三贵等认为,需要改革贫困标准的制定方法,进一步完善精准识别机制;依次从消费、资产、健康、教育等多个维度来进行衡量。刘解龙

---

① 李可然.教育对精准扶贫的影响及对策研究[D].延安:延安大学,2017.
② 钟丽.乡村振兴背景下教育精准扶贫存在的问题及治理路径[D].成都:成都理工大学,2016.
③ 吴琦.丽水市社区参与旅游扶贫模式研究[D].南昌:江西财经大学,2016.
④ 李祥.旅游扶贫理论与实证研究:以安徽金寨为例[D].广州:广东师范大学,2017.
⑤ 胡柳.乡村旅游精准扶贫研究[D].武汉:武汉大学,2016.
⑥ 张笑芸,唐燕.创新扶贫方式,实现精准扶贫[J].资源开发与市场,2014,30(9):1 118-1 119.
⑦ 沈茂英.四川藏区精准扶贫面临的多维约束与化解策略[J].农村经济,2015(6):62-66.
⑧ 邓维杰.贫困村分类与针对性扶贫开发[J].农村经济,2013(5):42-44.
⑨ 王国勇,邢溦.我国精准扶贫工作机制问题探析[J].农村经济,2015(9):46-50.

认为精准扶贫要立足于经济新常态的背景,根据市场,更好地推进扶贫项目的开发与建设①。各个地区要因地制宜,根据自身的发展进行合理规划,从而使得扶贫工作更好地开展。

综上所述,目前学术界对于精准扶贫的路径与对策研究主要是围绕怎样优化精准扶贫的内部要素进行。学者们有的从理论出发,有的从实践出发,部分学者还进行了深入调查,从不同程度和不同视角,全方位立体地提出了对策和建议。

二、国外扶贫实现路径

国外研究精准扶贫的文献少之又少,但是研究反贫困的文献很多。如何有效地解决贫困是一项国际挑战。各国政府正在为消除本国的贫困想各种办法。我国的扶贫工作正在向前推进。但是,在扶贫工作的实践过程中,仍然存在着一系列的问题,所以我们需要借鉴国外扶贫开发的成功案例,为我国的扶贫事业注入新的活力。

印度现阶段主要存在的贫困现状是:国内民族冲突不断,失业率高;国内人民之间的贫富差距大,且贫困人口基数大;国内文盲率高;社会保障制度不完整,无法保障人民的要求。所以,据此,印度的扶贫实现路径主要是:完善国内制度,依照本国国情制定相应的扶贫制度;进行经济结构的改革,增加就业,以降低国内居高不下的失业率;完善社会保障制度,以保障人民的最低生活要求;增强政府的工作效率,以确保在后期可以执行建立起来的制度。

许多拉美国家的政府也陆续出台了缓解贫困、救助贫困者的计划和措施。主要扶贫措施有如下几点:①确立主要扶贫目标,即消除极端贫困现象。拉丁美洲早在20世纪80年代就制订了相应的反贫困计划,计划包括近期和长远规划两部分。近期计划包括政府对贫困人员进行紧急援助,长远计划则包含相关政策的制定、增加就业机会、改善公共服务等。②降低失业率,扩大就业。墨西哥政府、智利政府主要从中小型企业入手,增加扶持力度,以增加就业岗位。阿根廷政府则主要是加大社会福利制度的投入。③援救极端贫困人员。由于拉美国家的人口普遍教育水平较低,即使政府有时候提供了就业岗位,也依然无法使他们脱贫。④完善扶贫体制。在完善扶贫体制的过程中,拉美国家有所创新,如尼加拉瓜、哥伦比亚等国的农村区域改革,智利的税收制度改革等②。

美国的扶贫路径主要有以下几点:①住房政策完善。②医疗制度保障。③失业保险。在美国失业者可以领取一定限额的失业金,从而减少家庭陷入贫困。④完善社会福利。在养老、教育、住房、食品等领域进行相关补助。

第三节 精准扶贫研究评述

我国诸位学者对于精准扶贫的研究都提出了自己的观点,针对精准扶贫目前存在的问题,提出以下几点总结:

(1)采取精准度识别方法。真正做到公正、公平、公开。可引入第三方识别机构,运用市

---

① 刘解龙.经济新常态中的精准扶贫理论与机制创新[J].湖南社会科学,2015(4):156-159.
② 袁东振.拉丁美洲国家扶贫的主要举措[J].拉丁美洲研究,1996(6):37-40+65.

场这只无形之手,更专业、更精确地提高识别度。

(2)确保精准扶贫的制度完善。所谓磨刀不误砍柴工,只有制度更完善,才能更好地在扶贫过程中使工作流程及工作人员规范化,给予正确的指导作用。

(3)缺乏可持续性。目前我国对于精准扶贫的工作大多数还是停留在表面扶贫,缺乏对贫困户的跟踪调查,难以继续了解贫困户的后期问题,无法起到可持续发展的作用。

(4)各地区缺乏精准扶贫工作上的交流。各地区在精准扶贫工作中还存在经验不足的问题,但是随着对于精准扶贫工作的深入开展,各地区也在精准扶贫的工作中积累了不少的工作经验。但是,却没有及时地总结和交流工作中的经验,这就大大降低了扶贫的工作效率。

(5)提高工作人员的素质与能力。由于我国的精准扶贫工作是需要工作人员下到基层、战斗在第一线。所以工作人员的素质与能力就显得尤为重要。定期开展学习,加强思想教育,提高工作效率,真正把贫困群众放在首位。

(6)精准扶贫不可忽视城市扶贫。一直以来,一提到扶贫开发,人们想到的就是中西部地区、革命老区、城乡之间的农村人口,其实在城市里,同样也存在这样一批人,他们没有学历,没有技术,有的连住的地方都没有,甚至不如农民——没有土地。目前中国经济日新月异的腾飞,但是这些城市贫困人口也是不可忽视的群体。对于这类人群,其实国家给予了一些援助政策,比如廉租房、失业救济金、就业培训、贫困补贴等,但是缺乏系统的措施和机制。农民工、刚毕业的学生、下岗工人等,这些人的医疗、教育、就业等社会保障都是亟待解决的问题。如果这群人没有得到相应的保障,那么势必会成为社会发展的影响因素,所以,城市扶贫也是精准扶贫中不可忽视的一环。

第四节 精准扶贫展望

对于未来的研究,笔者认为主要有以下几个方面:

(1)进一步明确什么是精准扶贫。对于精准扶贫,其实很多人,包括一些工作人员,概念都是很模糊的。所以我们需要进一步确定精准扶贫的概念,加强工作人员的素质提升。只有真正理解到精准扶贫的真谛及意义,才能在后期的扶贫工作和制度制定上更好、更科学地完善。

(2)进一步实现精准识别。精准识别是精准扶贫的前提,每个地区的贫困标准不一样,如何根据每个地方的具体情况来进行精准识别,是否还需要引入第三方机制来进行识别,都是需要我们进一步完善的。

(3)进一步完善帮扶措施。现阶段贫困人口致贫原因是多种多样的,自然资源、环境、疾病、灾难、家庭负担等都是致贫的原因,那么在面对这些不同的原因时,是否应该因地制宜,因人而异,根据不同的情况制订不同的帮扶措施;是否还需要引入第三方机制来进行帮扶等;是否需要引入志愿者机制。多元化的扶贫方式,才是未来扶贫工作的正确途径。

第十一章　旅游景区原住居民利益共享前沿问题研究

第一节　研究背景

旅游产业是一个综合性极大的产业,是凭借旅游资源和相关设施,专门从事招揽、接待游客,涉及衣、食、住、行、娱乐和购物等多个方面的综合性行业。由于其特性,导致旅游业对当地经济的发展起着巨大的促进作用,不论是当地原住居民、开发商,还是属地政府都可以从中获得巨大的收益。同时旅游业的快速发展也产生了许多问题。

在发展旅游中,我国许多景区各利益主体之间产生了一些矛盾和冲突,影响了景区的形象和健康发展。我国旅游景点的所有权归国家所有,属于国有资产,政府对其拥有管理权,但是由于人力、物力、财力以及政府属性的限制,政府不可能独自完成景区的开发与保护,必然会进行招商引资,让企业投资旅游管理,将经营权交给企业或者原住居民,但是在景区开发的过程中必然会涉及另一利益主体——景区原住居民。在我国许多景区周边或多或少都会存在一些居民生活,景区与当地原住居民的生活密不可分,在景区发展过程中,由于各种因素的存在,各利益主体之间的利益分配必然会存在一些矛盾,从而引发一系列问题。在实际利益分配中,由于旅游景区原住居民相对于其他利益相关者而言处于弱势地位,往往其利益不能得到有效的保障,从而引发一系列问题。因此在景区旅游发展中如何使得各利益主体之间的利益分配相对平衡,变成了景区进一步发展需要解决的首要问题。

近年来,为促进旅游景区发展,国家旅游局相继出台了一系列的政策,包括《中华人民共和国旅游法》《旅游业国家标准和行业标准制修订工作管理办法》《旅游行政许可办法》"十三五"全域旅游信息化规划》《全域旅游示范区创建工作导则》《国家旅游局信访工作实施细则》等。这些政策有的是从宏观角度对旅游发展进行战略规划,有的则是从开发商、游客的角度制定一系列的奖惩措施以保障其利益,而从原住居民的角度制定的政策法规则相对来说比较少,景区原住居民的利益缺乏法律保护,这也是最近几年来原住居民与其他利益主体不断发生矛盾的主要原因。

任何一个景区都存在着不同的利益群体。景区管理者必须认识到所谓的"大局观"行不通了,以牺牲个人利益或某个群体利益去服从、满足"大局",并不能给社会带来真正的公平、效率和进步。唯有不同利益主体之间相互尊重、相互协商,建立起和谐互助的关系,共同享受旅游发展带来的效益,这样才能最终实现共赢,即利益共享。十八届五中全会指出:"实现'十三五'时期发展目标,破解发展难题,厚植发展优势,必须牢固树立并切实贯彻创新、协调、绿色、开放、共享的发展理念。"其中的共享理念是指增进人民福祉,增强幸福感,解决社会公平正义问题,旅游开发中原住居民利益共享是指当地居民应该和开发商一起共享旅游发展成果。实现旅游景区利益共享可以促使景区的经济建设、文化建设、生态建设和环境建设等向良性方向发展,并最终促进景区的可持续发展。

十九大报告中强调"打造共建共治共享的社会治理格局",要加强社会协同和公众参与,提高社会治理社会化。旅游目的地原住居民是旅游发展中核心利益者之一,且相对于其他核心利益者而言,原住居民无论是在旅游规划中还是在旅游发展期间都处于弱势地位,在旅游发展中打造"共建共治共享的社会治理格局"就是要求在旅游发展中保障原住居民利益,让原住居民同样参与到旅游发展中,参与到旅游规划、实施、监督等各个环节中,让原住居民也能享受旅游发展成果。

第二节 相关概念及理论基础

一、相关概念

利益相关者:1983年美国斯坦福研究学会将其定义为企业生存所依赖的要素,是与企业生存与发展息息相关的群体。而早期对旅游利益相关者的定义出自Freeman[①],他认为能够与组织目标互为影响的人或者群体就是利益相关者,包括外来投资商、社区居民、政府、游客、公司员工等。他认为,不论是哪个组织的发展都离不开各种利益相关者的投入和参与,实现企业利益就是实现各利益主体的整体利益。利益相关者这一概念在我国首次出现是在张广瑞的翻译著作中。

利益共享:利益共享是利益主体在合理差异和互惠互利的基础上公平地享有社会共同利益,主要有两个方面的含义。首先是利益共享,包括主体和客体。主体主要是指社会共同利益的创造者,在旅游发展中主要指各利益相关者;客体是指社会共同利益,即旅游发展带来的各种经济、文化、生态、环境等效益。其次利益共享是合理差异基础上的享有。利益共享并不意味着利益平均,而是有差别地享有。利益共享承认差异的存在,但是差异要合理,所谓合理就是指在建立合理公正、程序规范的利益分配制度基础上得到分享利益的所有利益主体的认可。

原住居民:随着社会学的发展,原住居民的概念也逐渐深入人心,一些学者和组织也相继对原住居民这一概念作出相应的解释,以识别和定义原住居民。2004年联合国发展计划组织对其定义是"长期生活在特定区域里,保有自身的社会和文化身份,独立于主流社会"的人群。笔者认为原住居民指的是出生于旅游景区周边且受景区利益辐射的、对当地文化具有认同感和归属感的当地居民,不包括那些外来经商的和外来务工人员。

原住居民利益:不同的学者对原住居民利益从不同的角度进行了定义。有的学者从原住居民拥有的各种权利出发对原住居民利益这一概念进行了定义。如张强将自然保护区的当

---

① Freeman R E. Strategic Management: A stakeholder approach[M]. Boston: pitman Publishing Inc, 1984.

地居民权益分为平等权、居住权、参与权、文化权、利益分享权和获得补偿权[①]。张艳萍认为,古镇旅游景区原住居民利益主要包括平等权、居住权、参与权、利益保护权、自我保护权和文化遗产保护权。其中自我保护权是指对旅游发展带来的负面影响向有关部门提出申诉,并且要求作出改善的权利,利益保护权是指优先获取经济利益的权利[②]。张岚认为,原住居民利益分为直接利益和间接利益两种。直接利益是指当地政府或者相关部门按照物价水平对由于当地景区开发而造成损失的移民进行一定的经济补偿;同时也包括由于景区的开发建设需要大量劳动力而产生的大量就业机会,解决原住居民的就业问题,提高部分原住居民的生活水平。间接利益则包括景区开发带来的基础设施建设和周边原住居民居住环境与生活质量的变化,同时又因旅游业兴起带来的第三产业的发展从而带来一系列的就业机会等[③]。周意玲等则根据旅游开发过程将原住居民权益主要分成三部分:一是在征收土地的环节中,主要涉及原住居民的土地征收补偿权益;二是在开发过程中,主要涉及原住居民的居住环境保护问题;三是经营管理过程中,主要涉及原住居民与开发商的利益分享[④]。

二、理论基础

利益相关者理论:旅游利益共享机制研究来源于利益相关者理论[⑤]。利益相关者理论的研究对象是不同利益主体间的博弈,通过合理分配和利益共享,实现各方利益的均衡,有利于破解旅游发展过程中的各种冲突,包括经济价值与社会价值、增长与分配、开发与环保等方面。

可持续发展理论:可持续发展是指在满足当代人生活需求的同时不损害后代人需求的发展。1995年联合国教科文组织、环境计划署和世界旅游组织召开了可持续发展世界大会,确立可持续发展在旅游开发与保护中的重要地位。1997年世界旅游组织、世界旅游董事会和地球理事会共同颁布了《关于旅游业的21世纪进程——实现与环境相适应的可持续发展》。

利益共享理论:是指旅游景区的各利益相关者都能在景区发展中获益并且各主体之间的利益分配公平合理。

社区参与理论:是指社区居民参与到旅游景区的开发、发展中来,以此来获取旅游发展中带来的效益。其中社区参与重要的是应该体现出社区居民的自主性,应该是社区居民不被强制的、自愿的参与其中,同时也体现社区居民的权责统一。

---

① 张强.自然保护区环境公益与当地居民权益问题分析:以云南大山包黑颈鹤自然保护区为例[J].林业调查规划,2011,36(1):99-103.
② 张艳萍.基于原住居民权益的沙溪古镇旅游发展模式研究[D].北京:首都师范大学,2014.
③ 张岚.民族地区资源开发利益共享途径与保障机制研究[D].武汉:中南民族大学,2012.
④ 周意玲,蒋鸣湄,庞艳兰.景区利益纠纷与原住居民群体权益保护[J].法制与社会,2016(9):179-181.
⑤ 刘纬华.关于社区参与旅游发展的若干理论思考[J].旅游学刊,2000,15(1):47-52.

第三节 国内外研究进展

一、国内研究进展

20世纪70年末我国旅游业才慢慢起步,与此同时我国关于旅游发展的学术研究则稍显薄弱,尤其是旅游发展目的地居民产生的社会影响研究更是如此,近几年来才成为学者关注的重点[①]。由于关于旅游发展的影响研究自旅游发展以来一直处于问题暴露后才不得不进行的检讨式的后补性研究,并非一开始的高屋建瓴式的前瞻性研究,导致我国旅游影响研究一直落后于旅游学研究中的其他领域[②]。景区原住居民作为旅游景区发展的核心利益主体之一,在旅游开发中只有保障原住居民的利益才能实现景区可持续发展。结合本节研究内容,国内众多专家学者对景区开发中原住居民利益的研究主要集中在以下几个方面。

1. 景区原住居民发展现状

"利益相关者"概念首次引入中国是保继刚等的《桂林市旅游发展总体规划(2001—2002)》,规划中指出桂林市旅游规划过程中以规划者为中心的主要利益相关者有旅游者、政府、商业部门、当地居民及旅游开发商等,景区当地居民利益开始进入旅游研究领域[③]。越来越多的学者开始关注旅游景区原住居民利益,而不仅仅是围绕着景区开发和问题对策研究。

对于原住居民利益研究,国内学者主要从以下几个方面进行研究。

第一是景区原住居民利益。

原住居民虽然是景区开发中的主要利益相关主体之一,但是由于信息不对称等各方面原因,原住居民在景区开发中相对于其他利益相关者而言处于弱势地位。因而,在景区开发中原住居民的一些利益往往会受到侵害,并不能真正享受景区发展带来的利益。国内学者则从原住居民利益诉求、利益表达和利益参与三方面进行研究。

在原住居民利益诉求方面,主要从经济、环境、基础设施等角度进行了分析,重点分析了在旅游开发和发展中原住居民利益受损情况并提出相应措施。

张金麟指出,在资源开发利用中当地居民的利益并没有得到保障,更没有因此而富裕,反而因此而面临经济、文化、社会和环境等问题,主要体现在收入增加缓慢、生活质量下降、环境恶化等方面[④]。张岚认为,在民族地区资源开发利益分配中原住居民利益主要存在3个问题:对当地居民经济补偿不足,对土地和房屋等实物的补偿没有完全按照等价原则,原住居民所得到的补偿远少于他们的建设成本;原住居民仅能分享较少份额的资源开发利益;缺少经济来源使得原住居民移民以后存在生活上的困难[⑤]。肖瑶指出,在安仁古镇旅游开发中当地居

---

① 王忠福,张利.旅游地居民旅游影响感知及影响因素研究综述[J].经济地理,2010,30(9):15,64.
② 王子新,王玉成,邢慧斌.旅游影响研究进展[J].旅游学刊,2005(2):90-95.
③ 保继刚,钟新民.桂林市旅游发展总体规划(2001—2020)[M].北京:中国旅游出版社,2002.
④ 张金麟.区域资源开发中当地居民利益的保障问题[J].经济问题探索,2007(7):47-51.
⑤ 张岚.民族地区资源开发利益共享途径与保障机制研究[D].武汉:中南民族大学,2012.

民利益存在被忽视的现象,主要包括5个方面:一是当地居民收益,居民旅游收益比较少,处于旅游利益分配的边缘;二是基础设施建设,在旅游发展中为游客服务的基础设施较多而为居民服务的基础设施建设则比较少;三是生活便利方面,景区有些设施建设虽然有利于景区的发展但却会给当地居民带来许多不便,而且由于物价上涨加重了居民生活成本;四是就业方面,古镇居民参与旅游就业的比例较低、旅游就业层次低、工资收入水平较低;五是居民主体地位,古镇居民是保护古镇建筑和体现古镇生活习俗、价值观、手工技艺等的主体,随着旅游业的发展,原有古镇的生活环境的改变,或者是古镇原有民居不适合现代居住,部分古镇居民已经搬出古镇[1]。

在保障原住居民利益中李东和等认为,要让原住居民参与到旅游开发中才能获得更大收入,主要从4个方面保障原住居民参与:公平的产权交易机制,明确居民在产权交易中的地位,让居民以合理的身份参与到旅游开发建设中;平等的对话机制,保证居民对旅游发展的决策有发言权;有效的教育培训机制,提升原住居民的基本素质,让其积极主动地参与到旅游建设中;目的地居民导向的利益分配机制[2]。刘先江指出,要从利益表达、利益整合、利益分配、利益补偿4个方面齐头并进才能实现利益共享,保障原住居民利益。完善利益表达机制,加强个体利益表达的组织化建设,鼓励弱势群体参与利益共同体,并提供相应的政策保护;完善公共政策决策的听证制度,防止公共权力的逐利化;明确政府在公共资源分配上的职能,在再分配上发挥相应功能,完善税收制度,保证公平对待不同利益群体的正常利益;找准补偿对象并对补偿过程进行监督,创新补偿方式,将直接补偿和间接补偿相结合实现共享发展[3]。杨培峰等从居民参与利益分配的角度,以自然资源型旅游城镇为例,在分析解决居民与外来投资者之间的冲突时,提出了"开放复合"的开发模式,认为其既保障了当地居民的利益,也能使投资者获利,从而促进景区可持续发展[4]。张岚认为,一方面要按照等价交换原则,赔偿具有现实购买力,一方面建设新村便于移民移入新居住地,另一方面对于不必要迁移的居民提高补偿标准,使其能够保持或提高原有生活质量,另外要确定浮动的赔偿标准,不能出现"一刀切"的现象,对于不同情况要有相对应的赔偿方案[5]。

在利益表达方面,为保证各利益主体的利益诉求能有效、及时地反映到相关部门或群体,往往会设置一系列相互联系、影响和制约的制度,这就是所谓的利益表达机制,它能够缓和、解决旅游发展中出现的社会利益矛盾,是利益分配公平的必要条件。"一方面,表达本身具有排遣、释放矛盾的作用;另一方面,表达本身又给当事人一个满足诉求的期望,使矛盾在一定程度上得到缓冲;更重要的是许多虚幻的、不合理的、没有根据的诉求也会随着利益表达的过程而渐渐消失。"[6]只有利益相关者通过利益表达机制平等地表达各自利益诉求,才能维持各

---

[1] 肖瑶.安仁古镇旅游开发背景下当地居民利益被忽视的现象[J].旅游纵览(下半月),2013(8):141.
[2] 李东和,叶晴,肖舒羽,等.区域旅游业发展中目的地居民参与问题研究[J].人文地理,2004,19(3):84-88.
[3] 刘先江.论当前我国利益共享的机制障碍及其调适[J].当代世界与社会主义,2011(6):151-154.
[4] 杨培峰,闫兵.居民参与利益分配的自然资源型旅游小城镇规划设计初探:以重庆市南川区黎香湖镇总体规划设计为例[J].室内设计,2011(6):41-44.
[5] 张岚.民族地区资源开发利益共享途径与保障机制研究[D].武汉:中南民族大学,2012.
[6] 程竹汝.民主政治:和谐社会的政治基础[J].学习与探索,2006(3):81-84.

利益相关者的利益平衡,真正实现利益共享。但是在旅游景区发展中,虽然有表达机制,但形同虚设,原住居民利益诉求往往不能被很好地表现出来。黄鹏指出,社区居民的诉求除了向企业传递外,也向作为管理部门的属地政府进行传递。但是在实际生活中一方面是由于居民出行不便而使信息失去了时效性,另一方面是属地政府没有明确地接应诉求的部门,最终导致社区居民的利益诉求并不能被有效表达[①]。

在利益参与方面,研究成果主要集中在原住居民参与方式及社区参与理论。

"旅游发展已经成为改变区域结构的重要途径,目的地社区作为这一过程的直接利益相关者,其状态与行为引发学术界持久而深入的关注。"[②]李东和等将居民参与旅游分为3个层次:初级层次、提高层次和高级层次。其中初级层次是指自发性参与,无序经营,如在景区内兜售商品等;提高层次是指规范化参与、有序经营和管理,如导游、卖门票等;高级层次是指自觉参与,如参与旅游规划、决策、监督和旅游资源保护。在前两个层次中居民以关注经济效益为主,在第三个层次中,居民以关注社区整体社会、经济、生态效益为主[③]。

"对于旅游目的地而言,无论是空间位置、地域范围,还是旅游资源、活动内容,都与社区存在着较高程度的一致,所以从社区的角度来进行旅游目的地建设和管理,谋求旅游与社区的共同发展被认为是实现旅游可持续发展的有效途径。"[④]张艳萍指出,目前原住居民在旅游发展存在的问题,包括原住居民的年龄结构不均衡,旅游参与形式单一,文化保护意识不足,与外商之间的利益冲突凸显等,强调了原住居民在旅游景区发展中的核心地位,并提出了"原住居民主导参与+政府辅助管理模式"的旅游景区发展模式[⑤]。

第二是景区原住居民与其他利益相关者的利益冲突。

随着旅游开发过程的推进和旅游目的地发展的日趋成熟,居民参与度逐渐深入,越来越多的当地居民变更了原有以耕作为主的生产方式,将旅游经营转变为自身的主要生产方式,旅游经营类活动成为旅游地区居民的主要收入来源。

而与此同时,随着原住居民逐渐深入地参与到旅游发展中,与其他利益相关者之间产生的利益冲突也越来越多。

首先是原住居民与原住居民之间,由于没有有效的市场组织以及市场信息不对称,而居民往往是个体经营,在有一定客源的旅游环境下,在只需要增加生产资料的投入就可能增加收入而其他竞争者无法阻止的情况下,原住居民提供的产品会出现同质化现象,此时为了拉拢客源,可能会出现恶性竞争,从而引发原住居民之间的利益冲突。

其次是政府和企业,这两者与景区原住居民利益冲突的本质是权利和信息的不对称。政府在旅游发展中长期处于主导地位,为追求利益最大化和处于政绩需要,社区居民的利益往往会被忽略,而居民由于信息不对称,无法及时获取政府和旅游开发商的发展决策,在旅游发展中处于弱势地位,导致周边居民并没有因为旅游发展而受益,从而激化了原住居民和政府、

---

① 黄鹏.昆明轿子山景区开发与社区居民利益协调研究[D].昆明:云南大学,2013.
② 孙凤芝,许峰.社区参与旅游发展研究评述与展望[J].中国人口·资源与环境,2013,23(7):142-148.
③ 李东和,叶晴,肖舒羽,等.区域旅游业发展中目的地居民参与问题研究[J].人文地理,2004,19(3):84-88.
④ 吕君,吴必虎.国外社区参与旅游发展研究的层次演进与判读[J].未来与发展,2010,31(6):108-112.
⑤ 张艳萍.基于原住居民权益的沙溪古镇旅游发展模式研究[D].北京:首都师范大学,2014.

原住居民和企业之间的矛盾。本质上各利益相关者的利益最大化需求和利益平衡之间的悖论是旅游开发地的各利益主体之间存在矛盾的根源,各方即会陷入"公地悲剧"现状。"旅游发展与遗产管理的制度分析框架与方法"正是张朝枝等基于旅游发展与遗产管理的"公地悲剧"现状而提出来的①。王德刚等依据利益相关者理论和可持续发展理论,分析利益相关者构成体系和价值取向,倡导应在均衡利益的前提下建立旅游利益分配制度。并且提出通过各方合作,从开放规划、管理协调、社区参与三方面实现成本利益均衡②。鲁明勇在旅游利益分配中引入旅游产权制度,指出买断经营权、股份制和村民自主经营制3种产权制度,并分析利弊,指出村民和村集体的收入与客流量挂钩,应从这方面来考虑以调动政府部门、村民和村集体积极性,对于已经出现的利益冲突应通过协调重新商定的方式解决③。

第三是景区原住居民与风景名胜区的关系。

随着我国旅游产业的蓬勃发展,政府职能的转变,部分公益事业单位性质的旅游景区转变为盈利性的企业单位,单位性质、目标的转变,必然会引发新一轮的利益分配,一些新的问题也会随之产生。其中,景区原住居民与风景名胜区关系的问题日益凸显,甚至严重影响景区可持续发展和社会和谐,如"亚洲攀岩第一人"孔庆年停止表演事件导致景点吸引力迅速下降,阻碍景区后续的发展。段华勇指出:"所谓旅游景区与周边居民间和谐关系就是指旅游景区在经营发展过程中与周边村庄或社区建立起来的一种相对稳定的共生性战略合作关系。这种关系应从人性关怀角度出发,符合人类社会发展的终极目标和方向。"这种和谐关系应该包括:生态环境和谐、文化和谐;居民生活水平提高,社会安定,幸福指数增强;景区良性循环发展,投资方、经营者、员工和社会等多方实现共赢;景区与周边居民互动关系强④。但是目前旅游景区和周边居民依然存在一些不和谐现象,主要有:景区征地、拆迁导致与居民冲突不断,景区交通道路引起不和谐现象,当地居民饲养的家畜家禽被旅游车辆撞伤撞死,景区建设中产生的噪音、污染、生活建设垃圾等对居民环境产生严重破坏导致冲突发生,农民倒卖景区门票引发不和谐现象,旅游景区还经常因为旅游经营生产和生活用水、用电等对周边居民生活生产用电等产生争夺冲突。

2. 社区参与旅游开发研究

作为社区参与旅游发展的主体,社区概念的定义是深入研究社区参与的基础和前提。刘纬华注重参与的过程,指出"社区参与旅游经济发展是指把社区作为主体进入到规划、开发等涉及旅游发展重大事宜的决策、执行体系中"⑤;其他学者则从更多维的角度深入分析了社区参与旅游发展的含义,保继刚等指出"应从社区的角度考虑旅游目的地建设,以社区的互动理

---

① 张朝枝,保继刚,徐红罡.旅游发展与遗产管理研究:公共选择与制度分析的视角:兼遗产资源管理研究评述[J].旅游学刊,2004,19(5):35-40.
② 王德刚,贾衍菊.成本共担与利益共享:旅游开发的利益相关者及其价值取向研究[J].旅游科学,2008(1):9-14.
③ 鲁明勇.旅游产权制度与民族地区乡村旅游利益相关者行为关系研究[J].中南民族大学学报(人文社会科学版),2011,31(2):40-45.
④ 段华勇.旅游景区与周边居民间和谐关系问题初探[J].旅游论坛,2010,3(2):188-193.
⑤ 刘纬华.关于社区参与旅游发展的若干理论思考[J].旅游学刊,2000(1):47-52.

论指导旅游区的总体规划和布局,通过优化旅游社区的结构提高旅游流的效率,谋求旅游业及目的地经济效益、环境效益和社会效益的协调统一"[1]。因此,社区与社区参与的概念不仅仅是指某一方面,涵盖经济、文化、环境等各个方面,包括整个社区旅游的可持续发展。

国内学者主要从社区参与的重要性、模式和乡村旅游几个方面来研究。

第一是社区参与的重要性。

黎洁等认为,社区参与是实现旅游业可持续发展的重要途径和方法。利用集体选择、福利经济、集体行动等经济学理论分析社区参与行为,针对社区参与旅游的原因、动力、方式方法,社区参与公平分配、社区参与如何形成意见等问题提出假设并进行详细分析,最终得出只有社区参与才能最大限度地平衡景区内利益分配,促进景区长久发展[2]。

蒋艳在研究欠发达地区的社区参与旅游利益分配问题时,提出其前提是实现旅游管理体制的改革,认为居民获得经济利益途径包括劳务收入、从商收入、通过股份制的形式入股参与旅游景区开发收入以及额外收入4种,社区参与利益分配主要有经济利益分配、就业、商机和经济利益补偿4种,并指出旅游收益的合理分配是社区参与旅游的重要内容,也是实现社区参与的必要条件[3]。张建萍以肯尼亚的马赛马拉保护区和安波沙提国家公园两个地区,分析生态旅游成功以及可持续发展的关键因素是:维系当地人民生活,强调社区参与,兼顾当地居民的利益[4]。徐燕等利用定性与定量相结合的方法,以利益相关者理论为基础,探讨了武汉市九峰城市森林保护区的旅游开发与社区发展的利益协调问题,发现虽然居民与景区内其他利益相关者关系协调较好,居民参与旅游发展的积极性较高,但是居民对于旅游开发的认识不深,重点只关注旅游开发过程的搬迁补偿,提出一方面要激励居民参与旅游开发,采取社区居民自治管理,另一方面政府要加强管理和控制,协调各利益主体之间的关系[5]。梁明珠指出,在生态旅游利益分配中对于农民利益存在忽略,主要体现在土地补偿时忽略农民的利益、农民的就业机会缺乏保障,认为建立农民利益保障机制必须从对征用农民的土地和房屋进行合理补偿,为当地村民提供一定比例的就业岗位和参与旅游发展的机会,建立切实可行的利益分配机制,确保当地农民的生活水平有所提高等方面着手,包括土地补偿机制、经济激励机制、就业与培训机制和社区参与机制,如此生态旅游才可能成功[6]。吴忠军等以桂林龙胜龙脊梯田景区平安寨为例,分析在旅游发展利益分配中居民参与存在的问题,包括旅游开发与保护中权责不明确、"旅游飞地"现象以及在旅游发展中对旅游资源缺少合理有效的资产评估等问题,并分析得出合理的利益分配模式必须:树立"当地居民利益第一"的思想、进行资产评估后实行股份制合作经营、确定合理的利益分配结构,最后指出"人的发展"才是居民有效参与

---

[1] 保继刚,文彤.社区旅游发展研究述评[J].桂林旅游高等专科学校学报,2002(4):13-18.
[2] 黎洁,赵西萍.社区参与旅游发展理论的若干经济学质疑[J].旅游学刊,2001,16(4):44-47.
[3] 蒋艳.关于欠发达地区社区参与旅游收益分配的探讨[J].重庆交通学院学报(社科版),2004,4(3):49-51.
[4] 张建萍.生态旅游与当地居民利益:肯尼亚生态旅游成功经验分析[J].旅游学刊,2003,18(1):60-63.
[5] 徐燕,张立明,肖亮.城郊旅游开发中的社区利益协调研究:以武汉市九峰城市森林保护区为例[J].北京第二外国语学院学报,2006(3):1-6.
[6] 梁明珠.生态旅游与"三农"利益保障机制探讨[J].旅游学刊,2004,19(6):69-72.

旅游开发的关键[①]。

刘勤认为,社区参与旅游主要分为初级参与层次、积极参与层次、成熟参与层次3个层次。社区参与旅游更有利于保护当地的生态环境,促进社区旅游业持续发展,完善旅游发展规划并落实,维护社区居民的利益,促进社区社会的发展[②]。杨素先从促进旅游业可持续发展、维护社区居民的合法利益、丰富景区的旅游资源三方面论述了社区参与旅游发展的重要意义,随后指出社区参与旅游发展中存在的问题——参与人数少、范围窄,参与意识缺、层次低,最后从提供教育和培训机会提高服务意识与技能、提供资金支持促进居民自主参与、提供工作机会建立法律保障机制三方面建立社区参与的激励和保障机制[③]。

第二是社区参与模式。

郑群明等将参与式乡村旅游的开发模式概括为"政府＋公司＋农村旅游协会＋旅行社""公司＋社区＋农户""公司＋农户""股份制模式""农户＋农户""个体农庄",得到许多学者的认可并不断引用之[④]。更多学者在探讨社区参与旅游发展的成功和失败原因时从利益分配方式、旅游景区发展制度建设等方面进行阐释。例如,山沟沟景区、杭州梅家坞、龙坞茶村由于公共福利供给短缺、公共秩序混沌失序和公共资源利用无度,导致了乡村旅游核心资源迅速耗损和旅游品牌资产快速衰竭[⑤];贵州郎德苗寨由于缺少外来社会资本的投入,其自身拥有的资本、技术与管理不足以支撑当地旅游快速发展,造成社区经济增权速度较慢、效果不甚明显,同时社区参与旅游经济发展的各项事务和环节中存在"搭便车"等集体行动困境,如"参与集体歌舞表演的机会将逐步被外来的专业演员掠走"[⑥],更加不利于乡村旅游发展。何喜刚等根据甘肃乡村旅游发展现状,分析了甘肃乡村旅游发展社区参与的可行性,提出了四大社区参与类型:城郊休憩型、新型城镇型、景区覆盖型、交通节点型,并分析了其各自特点[⑦];廖珍杰等在研究乡村旅游社区参与模式的选择目标、原则和对策的基础上,提出了乡村旅游发展的总体思路要遵循因地制宜、动态变化和可持续发展的原则,同时乡村旅游社区参与模式选择应根据自身资源禀赋、经济发展条件、制度条件等作出最佳选择[⑧];笪玲选择重庆市璧山区的乡村旅游社区参与作为分析对象,探索出适合本区域的PSR(压力-状态-响应)模型,并结合PSR模型的区域特点,分别总结出了城市游憩圈带、近程游憩带和远程游憩带等不同游憩地社区参与的模式,认为选择乡村旅游社区参与的模式应注重区域要素、有效的发展机制,避免

---

① 吴忠军,叶晔.民族社区旅游利益分配与居民参与有效性探讨:以桂林龙胜龙脊梯田景区平安寨为例[J].广西经济管理干部学院学报,2005,17(3):51-55.
② 刘勤.论公共管理中的社区参与:以旅游景区开发与管理为例[D].武汉:华中师范大学,2010.
③ 杨素.基于社区参与的旅游景区管理[J].旅游纵览(下半月),2015(5):61.
④ 郑群明,钟林生.参与式乡村旅游开发模式探讨[J].旅游学刊,2004,19(4):33-37.
⑤ 池静,崔凤军.乡村旅游地发展过程中的"公地悲剧"研究:以杭州梅家坞、龙坞茶村、山沟沟景区为例[J].旅游学刊,2006,21(7):17-23.
⑥ 盖媛瑾,陈志永,况志国.天龙屯堡与郎德苗寨乡村旅游社区经济增权比较研究[J].贵州农业科学,2009,37(10):212-217.
⑦ 何喜刚,高亚芳.新农村建设视角下甘肃乡村旅游社区参与模式研究[J].开发研究,2009(6):101-104.
⑧ 廖珍杰,张丽娟.乡村旅游社区参与模式的选择与完善[J].哈尔滨商业大学学报(社会科学版),2010(1):105-114.

各种经济、文化冲突①。蔡碧凡等运用文献综述、比较分析、实地考察等研究方法,从社区参与的角度选择对浙江省衢州市柯城区七里乡黄土岭村、临安市太湖源镇白沙村、富阳市东洲街道黄公望村3个村在乡村旅游开发中社区参与情况进行对比分析,从中提出了基层组织引导、企业带动、社区主导3种社区参与模式,并对比分析了这3种模式的共性、特性和问题②。

第三是社区参与乡村旅游。

现阶段许多学者从乡村旅游的发展角度分析居民社区参与,认为乡村旅游发展中社区居民最应该作为一个整体参与其中,并能给居民带来更大的利益。

有关乡村旅游社区参与的机制研究所取得的成果有:单雪飞基于乡村旅游发展与社区居民参与之间的理论关系,为促进乡村旅游和社区发展的可持续,从乡村旅游发展产生的经济效益、文化效益、社会效益、生态效益等方面进行分析,构建了社区居民参与乡村旅游发展的有效机制和模型③;王敏娴认为,构建乡村旅游社区参与机制体系应从引导机制、决策咨询机制、利益分享机制和监控机制4个维度进行考虑,相互作用,从而使我国乡村旅游走向良性循环之路④;王琼英通过构建乡村旅游社区参与模型,来分析社区参与各个利益相关者的利益点和参与方式,探索了社区参与乡村旅游的动力与保障机制,以此从深度和广度两方面来拓展社区参与乡村旅游的发展⑤;樊忠涛在分析目前我国乡村旅游发展的现状基础上,寻找出目前我国乡村旅游在社区参与机制上所面临的问题,如景区开发模式传统、社区居民参与不统一、损害游客利益和景区形象等,并在基于政府参与、社区教育有效、景区与社区关系良好的前提下,提出了社区居民应纳入到参与景区决策、开发建设、经营管理和监督、收益分配等乡村旅游发展的各个部分,以此提出该乡村旅游社区参与创新机制⑥;张文磊以乡村旅游社区参与的利益分配为出发点,在文献研究的基础上,选取较为典型代表的乡村旅游社区参与案例,在利益分配机制上进行对比分析,并构建了乡村旅游社区参与的利益分配的基本框架⑦;向富华以社区及社区参与理论为研究基础,认为乡村旅游社区参与的本质是维护社区居民权利,以社区居民的三大权利为基准提出了9项参与机制,并构建了乡村旅游社区参与的支撑体系⑧;王小会等在分析乡村社区参与旅游的积极性不高、发展模式混乱、社区参与乡村旅游的机制不健全等问题的基础上,有针对性地提出政府驱动、人才培养、创新模式等来健全社区参与乡村旅游的运行机制保障⑨。

郎富平等通过对杭州市3个乡村旅游地的居民调查发现,随着旅游的发展、问题不断的

---

① 笪玲.基于PSR模型的都市近郊乡村旅游社区参与模式研究:以重庆市璧山县为例[J].南方农业学报,2012(1):120-123.
② 蔡碧凡,陶卓民,郎富平.乡村旅游社区参与模式比较研究:以浙江省三个村落为例[J].商业研究,2013(10):191-196.
③ 单雪飞.论乡村旅游发展与社区居民参与[D].大连:东北财经大学,2002.
④ 王敏娴.乡村旅游社区参与机制研究[D].杭州:浙江大学,2004.
⑤ 王琼英.乡村旅游的社区参与模型及保障机制[J].农村经济,2006(11):85-88.
⑥ 樊忠涛.基于创新视角的乡村旅游社区参与机制研究[J].广西农业科学,2010(2):194-196.
⑦ 张文磊.乡村旅游社区参与的利益分配机制比较与构建[J].特区经济,2012(7):180-182.
⑧ 向富华.乡村旅游社区参与机制研究[J].北京第二外国语学院学报,2012(7):64,65-71.
⑨ 王小会,张利.我国社区参与乡村旅游的模式与机制研究[J].旅游纵览(下半月),2014(7):111-112.

凸显,居民对旅游发展的态度也从积极逐渐变为消极乃至反对[1]。杜宗斌等运用结构方程模型法证明了社区参与对正面的旅游感知和社区归属感的形成有重要影响[2]。

由于居民的民主意识、知识水平和经济收入都比较落后,在社区旅游发展中经济收入、利益表达和政治参与中都处于弱势地位,导致被动式参与旅游发展的局面,阻碍了社区旅游的有效发展,同时社区参与理念实践效果不理想[3],其更深层次原因则是旅游发展不同的阶段社会文化的发展和政府及民间的各种组织发育程度也不尽相同。

二、国外研究进展

国外学者对利益相关者的研究始于20世纪60年代,而对旅游利益相关者的研究则是在20世纪80年代左右。关于其研究理论主要集中在以下几个方面。

1. 利益相关者的概念及分类

1984年Freeman在《战略管理:利益相关者方法》中指出利益相关者是指"任何能影响目标的实现或被影响的群体或个人",该书奠定了利益相关者管理理论研究的基础[4]。

20世纪后期,第一次环境运动爆发,与此同时社会各界也开始关注旅游业带来的各种问题,由此对利益相关者的研究也正式进入旅游研究领域,利益相关者这一研究角度也受到越来越多研究旅游发展问题的学者关注[5]。Donaldson等认为,"不清楚谁才是利益相关者,就无法为利益相关者提供服务或帮助"[6]。在管理学中,为利益相关者作了权威的定义,国外学者们在此基础上根据其研究对象,对旅游利益相关者进行了定义和分类。其中Robson等认为,旅游利益相关者应该是指景区、政府、企业、企业员工、当地居民、旅游者等,并且针对利益相关者之间的关系绘制了关系图谱[7]。2002年,Ryan认为旅游利益相关者应该包含12类:旅游局、地方和国家吸引物、政府、交通供应商、媒体、餐馆、游客、旅游营销部门、代理商、企业职工和压力群体[8],对利益相关者的分类进行了进一步的补充。Sheehan和Ritchie运用实证研究,针对景区管理机构(DMO)与利益相关者的合作或威胁的可能性大小,指出了13类DMO利益主体[9]。

---

[1] 郎富平,杨眉.社区居民对乡村旅游的态度感知分析[J].中国农村经济,2006(11):68-74.

[2] 杜宗斌,苏勤.乡村旅游的社区参与、居民旅游影响感知与社区归属感的关系研究:以浙江安吉乡村旅游地为例[J].旅游学刊,2011(11):65-70.

[3] 刘纬华.关于社区参与旅游发展的若干理论思考[J].旅游学刊,2000,15(1):47-52.

[4] Freeman R E. Strategic Management:A Stakeholder Approach[M]. Boston:Pitman/Ballinger,1984.

[5] 金晢坤.旅游景区开发过程中利益相关者的博弈及共赢研究[D].金华:浙江师范大学,2012.

[6] Donaldson T,Dunfee T W. Toward a Unified Conception of Business Ethics:Integrative Social Contracts Theory[J]. Academy of Management Review,1994,19(2):252-284.

[7] Robson J,Robson I. From shareholders to stakeholders:critical issues for tourism marketers [J]. Tourism Management,1996,17(7):533-540.

[8] Ryan C. Equity,management,power sharing and sustain ability of "new tourism" [J]. Tourism Management,2002,23(1):17-26.

[9] Sheehan L R,Ritchie J R. Destination stakeholders:exploring identity and Salience [J]. Annals of Tourism Research,2005,32(3):711-734.

2. 社区参与视角的旅游发展研究

在研究旅游规划时国外学者发现旅游社区参与者对规划效果有着较大的影响力,因而在旅游规划中如何平衡旅游社区各利益主体之间的利益已然成为必须要解决的问题。20世纪末,国外学者开始研究旅游社区的利益主体之间的合作问题,例如:Williams等提出"分享决策模式"为社区利益共享建立了一套决策标准化体制,开辟了旅游景区社区利益共享的理论先河[1]。Jamal等[2]、Reed[3]提出旅游相关的一系列规划和发展问题及参与解决旅游规划的管理过程。之后学者们开始研究居民认同、利益分享的问题。如John指出旅游社区发展的核心目标是保持利益相关者的交互性和平衡性,并通过建立模型,使居民感知与态度达到满意水平,重视居民对旅游成果的认同感,有利于实现旅游的可持续发展[4]。

在社区参与方面,国外学者主要集中在旅游发展对社区的影响、社区居民对旅游影响的态度,感知研究和社区参与及旅游可持续发展关系研究3个方面。

首先是旅游发展对社区的影响。由于旅游发展对社区造成了政治、经济、文化、社会、环境等各方面的影响,自20世纪60年代以来,国外学者便开始关注这一课题,大量的研究成果着重于旅游发展对于社区产生的影响。Brain等通过大量的案例研究从旅游业对当地的税收、就业、价格、收支等方面证明了旅游业对当地确实存在正面或负面的影响[5];Hermans以Cambrils为例,运用实证研究,分析发现旅游业直接或间接地促进当地农业发展[6];Belisle等研究发现,尽管存在一些严重的负面影响,但圣玛尔塔居民认为旅游业的整体影响是有益的,他们希望政府提供更多的经济激励措施,取消任何限制性措施,以刺激该地区的旅游业[7];Keogh在分析旅游发展带来的负面影响时,发现主要集中于生活成本的增加、社区与外来文化之间的冲突、犯罪率增加等方面[8];Maria以希腊Crete岛为调查研究地,分析旅游发展对居民的影响,发现其主要体现在家庭领导权、结婚年龄推迟、妇女角色变化等方面[9];Pam以澳大利亚的旅游社区为例,研究旅游发展带来的影响,分析发现其积极影响主要是就业机会增

---

[1] Williams P W, Penrose R W, Hawkes S. Shared Decision-making in Tourism Land Use Planning[J]. Annals of Tourism research, 1998(4):860-889.

[2] Jamal T B, Getz D. "Visioning" for sustainable tourism development: community-based collaborations. In P E Murphy (Ed.) Quality Management in Urban Tourism [M]. Chichester: Wiley, 1997:199-220.

[3] Reed M G. Power relations and community-based tourism planning[J]. Annals of Tourism Research, 1997, 24(3): 566-591.

[4] John Ap. Residents' perceptions on tourism impacts[J]. Annals of Tourism research, 1992(4):665-690.

[5] Brain Archer, John Fletoher. The Economic Impact Of Tourism in the Seychelles [J]. Annals Of Tourism Research, 1996(1): 32-47.

[6] Hermans D. The encounter of agriculture and tourism a catalan case[J]. Annals of Tourism Research, 1981, 8(3): 462-479.

[7] Belisle F J, Hoy D R. The perceived impact of tourism by residents a case study in Santa Marta, Colombia[J]. Annals of Tourism Research, 1980, 7(1):83-101.

[8] Keogh B. Resident and recreationists' perceptions and attitudes with respect to tourism development[J]. Journal of Applied Recreation Research, 1990, 15(2): 71-83.

[9] Maria Kousis. Tourism and the Family in a Rural Cretan Community[J]. Annals Of Tourism Research, 1989(3): 318-332.

加、基础设施得到改善、当地经济得到发展,而负面影响则主要体现在物价水平上升、文化冲突导致自身文化发生变质、破坏环境等方面①。

其次是社区居民对旅游影响的态度和感知研究。随着旅游不断发展,社区参与度的增加,旅游目的地居民的主人翁意识也随之增强,此时学者关于社区居民对旅游影响的态度和感知研究逐渐增多。Juanita 等以夏威夷旅游发展为例,发现居民对旅游发展的感知主要集中在高质量的生活、环境保护、经济效益、社会成本以及文化效益方面,且关注程度从高到低排列②;Francis 研究发现当地居民对旅游发展感知更倾向于积极方面,建议当地政府减少负面影响,引导居民参与旅游发展中③;Kneafsey 认为,社区居民旅游参与水平和旅游参与度存在不同程度的差异,而且社区居民文化背景和成长背景等的不同导致居民对旅游发展的态度不一样,旅游决策难以达成一致④;Kathleen 等在美国进行全州性调查来收集数据,以"社会交换理论"为支撑,结果表明,居民对旅游业发展带来的正面和负面的影响有着明显的感知,其中一些被调查者认为旅游发展能促进当地的经济发展,对于他们自身的生活水平提高也有着重要作用,因而他们认为旅游发展带来的积极影响大于消极影响⑤;Andrew 以乌干达 Bigodi 小村庄为研究地,对 385 名成人进行调查,从社区发展、产生收入和改善农业市场等角度,采用定性方法分析得出居民对旅游发展持积极态度,因居民认为旅游发展可从以上角度带来财富,提高居民的生活⑥;Brougham 等认为旅游发展带来的利益不可能所有居民都能受惠⑦;而 Juanita 等则提出不论是否所有的居民都能享受旅游发展的收益,但是旅游发展带来的环境改变则是由所有的社区居民共同承担的⑧;Michael 等对美国西部的 4 个乡村社区进行研究,提出假说"旅游依赖",并通过数据分析证明了这一观点,即社区居民对旅游消极影响的感知受旅游发展水平的影响,旅游发展水平越高,居民对其消极态度愈明显⑨;Winston Husbands 则分析了居民对旅游发展的态度与居民性别、年龄、受教育水平、经济收入等的关系⑩;Victor

---

① Pam Dyer, Lucinda Aberdeen, Sigrid Schuler. Tourism impacts on an Australian indigenous community: a Djabugay case study[J]. Tourism Management, 2003, 24(1): 83-95.

② Juanita C Liu, Turgut Var. Resident Attitudes Towards Impacts in Hawaii[J]. Annals of Tourism Research, 1986(2): 193-214.

③ Francis Eric Amuquandoh. Residents' perceptions of the environmental impacts of tourism in the Lake Bosomtwe Basin, Ghana[J]. Journal of Sustainable Tourism, 2010, 18(2): 223-238.

④ Kneafsey M. Rural Cultural Economy: Tourism and Social Relations[J]. Annals of Tourism Research, 2001, 28(3): 762-783.

⑤ Kathleen L Andereck, Karin M. Valentine, Richard C. Knopf, et al. Residents' perceptions of community tourism impacts[J]. Annals of tourism research, 2005, 32(4): 1 056-1 076.

⑥ Andrew Lepp. Residents' attitudes towards tourism in Bigodi village, Uganda[J]. Tourism management, 2007, 28(3): 876-885.

⑦ Brougham J E, Butler R W. A segmentation analysis of resident attitudes to the social impact of tourism[J]. Annals of Tourism Research, 1981, 8(4): 569-590.

⑧ Juanita C Liu, Pauline J. Sheldon, Turgut Var. Resident Perception of the Environmental Impacts of Tourism[J]. Annals of Tourism Research, 1987(1): 17-37.

⑨ Michael D Smith, Richard S Krannich. Tourism dependence and resident attitudes[J]. Annals of Tourism Research, 1998, 25(4): 783-802.

⑩ Winston Husbands. Social Status and Perception of Tourism in Zambia[J]. Annals of Tourism Research, 1989(2): 237-253.

Teye等通过7个旅游相关因素(包括与游客的社交互动、福利影响、有利的文化影响、经济成本、日常生活的负面干涉、拥挤的感觉、性开放)分析居民对旅游发展的态度感知,以非洲加纳的两个小镇为调研地,进行问卷调查,结果表明,旅游实际发展结果与社区居民期望不相符,导致居民对其持消极态度①。

最后是社区参与和旅游可持续发展关系研究。随着旅游业的发展,当地社区矛盾不断凸显,旅游给社区带来的负面影响也日益增多,学者逐渐将研究重点放在社区旅游业可持续发展方面。Timothy认为,增加居民在旅游发展的控制权,扩大居民在旅游发展的参与度,可以有效地减少旅游发展的负面影响②,这一结论在Hamira和Ghazali Musa调查伊朗的Masooleh地区的案例研究中也得到了证实③;20世纪末Kerry研究表明,当地政府对旅游可持续发展的态度会影响其实施方法,并进一步提出社区一体化的建议④;Briedenhann和Wichens认为企业、政府、社区等利益相关者的合作是旅游可持续发展的关键⑤;Choi等以"社会交换理论"为基础,分析美国得克萨斯州的旅游发展,发现环境可持续性、社区参与和长远规划对旅游发展有着重大影响⑥;Matild等以定性和定量相结合的方法,以尼加拉瓜的自然保护区为例,研究社区参与与旅游可持续之间的关系⑦。

3. 原住居民旅游

由于原住居民旅游给游客提供一个亲身体验不同生活和文化的平台,自20世纪90年代以来,原住居民文化的吸引力越来越大,特别是自联合国宣布1993年为"国际原住居民年"以后,国外关于原住居民旅游的研究也开始蓬勃发展,并逐渐形成了较完整的原住居民旅游研究体系。国外研究方式以问卷调查法和访谈法相结合为主,以某个具体旅游地为例,进行分析总结,其研究内容主要体现在以下3个方面⑧。

第一则是原住居民。作为旅游产品提供者,在原住居民旅游发展中必不可少。在旅游发展中原住居民对于自己的文化具有强烈的认同感和归属感,会让他们不自觉地产生文化保护意识。这种意识会促使他们去积极探索、学习传统文化,通过文化展示、实践体验去发展旅

---

① Victor Teyea, Ercan Sirakayab, Sevil F. Sönmeza. Residents' attitudes toward tourism development[J]. Annals of tourism research,2002,29(3):668-688.

② Timothy J Macnaught. Mass Tourism and the Dilemmas of Modernization in Pacific Island Communities[J]. Annals of TourismResearch,1982(3):359-381.

③ Hamira Zamani-Farahani, Ghazali Musa. Residents' attitudes and perception towards tourism development: A case study of Masooleh, Iran[J]. Tourism Management,2008,29(6):1 233-1 236.

④ Kerry B Godfrey. Attitudes towards 'sustainable tourism' in the UK: a view from local government[J]. Tourism Management,1998,19(3):213-224.

⑤ Briedenhann J, Wichens E. Tourism Routes as a Tool for the Economic Development of Rural Areas-Vibrant Hope or Impossible Dream?[J]. Tourism Management,2004,25(1):71-79.

⑥ Choi H C, Murray I. Resident attitudes toward sustainable community tourism[J]. Journal of Sustainable Tourism,2010,18(4):575-594.

⑦ Matilde de los Angeles Somarriba-ChangFaculty, Yvonne Gunnarsdotter. Local community participation in ecotourism and conservation issues in two nature reserves in Nicaragua[J]. Journal of Sustainable Tourism,2012,20(8):1 025-1 043.

⑧ 张艳萍.基于原住居民权益的沙溪古镇旅游发展模式研究[D].北京:首都师范大学,2014.

游。这种方式一方面加强了原住居民的文化教育,在旅游中不仅发展了当地的经济,提升了当地人的生活水平;另一方面也促使当地传统文化的复苏,并让其得到发展和延续,教育原住居民,使得他们更加了解本地传统文化,更加了解自身。他们这种再学习方式不仅保护了当地传统文化,而且也保证了原住居民旅游中的"原汁原味",保证了原住居民旅游的真实性。而这种真实性又很大限度地吸引了游客,促进当地的旅游发展,形成良性循环。

此外,文化认同和保护意识不仅包含原住居民,也体现在对游客的教育和体验上。文化旅游为游客提供了一个很好的教育体验经历,让游客感受不同地区的风俗,领略不同地区的文化内涵,这种原住居民旅游中最常见的活动受原住居民文化水平的影响。例如通过历史文化习俗的再学习,让不太了解自我文化的米科马克人得到教育,同时通过实际生活体验,让游客学习了解当地文化,将米科马克文化对外传播。同样地,位于加拿大北部地区的因纽特人通过举办狩猎活动让游客充分学习了解当地的狩猎文化。

在旅游发展中机遇和挑战并存。Lynch 等研究了加拿大米科马克地区的文化旅游,从游客角度分析了原住居民旅游发展中存在的机遇和挑战。其中一个就是如何利用正确的和有效的推销方式传播独一无二的原住居民文化主题以吸引潜在的远距离游客[1]。例如 Lynch 通过调查在米科马克旅游的旅游者,发现受访者很少看到当地的广告,只有有限的路边指示牌可以引导他们到达旅游景点,这意味着原住居民旅游中必须恰当地使用有效的工具将目的地的文化完整地展示出来。

第二则是旅游者需求。在原住居民旅游中,旅游者是其中重要的主体,对旅游者需求的研究是必不可少的,主要集中在原住居民旅游类型、兴趣和旅游者类型等方面。

首先是旅游类型,传统上为狩猎形式,现代则变更为生态旅游和文化或民族旅游,生态旅游主要以自然风光和良好的管理环境来吸引游客,文化旅游则主要是当地的历史文化和现实生活状态[2]。如米科马克的旅游者大多是参加击鼓、唱歌、社区聚会跳舞或其他类似的活动,也有直接参与原住居民生活中的,比如和当地原住居民一起工作,一起去原住居民学校上学,旅游者通过各种形式与原住居民接触,感受原住居民文化,总体上说感受目的地人的日常生活气息程度是衡量旅游者旅游体验的重要标准之一。在米科马克的原住居民旅游中的人们最关注的是米科马克人是如何把当地文化延续如此之久以及马克人演变的历史,在旅游发展之后马克人的文化发生了怎样的变化。

其次是兴趣方面,这与旅游者自身因素息息相关,研究表明,年龄越大的旅游者对于耗时长、体力消费大的活动兴趣越少,受教育文化程度越高的旅游者对于当地的文化历史越感兴趣,与目的地联系越紧密的活动旅游者越感兴趣。

旅游者类型从不同的角度被分为不同的类型。从旅游者对旅游产品的偏好可以分为原住居民旅游联系者、被动文化学习者、原住居民生产活动者和低原住居民旅游者 4 种;也有学

---

[1] Lynch M, Duinker P, Sheehan L, et al. The demand for Mi'kmaw cultural tourism: Touristperspectives[J]. Tourism Management, 2011(32):977-986.

[2] Notzke C. Indigenous Tourism Development in the Arctic[J]. Annals of Tourism Research, 1999, 26(1):55-76.

者从目的地导向、旅游服务和社会接触3个维度将游客分为高度新奇型、目的地新奇型、社会接触型和高度熟悉型4种。

第三则是政府在原住居民旅游发展中的作用。在此可以分为原住居民社区和当地政府。对于原住居民社区而言,社区在原住居民旅游发展中得到土地合法经营权并可以享受一系列优惠政策;社区在旅游发展中起到主导地位,社区居民生活水平上升、生存环境的改善、社区基础设施增加以及原住居民对传统文化等的学习使得原住居民自身素质的提升并运用到旅游规划发展中,进一步促进原住居民旅游的发展;社区组织、委员会等的建立提高了原住居民在旅游发展中的参与权[1]。例如加拿大西部旅游委员会81名成员中有36名原住居民,且主管也是原住居民。同处于加拿大的论若克斯岛,在制定政策时,政策制定委员会规定社区可以选举出7名社区委员参与到政策制定中[2]。

政府在旅游发展中并不是起决定性作用,而是支持和协调管理作用。政府在原住居民旅游发展中提供资金、机制以及政策上的支持。应以原住居民为核心,关注原住居民的发展,保证原住居民权利和利益,保护传统文化,完善设施促进当地经济增长,加强管理维护当地美好环境。以加拿大北部地区的因纽特人为例,政府和原住居民共同管理此处,建立综合管理机制,发表综合声明。声明中强调原住居民享有以下权利:原住居民享有或拥有优先的采收权利,可以参与资源管理,包括可再生资源的收获,可再生资源和不可再生资源的管理[3]。

第四节 述评与展望

纵观国内外相关学术成果,关于原住居民利益定义都是从某个单一角度进行分析,或政治或经济角度,也有从旅游发展过程进行分析的,没有综合起来,这样的原住居民利益定义或多或少会有遗漏。在分析景区原住居民现状时,从研究角度来说,主要是从原住居民社会经济和生态环境两方面来写原住居民利益;从调查方法而言,主要以理论分析为主,实证研究较少。

近年来,越来越多的趋势表明,我国旅游业研究方向主要是景区发展对当地居民的影响以及原住居民的旅游感知研究。而在旅游发展中原住居民如何更好地享受旅游发展带来的效益研究中,社区参与则成为新兴课题。国外研究社区参与文献中注重从参与者的角度来展开研究,强调居民的主体作用,社区管理自下而上,提出了如"分享决策模式"等管理模式。中国国情决定了西方社区管理制度并不完全适合我国基层管理制度,相对来说,我国的社区参与理论发展比较滞后。

之后的研究可以从更为细致的方向去研究旅游发展原住居民利益共享问题,包括利益表达、利益整合、利益分配和利益补偿等更为专业化的角度去分析,而不是讨论总体问题和对策方法。例如:在旅游发展中社区组织如何才能发挥群体代表的作用?应如何提高社区居民参

---

[1] 张艳萍.基于原住居民权益的沙溪古镇旅游发展模式研究[D].北京:首都师范大学,2014.
[2][3] Butler R,Hinch T. Tourism and Indigenous peoples[M]. Burlington,MA:Elsevier,2007.

与度才能让居民在旅游发展中拥有主动权？应怎样建立并建立怎样的合作机制才能让各利益相关者之间有效合作？

同时随着经济和社会的发展，"五位一体"总体布局的提出，人们越来越注重环境保护，因此生态旅游也越来越受到人们的重视和喜爱。之后的研究将从如何扩大和协调景区利益相关者的利益，向如何在保护环境的背景下实现利益共享转变，生态旅游背景下原住居民利益共享将成为未来研究的一大重点。

第十二章 国家公园前沿问题研究

快速增长的工业化、城镇化促进了经济的发展,同时也给生态环境带来了很大的压力。面对资源趋紧、环境污染严重的现状,党的十八届三中全会首次明确提出建立中国的国家公园体制。

国家公园体制目前是全球应用最多的一种自然资源管理体制,国家公园体制建立在我国是一项较为新颖的制度设计,作为一种"舶来品",虽然国际上有经验可循,但目前在我国无论是学术理论上还是实践上都缺乏统一认识,从而严重阻碍了国家公园模式在国内的发展与应用。国家公园作为一种严格保护并合理利用自然文化资源的可持续发展理念和举措而在全球得到普遍认可。国外对于国家公园的建设与管理的经验、资源评价和环境影响分析、发展模式、准入标准,以及包括游客管理、社区参与在内的专项管理研究较为全面。国内对于国家公园的研究起步较晚,研究主要集中于对国外国家公园的研究进行总结、中外对比、中国目前现有的试点案例分析以及战略思考与建设构想。建立国家公园体制是十八届三中全会提出的改革任务之一,是我国生态文明制度建设的重要内容,对于推进自然资源科学保护和合理利用,促进人与自然和谐共生,推进美丽中国建设,具有极其重要的意义。

王维正在《国家公园》一书中写道,国家公园的发展主要经历了3个阶段:萌芽期(1870年代至1890年代)、发展期(1900年代至"二战")和繁荣期("二战"后至今)。萌芽期的国家公园数量较少,主要存在于美国和英联邦国家;发展期的国家公园已扩展至很多西方发达国家及殖民地;到繁荣期,已经形成遍布全球的国家公园运动[①]。2017年全国"两会"提出,"深化生态文明体制改革,完善主体功能区制度和生态补偿机制,建立资源环境监测预警机制,开展健全国家自然资源资产管理体制试点,出台国家公园体制总体方案,为生态文明建设提供有力制度保障"。《建立国家公园体制总体方案》强调,在总结国家公园体制试点建设的基础上,对国家公园体制的建设给出进一步指导,要求在2020年国家公园体制试点基本完成,整合设立一批国家公园,到2030年国家公园体制更加健全。

第一节 国家公园的内涵及发展历程

一、内涵

1872年美国国会通过《黄石公园法》,此法案中将国家公园定义为:为人们受益和欣赏的大众公园或游憩地。1969年世界自然保护联盟(IUCN)把国家公园定义为"某个区域有一个

[①] 王维正.国家公园[M].北京:中国林业出版社,2000.

或多个生态系统,通常没有或很少受到人类占据及开发的影响,这里的物种具有科学的、教育的或游憩的特定作用,或者这里存在着具有高度美学价值的自然景观;在这里,国家最高管理机构一旦有可能就采取措施,在整个范围内阻止或取缔人类的占据和开发并切实尊重这里的生态地貌或美学实体,以此证明国家公园的设立;到此观光必须以游憩、教育及文化陶冶为目的,并得到批准"。

1974年世界自然保护联盟对1969年国家公园的定义进行了修订,国家公园是"具有优美景观特殊生态或地形,有国家代表性,未经人类开采聚居或建设的场所;此处限制工业区、商业区及人类聚居开发,禁止伐木、采矿、设厂、农耕、放牧及狩猎等行为,以有效地维护自然景观及生态平衡;保护现有的自然状态,准许有游人在一定条件下进入,可作为现代及未来的科研、教育、游览和启智的场所"[①]。

1994年世界自然保护联盟将国家公园定义为:"主要用于生态系统保护及游憩活动的天然的陆地或海洋;为当代和后代保护一个或多个生态系统的完整性;排除任何形式的有损于该保护地管理目的的开发和占有行为;为民众提供精神、科学、教育、娱乐和游览的基地,所有这些活动必须实现生态环境和文化上的协调。"[②]国外对国家公园的定义是突破以往对国家公园传统自然景观和生态方面的定义,逐渐深入到文化层面对国家公园进行了阐释。

国内对国家公园的定义始于2014年,中国内地首次在"国家公园建设讨论会"上明确了我国国家公园的定义:"由政府规划和管理的保护区,以保护具有国家或国际重要意义的自然资源和人文资源及其景观为目的兼具科研、教育、游憩和社区发展等功能,实现资源有效保护和合理利用的特定区域。"该定义既符合IUCN提出的国家公园的管理目标,又充分概括了具有中国特色的国家公园应当发挥的多样化的功能[③]。

2017年,中共中央办公厅、国务院办公厅印发了《建立国家公园体制总体方案》,对国家公园的定义是"国家公园是指由国家批准设立并主导管理,边界清晰,以保护具有国家代表性的大面积自然生态系统为主要目的,实现自然资源科学保护和合理利用的特定陆地或海洋区域"。其中,树立正确的国家公园理念即坚持生态保护第一。另外,明确了国家公园定位,国家公园的首要功能是重要自然生态系统的原真性、完整性保护,同时兼具科研、教育、游憩等综合功能。

二、发展历程

1872年美国国会批准设立了美国第一个国家公园——黄石国家公园,这也是世界上第一个国家公园。位于美国密歇根州的麦基洛国家公园是世界上第二个国家公园。Terence对美国国家公园的社会变革进行了研究,认为美国国家公园的发展经历了萌芽阶段、成型阶段、发

---

① 卢宁.国家公园的模式创新与制度体系研究:以浙江省开化县国家东部公园为例[J].中共浙江省委党校学报,2014,30(3):63-70.

② Nigel D. Guidelines for Applying Protected Area Management Categories[M]. Gland: IUCN Publications Services, 2008.

③ 翟洪波.建立中国国家公园体制的思考[J].林产工业,2014,41(6):11-16.

展阶段、停滞与再发展阶段、注重生态保护阶段和教育拓展与合作阶段这6个阶段[①]。1879年澳大利亚在悉尼南部建立了世界上第三个国家公园——皇家国家公园,随后加拿大于1885年建立了落基山国家公园,新西兰于1887年建立了汤加里罗国家公园,瑞典、刚果和南非等国家也先后建立了国家公园。第二次世界大战以后,许多国家相继建立了国家公园并认为建立国家公园是保护自然环境和自然资源的良好途径。目前,已有多个国家建立了近万个国家公园和类似保护区,促进了人类对大自然的认识和保护。国家公园已经成为保护区体系中一种较高阶段的保护区类型,在保护自然资源中发挥着重要作用。Horne认为,国家公园的早期传播是一种基于民族意识的传播。早期建立国家公园的澳大利亚、新西兰、加拿大与美国使用同种文字,有相同的价值观,体现在文学、艺术、哲学方面。所以,创建国家公园,在某种意义上是一种增强民族文化认同的方式[②]。

2008年10月8日,环境保护部和国家旅游局批准建设国家公园试点单位——黑龙江汤旺河国家公园[③]。但囿于既有的自然资源行政管理体制和行政授权格局,2009年中央政府暂停国家公园试点工作,要求在自然遗产资源保护立法中继续探索和研究。

2015年我国出台建立国家公园试点方案,同年6月,我国启动了为期3年的国家公园试点。试点工作实行动态管理,增加了两个:祁连山国家公园、热带雨林国家公园;退出一个:长城国家公园。这样到2019年5月14日,在12个省区有10个国家公园试点,分别是:三江源国家公园、东北虎豹国家公园、大熊猫国家公园、祁连山国家公园、神农架国家公园、武夷山国家公园、钱江源国家公园、南山国家公园、普达措国家公园和热带雨林国家公园。

第二节 国家公园体系:制度与立法

一、国家公园的准入标准

由于各国的国情不同,所以对国家公园的准入标准也有不同。世界自然资源保护联盟认定国家公园的标准如下:①不小于 1 000 hm^2 面积范围内,具有优美景观的特殊生态或特殊地形,具有国家代表性,且未经人类开采、聚居或开发建设的地区;②为长期保护自然原野景观、野生动植物、特殊生态体系而设置保护的地区;③由国家最高权力机构采取步骤,限制工业开发区、商业区及聚居,并禁止采伐、采矿、建设电厂、农耕、放牧、狩猎等行为,同时有效执行维护生态、自然景观的地区;④维护目前的自然状态,仅准许游客在特别情况下进入一定范围,作为现代及未来科学、教育、游憩、启智资产的地区。

关于国家公园的准入标准,各国的侧重点各有不同。袁朱总结了美国的国家公园准入标准,一个准备进入美国国家公园系统的新区域,需符合国家重要性、适宜性、可行性和国家公

---

① Terence Young. Social Reform Through Parks: the American Civ-ic Association's program for a better America[J]. Journal of Historical Geography,2004(4):460-472.

② Horne J. The Pursuit of Wonder: How Australia's Landscape was explored, Nature discovered and Tourism unleashed[M]. Melbourne: Miegunyah,2006.

③ 李有军.首个国家公园落户黑龙江汤旺河[N].人民日报海外版,2008-10-09(004).

园管理局的不可替代性4个基本的入选标准①。王梦君等认为,一个区域资源的国家代表性体现在具有全国意义的自然、文化或欣赏价值的资源;适宜性主要考察该区域所反映的自然和文化资源是否已经在国家公园系统中得到充足的反映,而且该区域的资源类型没有由其他联邦机构、部落、州和地方政府及企业进行类似的表述与保护;可行性是必须具备足够大的规模和合适的布局,以保证对资源的长期保护和可供公众利用,同时在财政允许的条件下,必须有潜力实施有效的管理;关于国家公园管理局的不可替代性主要体现在除非经过评估,清楚地表明该区域由美国国家公园管理局管理是最优的选择,是别的保护机构不可替代的②。但关于这些定性条件如何转化为定量标准进行操作,国内仅见的是刘海龙等关于40年前美国国家公园自然区域和主题的划分、加权,以及重要性和充分代表性评价的操作体系的介绍③。

刘鸿雁认为,加拿大标准则包括选择"在野生动物、地质、植被和地形方面具有代表性"并且"人类影响程度应该最小"的区域④。伊格尔斯等认为在确定国家公园方面,加拿大具有一套点面结合、上下互动、动静联系的动态反馈遴选机制,其国家公园要经历"典型自然景观区域""自然地理区域"两个阶段。首先是由国家公园管理署向公众公开拟设立成国家公园的"自然地理区域"名单,并终止在这些区域的开发行为;其次国家公园管理署组织相关部门及非政府组织对这些区域进行设立国家公园的可行性分析;最后,把该区域的所有权及管辖权归为国有,才能成为正式的国家公园⑤。

高洁煌等根据《联邦特别自然保护区域法》的规定总结,可以被设定为国家公园的区域一般要符合以下条件:①自然综合体保存完好;②自然景观极具多样性;③具有物种多样性;④具有资源独特性;⑤高度适合休养;⑥具有极高的美学价值;⑦具有舒适的气候,没有影响休闲娱乐的极端气候因素;⑧具有历史人文价值⑥。

封珊认为,我国台湾地区的国家公园法管理规定主要从以下几个方面对国家公园的选定制定了标准,其选定标准详列如下:①具有特殊的自然景观、地形、地物、化石及未经人工培育的自然演进生长的野生或遗留动植物,足以代表台湾自然遗产者;②具有重要之史前遗迹、史后古迹及其环境富有教育意义,足以培养民众情操而由政府长期保存者;③具有天赋娱乐资源,风景特异,交通便利,足以陶冶民众性情,供游憩观赏者⑦。

关于我国内地国家公园的准入标准,定性指标多参考美国。王梦君等认为,我国国家公园的设置应具备资源条件优越、建设条件完备、管理条件有效3个条件,建议包括典型性、独特性、感染力、面积适宜性、可进入性和管理有效性等主要指标。但对如何进行操作并没有给

---

① 袁朱.国外有关主体功能区划分及其分类政策的研究与启示[J].中国发展观察,2007(2):54-56.
② 王梦君,唐芳林,孙鸿雁,等.国家公园的设置条件研究[J].林业建设,2014(2):1-6.
③ 刘海龙,王依瑶.美国国家公园体系规划与评价研究:以自然类型国家公园为例[J].中国园林,2013,29(11):84-88.
④ 刘鸿雁.加拿大国家公园的建设与管理及其对中国的启示[J].生态学杂志,2001(6):50-55.
⑤ 伊格尔斯,麦库尔,海恩斯.保护区旅游规划与管理指南[M].北京:中国旅游出版社,2005.
⑥ 高洁煌,蔚东英.俄罗斯国家公园的管理制度及对我国的启示[J].南京林业大学学报(人文社会科学版),2017,17(3):99-106.
⑦ 封珊.国家公园旅游吸引力影响因素研究[D].上海:华东师范大学,2015.

出相关建议①。苏杨认为,国家公园的评选标准概括起来就是既要资源好,也要体制合,还要类型全。在资源价值方面至少有两个必要条件:①资源价值的国家代表性,这既包括了自然生态系统和自然文化遗产的重要性、代表性、原真性、完整性,也包括了与国家形象的关联程度;②体制改革,需要能全面体现生态文明制度,实现对国家公园统一、规范、高效的管理,确保体现"保护为主、全民公益性优先"②。相对较为完善、可操作性较强的研究来自刘亮亮③和罗金华④,他们主要采用的都是层次分析法,尽管对准入标准进行了量化,但这两个评价体系的综合性、科学性和适用性还有待进一步验证。田美玲等认为,目前我国的资源均被贴上各种标签,包括自然保护区、风景名胜区、森林公园、地质公园、历史文化名城名镇、重点文物保护地等,从而导致资源产权不清、政出多门等现象。因此,要建立国家公园,首先要协调好这些标签地之间的关系,在中国这种特殊国情下,需要借助行政力量,真正做到国家主导,确保国家公园只由唯一的管理部门负责,逐步促进资源回归公益,进而引导各类标签地逐渐向国家公园体系靠拢,最终建立统一的国家公园标准⑤。

可以看出,国家公园在规划中以保护生态系统及自然资源,并供永续使用为目标,综合考虑野生动植物、地形地质景观、人文史迹与环境、经济、土地使用情况的交互影响,并为避免发生环境破坏提出针对性的措施。

二、国家公园与生态文明建设

国家公园是生态文明建设的重要组成部分,建设国家公园的初衷就是为了维护生态系统,建设国家公园就是在进行生态文明建设。杨锐提到国家公园是我们从祖先手中继承下来,还要真实完整地传承给子孙后代不可替代的国家财产⑥。因此,对国家公园中的生态保护需要建立生态保护的科学体系。首先,应该从制度层面抓起。翟洪波认为,在国家公园建设中也要遵循"山、水、林、田、湖、草是生命共同体"的理念,把破碎化、孤岛化的生态系统重新联系起来,形成完整、完善的生态系统。应该回归"保护第一"的原则,从制度层面实现自然资源资产产权制度、用途管制制度、划定生态保护红线、实行资源有偿使用和生态补偿等一系列生态环境保护制度创新的整体推进⑦。其次,从方法手段方面采取措施。程健认为,应该引入资源保护的先进理念与方法,例如保护行动规划(CAP)方法等,可对资源实现更为科学有效的保护和管理⑧。另外,唐芳林等提出,应该加强资源监测和科研,为国家公园实施科学管理提供依据⑨。

高洁煌等认为,管理部门要兼有生态保护、自然资源监管和污染防治职能。国家公园内

---

① 王梦君,唐芳林,孙鸿雁,等.国家公园的设置条件研究[J].林业建设,2014(2):1-6.
② 苏杨.第一批国家公园可能是哪些?[J].中国发展观察,2017(z2):107-113.
③ 刘亮亮.中国国家公园评价体系研究[D].福州:福建师范大学,2010.
④ 罗金华.中国国家公园设置及其标准研究[D].福州:福建师范大学,2013.
⑤ 田美玲,方世明,冀秀娟.自然保护类国家公园研究综述[J].国际城市规划,2017,32(6):49-53.
⑥ 杨锐.美国国家公园规划体系评述[J].中国园林,2003(1):45-48.
⑦ 翟洪波.建立中国国家公园体制的思考[J].林产工业,2014,41(6):11-16.
⑧ 程健.国家公园规划建设研究[D].重庆:重庆大学,2008.
⑨ 唐芳林,王梦君.国外经验对我国建立国家公园体制的启示[J].环境保护,2015,43(14):45-50.

自然资源的经济属性体现在可被开发利用,其生态属性体现在为公众提供各类生态服务,统筹生态保护和自然资源监管,行使国土空间用途管制职责,对国家公园范围内山、水、林、田、湖进行统一保护和统一修复。而国家公园生态系统的综合性、整体性决定了污染防治与生态修复和保护工作息息相关、互相影响,污染防治是生态保护的前提,生态保护是污染防治的目的[1]。

三、国家公园综合立法

依法设立、依法管理是国家公园体制建立的基础。刘海强提到美国自然保护法律体系非常完善,相关的法律有69部。《自然保护区法》为其他自然保护地的立法提供了立法依据和指导,并有与《自然保护区法》配套的单行法律,对自然保护区的其他事项单独立法;针对特定保护区(如国家公园)单独进行立法,如《黄石国家公园法》,同时还有其他自然保护的法律,如《南极保护法》《基金湿地资源法》《鱼和野生动物保护法》等[2]。杨锐介绍了美国国家公园立法和执法的基本情况,包括《国家公园基本法》,基本法规定了美国国家公园管理局的基本职责;《授权法》明确规定该国家公园单位的边界、它的重要性以及其他适用于该国家公园单位的内容;《原野法》使美国国会有权命名联邦公有土地,成为国家原野保护体系的一部分;原生自然与风景河流法,目的是建立一个系统以保护那些具有杰出的风景、休憩、地质、野生动物、历史、文化和相似价值的河流,使其保持自然状况;国家风景与历史游路法,目的是促进国家风景游路网络的形成;《国家环境政策法》则是美国环境保护方面的基本法。除此之外还有部门规章和其他相关联邦法律[3]。符利勇等认为,南非《国家环境管理:保护地法》从国家层面整合了《国家公园法》《国家森林法》等指导的各类保护地体系,明确了法律的适用范围和与其他法律发生交叉或冲突时的运用规定[4]。符利勇等认为,日本涉及自然保护的法律体系主要由基本法规、针对自然公园的法律以及外围的相关法律三部分组成[5]。

英国关于国家公园的法律体系也已经相当完善。《国家公园与乡村进入法》确立了国家公园的法律地位。1972年立法规定国家公园是独立的规划当局,1995年《环境法》将国家公园设立的目标修改为:①保护与提高国家公园的自然美景、野生生物和文化遗产;②为公众理解与欣赏公园的特殊质量提供机会。2000年,苏格兰国会发布《国家公园法》,开始在苏格兰设立国家公园。除此之外,有很多重要法律包含影响国家公园、公园管理局和公园规划的条文,如《乡村和道路权法》《规划和强制购买法》《自然环境和乡村社区法》《当地政府和公共参与健康法》《规划法》《当地民主、经济发展和建设法》《海洋和沿海进入法》等。

翟洪波认为,我国国家公园管理相关法律法规和协调机制滞后,立法层次偏低。目前尚

---

[1] 高洁煌,蔚东英.俄罗斯国家公园的管理制度及对我国的启示[J].南京林业大学学报(人文社会科学版),2017,17(3):99-106.

[2] 刘海强.庞泉沟自然保护区植被数量生态研究[D].太原:山西大学,2013.

[3] 杨锐.美国国家公园的立法和执法[J].中国园林,2003(5):64-67.

[4] 符利勇,唐守正,刘应安.关帝山天然次生针叶林林隙径高比[J].生态学报,2011,31(5):1 260-1 268.

[5] 符利勇,何铮,刘应安.关帝山天然次生针叶林林隙大小模型研究[J].南京林业大学学报(自然科学版),2010,34(5):51-54.

未出台国家公园法。现有的《森林法》(1984年)、《关于建立地质自然保护区的规定》(1987年)、《野生动物保护法》(1989年)、《自然保护区条例》(1994年)、《地质遗迹保护管理规定》1995年)、《风景名胜区条例》(2006年)、《国家湿地公园管理办法》(2010年)及《国家级森林公园管理办法》(2010年)等法律法规对国家公园管理都具有一定约束力,但相关规定没有统一性,内容也不尽完善,没有专门针对国家公园这一特定类型保护地的法律管理体系,而针对单独各个公园的法律法规也很少。同时制定保护地相关法律法规的主体大多是行政主管部门,而不是人民代表大会等立法部门,降低了这些法律法规执行的力度。

第三节 国家公园管治:冲突与协调

一、政府管理的各项模式

Sharpley指出,对于国家公园管理机构的研究是一个值得关注的领域,尤其是公园管理机构如何平衡利益相关者权益,如何通过制度可持续性实现公园的可持续发展等都是未来值得研究的问题[1]。Eagles总结出全球8种管治模式,包括公共与非营利结合的模式、非营利模式、传统国家公园模式、半国营模式、生态旅馆模式、公共营利模式、原住居民与政府共建模式以及传统社区模式[2]。世界各国在国家公园建设过程中依据国情和自身的特点采取不同的管治模式。

Hall认为,美国国家公园采取典型的中央集权型管理体制,由联邦政府内政部下属的国家公园管理局(National Park Service)主导管理工作,地方政府则无权介入[3]。Hamin总结澳大利亚国家公园的建立和管理主要由地方政府负责[4]。Thompson指出,英国的国家公园采用的是传统的国家公园管治模式:由中央政府财政拨款支持公园发展,由统一的公园管理机构对公园进行管理[5]。但是这一管治模式因为政治因素过浓而被批评为效率低下。田世政等认为,新西兰的国家公园管理一直以生态保护为核心,经过多年的发展,形成了以政府管理为主导、公众积极参与的管理机制[6]。Eagles等指明,加拿大等国则采用了包含"公共和非营利结合的管治模式""传统国家公园管治模式"等多种形式[7]。郭宇航认为,加拿大的国家公园管理有非政府组织(NGO)的参与,这种由政府组织和非政府组织共同参与管理的方式分为非制

---

[1] Sharpley R Tourism. development and the environment:beyond sustainability[M]. London:Earthscan,2009.

[2] Eagles P F J. Governance of recreation and tourism partnerships in parks and protected areas[J]. Journal of Sustainable Tourism,2009,17(2):231-248.

[3] Hall C M,Shultis J. Railways,tourism and worthless lands:the establishment of national parks in Australia,Canada,New Zealand and the United States, Australian Canadian Studies,1991,8(2):57-74.

[4] Hamin E M. The US National Park Service's partnership parks:collaborative responses to middle landscapes[J]. Land Use Policy,2001,18(2):123-135.

[5] Thompson N. Inter-institutional relations in the governance of England's national parks:A governmentality perspective[J]. Journal of Rural Studies,2005,21(3):323-334.

[6] 田世政,杨桂华. 中国国家公园发展的路径选择:国际经验与案例研究[J]. 中国软科学,2011(12):6-14.

[7] Eagles P F J,Romagosa F,Buteauduitschaever W C,et al. Good governance in protected areas:an evaluation of stakeholders' perceptions in British Columbia and Ontario Provincial Parks.[J]. Journal of Sustainable Tourism,2013,21(1):60-79.

度化共管和制度化共管,其中由制度化共管衍生出了公园咨询委员会(PAC)这一机制①。陈叙图等认为,法国采用了有特色的大区公园体制,具有上下左右里外结合的治理模式、有较好的绿色发展体系(公园产品品牌增值体系)和多种扶持手段、易于实现跨行政区管理②。

对于国家公园管理经验的研究,其中对美国国家公园的发源地的研究最为翔实。张振威等就美国国家公园管理规划中的公众参与制度、公民保护团制度等进行阐释和解读③。朱华晟等认为,美国国家公园公私合作的管理体制以政府为核心,以联邦政府为核心的集权式管理,并形成了以"国家公园管理局—地方办公室—基层管理局"为主线的垂直管理体系,融合企业、科研机构、个人,及非政府组织的人力、资金和技术的支持。其中,专门成立的非营利的基金组织成为联系零散的社会资源与政府力量的关键渠道④。

肖练练等总结国家公园的管理有两大理念:基于生态系统导向理念和基于社区发展导向理念。在发展中国家和发达国家管理过程中,两大理念运用的侧重程度不同:发达国家较为注重采用多种手段维护生态系统完整,发展中国家则更侧重于协调国家公园发展与周边利益相关者的关系,实现收益共享⑤。

中国作为一个国家公园体制建设的"新国家",杨锐提出,中国如果要建立真正意义上的、以"全民公益性"为目标的国家公园,中央财政的直接投入、中央政府的直接管理是必要条件。离开这2个必要条件,任何所谓的"国家公园"都不是名副其实的国家公园⑥。李经龙等认为,中国的国家公园体系在部门管理体制下逐渐演变为7种类型:国家自然保护区、国家森林保护区、国家地质公园、国家湿地公园、国家矿山公园、国家重点风景名胜区和国家水利风景区⑦。

窦亚权等基于我国特有的国情以及经济发展基础,要积极探索具有中国特色的国家公园管理机制。结合现有的国家公园管理机制以及建设现状,我国应实行"双列统一"的管理体系,"双列"为政府管理和非政府管理两个部分。其中政府管理分为国家级层面的国家公园管理部、省级层面的国家公园管理局以及县与州级层面的国家公园管理办公室;非政府管理主要有自然保护组织、环境保护协会、社会团体组织、科研教育机构以及个体自愿者等⑧。

二、我国现有国家公园分部门管理

傅一敏等指出,部门分割还有其他类似的表达,如"政出多门""九龙治水"。部门分割"九龙治水"是国家公园试点需要着力解决的问题⑨。陈耀华等指出,现阶段中国遗产地隶属不同

---

① 郭宇航.新西兰国家公园及其借鉴价值研究[D].呼和浩特:内蒙古大学,2013.
② 陈叙图,金筱霆,苏杨.法国国家公园体制改革的动因、经验及启示[J].环境保护,2017,45(19):56-63.
③ 张振威,杨锐.美国国家公园管理规划的公众参与制度[J].中国园林,2015,31(2):23-27.
④ 朱华晟,陈婉婧,任灵芝.美国国家公园的管理体制[J].城市问题,2013(5):90-95.
⑤ 肖练练,钟林生,周睿,等.近30年来国外国家公园研究进展与启示[J].地理科学进展,2017,36(2):244-255.
⑥ 杨锐.论中国国家公园体制建设中的九对关系[J].中国园林,2014,30(8):5-8.
⑦ 李经龙,张小林,郑淑婧.中国国家公园的旅游发展[J].地理与地理信息科学,2007(2):109-112.
⑧ 窦亚权,李娅.我国国家公园建设现状及发展理念探析[J].世界林业研究,2018(1):1-8.
⑨ 傅一敏,龙贺兴,刘博雅,等.整体性治理视阈下东洞庭湖湿地治理破碎化问题研究[J].林业经济,2016,38(3):8-13+24.

主管部门,政出多门、多头管理的现象十分严重,也给建立统一的中国国家公园制度带来了机构、法规等方面的障碍[1]。柯善北提到,自然资源机构改革前与国家公园相关的有国家地质公园、国家森林公园、国家湿地公园、国家风景名胜区、世界自然文化遗产等,涉及相关部委达10多个,包括原国土资源部、环境保护部、住建部、国家文物局、原国家旅游局、水利部、原国家林业局等,可谓"九龙治水、群龙无首"[2]。

对此现象,许多学者给出了建议。刘锋等认为,要全面整合现有九大类文化和自然遗产地管理体系,并确立相应的管理目标、管理制度和管理模式,实施类似美国国家公园遗产管理体制,真正解决"条块分割,九龙治水"的遗产管理体制[3]。陈君帜提出我国国家公园体制建立应作为中央事权,从顶层设计着手,厘清概念、明确定位,特别是对重点国有林区、重要湿地、珍稀濒危物种栖息地等生态区位极为重要区域,以及跨省级行政区域建立的国家公园,应由国家委托自然资源主管部门直接垂直管理,并建立以中央财政为主的资金保障机制[4]。

第四节　国家公园的管理与经营

一、管理与经营分离:特许经营

国家公园的供给,既要发挥政府作用,又要引入市场机制。对于保护地的物种保护、生态保护与修复等公共属性较强的项目应该由政府来提供。但是对于那些公共性不强的、具有较好市场基础的项目可以通过特许经营来实现。吴健等指出,特许经营是对财政为主的资金机制的一个重要补充。企业通过与园区管理机构签订责任义务对等的经营合同,获得期限较长的特许经营权,从而在园区内提供餐饮、住宿等服务。在缴纳特许经营费的基础上,政府在特许经营合同中加入强制性的生态环境保护条款,以保证企业不会因追求自身利益最大化而对保护地进行过度开发和使用。在政府资金不足时,政府也可以政府信用为担保,向金融机构获取必要的资金支持[5]。

苏雁提到,1965年美国国会通过了《国家公园管理局特许事业决议法案》,要求在国家公园体系内全面实行特许经营制度。1998年,通过了《改善国家公园管理局特许经营管理法》,规定了特许经营权转让的原则、方针、程序,并取代了《国家公园管理局特许事业决议法案》。国家公园的特许经营体现了一种由政府管理、企业经营的高效资源运作方式。同时它也明确了经营人的权利和义务,保证了企业经营行为不会影响和扭曲国家公园的保护宗旨和发展目标。日本国家公园的公共设施也允许按照国家公园的使用规划由特许承租人提供服务设施,但执照的发放严格按照每个国家公园的游客接待计划、服务质量标准及服务管理资格进行。

---

[1] 陈耀华,黄丹,颜思琦.论国家公园的公益性、国家主导性和科学性[J].地理科学,2014,34(3):257-264.
[2] 柯善北.变"九龙治水"为"一统天下"[J].中华建设,2014(11):1.
[3] 刘锋,苏杨.建立中国国家公园体制的五点建议[J].中国园林,2014,30(8):9-11.
[4] 陈君帜.建立中国特色国家公园体制的探讨[J].林业资源管理,2014(4):46-51.
[5] 吴健,胡蕾,高壮.国家公园:从保护地"管理"走向"治理"[J].环境保护,2017,45(19):30-33.

住宿设施必须有益于健康、简洁、不昂贵,并且与户外的其他设施浑然成为一体①。

特许经营是国外国家公园的主要经营模式之一。而我国国家公园采取的政府主导下的企业自主经营与门票经济的经营方式,与国家公园的公益性及以生态系统保护、环境教育和参观游憩等为主要社会功能的建设初衷相违背。因此,我国国家公园需要推行与国际接轨的特许经营制度,建立适合我国国情的旅游经营机制②。

二、社区参与

人与公园关系一直是国外国家公园研究的重点内容。Novelli 等提到早期的国家公园管理,通常将当地社区与自然环境分开来对待③。Hannam 指出,在发展中国家,当地原住居民同自然保护区(国家公园)之间往往存在着冲突④。由此可见,社区如何正确参与到国家公园的管理中是必不可少的一个议题。Eagles 提到 2003 年第五届世界公园大会的内容:当地社区经过适当的教育,应该参与公园的决策并成为公园自然资源的共同保护者⑤。Nepal 也提到,国家公园要保持可持续性,在公园管理中就必须重视社区的角色,公园管理政策中也必须考虑社区的生计⑥。

社区参与已经有大量的研究,很多学者认为社区参与是可持续旅游的重要指标。社区参与旅游开发所带来的利益分享得到很多学者的认可,但社区参与管理和规划则受到一些学者的质疑,尤其是在发展中国家。如 Boyd 等提出,国家公园里面和周边的社区,在公园规划管理中未必能起到积极的作用,因为很多当地社区都是一些相对较小的乡村社区,他们通常受到教育水平、社会、文化的限制而未见得能对公园规划提出正确的判断⑦。Eagles 也提出,由于当地社区往往会考虑到公园开发所带来的经济利益以及商业机会,他们对经济利益的兴趣超过对公园的生物多样性的保护。在英国,社区参与有着优良的传统⑧。1995 年乡村管理机构(Countryside Agency)在乡村可持续旅游的建议书中强调,社区参与是乡村管理(包括国家公园管理)的重点。Bahaire 等提到英国也立法规定每个国家公园的建立都必须经过公众听证这一阶段,这也是社区参与的一个重要形式。英国的 New Forest 国家公园和 South Downs 国家公园,从提案到成立经历了近 10 年时间,其中最主要的一个原因就是一直有不同

---

① 苏雁.日本国家公园的建设与管理[J].经营管理者,2009(23):222.

② 马勇,李丽霞.国家公园旅游发展:国际经验与中国实践[J].旅游科学,2017,31(3):33-50.

③ Novelli M, Scarth A. Tourism in Protected Areas: Integrating Conservation and Community Development in Liwonde National Park (Malawi)[J]. Tourism & Hospitality Planning & Development,2007,4(1):47-73.

④ Hannam K. Tourism management issues in India's national parks: an analysis of the Rajiv Gandhi (Nagarahole) National Park.[J]. Current Issues in Tourism,2005,8(2-3):165-180.

⑤ Eagles P F J. Tourism at the Fifth World Parks Congress, Durban, South Africa, 8 – 17 September 2003[J]. Journal of Sustainable Tourism,2004,12(2):169-173.

⑥ Nepal S K. Tourism, national parks and local communities[J]. Tourism and national parks: issues and implications, 2000, 73-94.

⑦ Boyd S W, Butler R W, Boyd S W. Tourism, national parks and sustainability.[J]. Tourism & National Parks Issues & Implications,2000:161-186.

⑧ Eagles P F J. Tourism in national parks and protected areas: planning and management[J]. Tourism Management,2004,25(2):288-289.

的声音,当地社区从自己的利益出发曾反对成立国家公园①。

钟林生等认为,社会参与是体现国家公园国家性、公益性的重要手段,通过社会参与机制的合理设计,推动全民共建国家公园,从而培养公民的主人翁精神。各试点区应在明确公众参与主体、目标和模式的基础上,探索如何建立:①社会捐赠机制,明确各类捐赠渠道、用途、社会捐赠激励机制;②志愿者机制,明确志愿者招募标准、管理制度、激励机制等;③促进社会组织、个人、科研机构参与合作管理机制,搭建与国际组织、非政府组织的合作平台,确定合作方式、明确合作双方权利与义务;④社会监督机制,搭建社会监督平台,建立社会监督反馈机制以及监督激励机制②。

三、游客管理

游客管理是对游客进行管理,使得游客体验品质最大化,同时支持该区域的总体管理目标成果的一种方式。美国1916年通过的《国家公园管理局组织法》明文规定:保存(公园地的)风景、自然、历史遗迹和野生生命并且将它们以一种能不受损害地传给后代的方式提供给人们来欣赏,以及国家公园是联邦政府为国民福利的专门需要而保留(免受开垦)的土地,国家公园内不得从事营利性开发,不得砍伐猎捕,不得引进外地物种。由此可以看出,国家公园除了保护生态系统的基本作用之外,还具有人文观赏方面的价值。作为旅游景观的一部分,国家公园管理中其中重要的一项就是游客管理。袁南果等提到,澳大利亚西部的占安达森林国家公园目前的生态资源保持良好,管理者需要通过科学的游客管理模式,在现有生态系统能够承受的条件下,改善游客体验,吸引更多的旅游者。但是公园周边社区关系复杂,相互间牵涉到较多的利益分配与经济发展问题。管理者需要协调、疏导相互间的关系。经过比较分析,管理者选用了TOMM(Tourism Optimization Management Model,旅游最优化管理模式)。其优势主要包括:拓宽了模式管理范围和利益相关者的参与度;为监测环境影响提供了适当的模型,系统操作性和重复性强;操作体系有助于吸引更广阔范围内的利益相关者参与;通过广大范围内的利益相关者,管理能够得到持续的支持和资源供给③。

中国的保护地也设立了一些专门的教育基地。比如风景名胜区设立"全国科普教育基地""全国青少年科技教育基地"和各级爱国主义教育基地。但是仅仅这些是不够的,更重要的是每个保护地都能通过科学的解说系统充分地向游客展示保护地的价值,而不是让游客在车水马龙、人满为患的环境里匆匆一游。

Graham等指出游客的行为模式是国家公园游客管理方面较为关注的问题④。White等

---

① Bahaire T,Elliottwhite M. Community participation in tourism planning and development in the historic city of York,England.[J]. Current Issues in Tourism,1999,2:(2-3):243-276.
② 钟林生,肖练练.中国国家公园体制试点建设路径选择与研究议题[J].资源科学,2017,39(1):1-10.
③ 袁南果,杨锐.国家公园现行游客管理模式的比较研究[J].中国园林,2005(7):27-30.
④ Graham J,Amos B,Plumptre T. Governance Principles for Protected Areas in the 21st Century[M]. Ottawa: IOG,2003.

认为,游客偏好在自然环境资源管理中起到的作用越来越重要[1]。Kim等就提到过游客做出出游决策除了取决于国家公园的可进入性、基础设施等基本客观条件外,个人偏好是最主要的主观因素[2]。Dustin等[3]、Steiner等[4]和Schwartz等[5]都提到过各国都制定过差异化游客管理框架。较为著名的有美国林务局(USFS)曾使用的游憩机会谱(ROS)、可接受的改变极限框架(LAC),美国国家公园管理局(NPS)的游客影响管理模型(VIMM),加拿大国家公园管理局(PCA)的游客行为管理过程(VAMP),澳大利亚的旅游管理优化模型(TOMN)等。此外,许多学者都将国家公园门票价格的制定作为控制游客行为的有效途径。

四、多利益主体博弈

对于公共问题的研究一般都会涉及多个主体,自然也少不了多利益主体间的博弈。利益相关者的意愿偏向对国家公园未来的发展方向具有引导性作用。李玉臻等用CVM法(Contiongent Valuation Method,条件估值法)测算了三峡国家公园利益相关者对公园的保护和门票的支付意愿(WTP值,受访者对准公共物品的最大支付意愿),各群体的保护支付意愿由高到低排列的顺序为:游客、企业、政府、居民,门票支付意愿由高到低排列为:游客、居民、政府、企业,居民、政府、居民和企业三大利益主体的意愿偏向表明,它们更加注重国家公园的开发以及由此而带来的经济利益,企业和政府的支付意愿居中,但企业的支付意愿远大于政府,对于国家公园的保护工作居民的意愿值更是最低[6]。国家公园的建设需要大量资金投入,若当地政府在无能力支付该项支出必然会引进商业投资,商业投资要求的高回报必然会违背国家公园公益性的初衷。明确利益相关者的职责,做好国家公园知识推广宣传工作,是保证国家公园试点地区能够顺利开展并健康持续发展的前提条件之一。

卢昌泰等提到我国目前有国土、海洋、水利、农业和林业等自然资源管理部门,环保和住建虽然不是自然资源管理部门,但又设定了一些有所交叉的职能[7]。陈君帜指出,在部门管理体制下产生的不同类型保护地,由于地方政府重复申报、管理部门监管不严,往往出现范围交叉重叠、产权边界不清晰、产权主体作用难以发挥等问题,并由此导致自然资源产权主体之间的利益冲突。

---

[1] White P C L, Lovett J C. Public preferences and willingness-to-pay for nature conservation in the North York Moors National Park, UK.[J]. Journal of Environmental Management, 1999, 55(1): 1-13.

[2] Kim S S, Choongki L, Klenosky D B. The influence of push and pull factors at Korean national parks[J]. Tourism Management, 2003, 24(2): 169-180.

[3] Dustin D L, More T A, Mcavoy L H. The faithful execution of our public trust: fully funding the national parks through taxes[J]. Journal of Park & Recreation Administration, 2000, 18(4): 92-103.

[4] Steiner T J, Bristow A L. Road pricing in National Parks: a case study in the Yorkshire Dales National Park[J]. Transport Policy, 2000, 7(2): 93-103.

[5] Schwartz Z, Lin L C. The impact of fees on visitation of national parks[J]. Tourism Management, 2006, 27(6): 1 386-1 396.

[6] 李玉臻,徐宁蔚.基于CVM的三峡国家公园利益相关者支付意愿研究[J].商业研究,2016(10):32-38.

[7] 卢昌泰,李吉跃,康强,等.马尾松胸径与根径和冠径的关系研究[J].北京林业大学学报,2008(1):58-63.

第五节 研究不足与展望

一、研究不足

第一是对国家公园的外文文献研究得不够细致,导致引用的外文文献有些单薄,可能不足以支撑有些观点。

第二是缺乏中外国家公园的比较研究,选用的文献来介绍中外国家公园的相关情况也并未相对应,导致无法得出鲜明的对比观点。

第三是搜集的文献大多是以定性研究为主,而国家公园的前沿问题中需要定性定量相结合的方法,进行探索性和验证性实证研究。

二、研究展望

当国家公园逐渐成为学术界甚至是社会的热点时,相关研究文献也呈爆炸式增长。通过对中外文献的研究,下面提出几点对国家公园研究的展望:

第一,在研究方法方面,外文文献中通常采用定性与定量相结合的方法进行实证研究,整体呈现出应用性和细致化的趋势。我国国家公园事业起步较晚,目前研究工作以介绍国外相关经验、比较以及概念性探讨为主。因此,通过构建模型预测推演未来的发展趋势将为国家公园发展提供预见性的参考。如何将国外的先进理念与创新的管理方法转化为适合我国国情的国家公园管理方案仍是今后一段时间国内研究的重要内容。

第二,由于世界各国各地区在文化、政治体制、经济发展水平等方面存在差异,使得在不同国情下各国各地区的国家公园呈现出个性化的发展趋势。通过对中外文献的检索可以发现,大多研究都聚焦于美国、加拿大、澳大利亚、新西兰、南非等国家公园发展历史较为悠久的发达地区,从而忽视了发展中国家国家公园的发展,其中也不乏优秀或失败案例,研究中应该放眼全球,发展中国家的经验教训同样值得研究。

第三,国家公园管理研究涉及的问题复杂广泛,很难界定其属于哪一具体领域范畴,涉及如生态学、经济学、管理学、旅游学等多个学科,关于国家公园现有的理论概念多从这些学科迁移而来,从而产生多个分析视角。一方面中外学者应该用包容的心态进行跨学科多角度的研究;另一方面可以在某个学科进行深入细致的研究,建构国家公园管理自身的理论体系。

第四,国家公园管理一方面是对物质资源的统筹和利用,另一方面则是处理利益相关者的权益和责任,这也是未来中国建立国家公园体制的难点问题,也应成为未来研究的重点之一,如厘清资源管理的责任方、理顺权属脉络、明确治理层级、平衡资源社区居民以及游客的相关利益。

后　记

本书是中国地质大学(武汉)研究生精品教材2017年建设项目成果。

2006年,我们曾经在中国地质大学出版社出版了《公共管理若干前沿问题研究》一书,作为公共管理专业硕士研究生教材。本书是对上一本书的全面更新。2017年,学校再次组织研究生精品教材申报。我的申报获得我校研究生院评审专家一致支持。本项目获准立项后,自2017年6月开始,我向浙江大学陈国权教授、曹正汉教授,中国科学技术大学公共事务学院宋伟教授,中国人民大学公共管理学院蓝志勇教授,北京航空航天大学公共管理学院胡象明教授,武汉大学公共管理学院陈世香教授,华中科技大学公共管理学院徐顽强教授,中南财经政法大学公共管理学院赵曼教授、赵丽江教授,华中师范大学公共管理学院卢新海教授等发去关于公共管理学科前沿问题选题征求意见函,得到了他们的回复。他们对我拟定的题目给出了评价意见,并提出了选题建议。在此基础上,于2017年9月最终确定了选题。2017年10月对写作任务进行了分工。

2018年5月上旬,分工的写作任务全部提交。我从3月份开始统稿,某些稿件经过了2~3次的修改。2018年5月30日完成第一次统稿工作。2018年6月中旬起,开始第二次统稿,7月15日赶在放假前完成第二次统稿。针对统稿中发现的问题,与作者联系修改。2018年8月31日书稿12章完成了第三次统稿。2019年3—5月,根据中国地质大学出版社编辑人员审读意见,作者对书稿进行了修改。2020年7—8月书稿在该出版社进行三审,根据三审意见,2020年9月对书稿再次进行修改。在书稿修改过程中,博士生林璇、公共行政系李晓玉副教授协助我做了部分协调和统稿工作。本书共12章,各章作者和修改者是:第一章,郭瑞莲、黄德林;第二章,刘宗海、黄德林;第三章,余悦、黄德林;第四章,王丹阳、黄德林、李晓玉;第五章,张佳琪、黄德林;第六章,袁媛、黄德林、林璇;第七章,林璇、黄德林;第八章,侯瑞彤、黄德林、李晓玉;第九章,徐静、刘银雪、张光进;第十章,向丹丹、向玉兰、黄德林;第十一章,黄秋菊、黄德林、林璇;第十二章,高向儒、黄德林。

在书稿写作过程中,参考了大量文献并在书中已经尽可能地予以注明,在此再次对相关学者表示感谢。本书的顺利完成,要感谢相关高校、学者给予的支持和指导,感谢中国地质大学(武汉)研究生院、公共管理学院和中国地质大学出版社的大力支持,感谢参与写作的教师、研究生等的辛勤劳动。书中难免存在一些不足之处,请使用本书的教师、研究生以及其他读者批评指正。

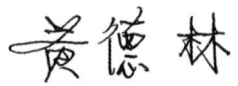

2020年11月8日